Schopenhauer und Nietzsche.

Schopenhauer und Nietzsche.

Ein Vortragszyklus.

Von

Georg Simmel.

Leipzig,
Verlag von Duncker & Humblot.
1907.

Alle Rechte vorbehalten.

Gustav Schmoller

zugeeignet.

Vorrede.

Die Darstellung Schopenhauers und Nietzsches wird von einander entgegengesetzten Bedenklichkeiten getroffen. Schopenhauer ist ein durchaus deutlicher Schriftsteller. Seine Denk- und Ausdrucksweise hat dafür gesorgt, daſs eine »originelle Auffassung« seiner Lehre, die die bisher gültige reformierte — wie sie noch immer Plato und Spinoza, Kant und Hegel gegenüber möglich ist — ganz ausgeschlossen ist. Will die Darstellung also mehr sein, als ein bloſser Bericht, so muſs sie über den Lehrgehalt selbst hinaus ihn in weitere und kritische Zusammenhänge mit Kulturtatsachen und seelischen Verflechtungen, mit Erkenntnisnormen und ethischen Werten einstellen. Ist so die bloſse logische Interpretation für Schopenhauer nicht nötig, so ist sie umgekehrt für Nietzsche nicht möglich. Wenn ich hier seine dichterisch oder emotionell gesteigerte Sprache zu wissenschaftlicher Kühle herabzustimmen versuche, so ist dies nicht nur eine Umänderung der Form, sondern es heiſst, seine Äuſserungen zu einer Stufe der Abstraktion bringen, die sie selbst nicht beschritten haben und die deshalb unvermeidlich nach verschiedenen Richtungen hin gelegt werden kann. Für die einfach darstellende philosophische Deutung gibt er selbst unmittelbar zu wenig, während Schopenhauer dafür unmittelbar schon zu viel gibt. Aus diesen entgegengesetzten Gründen folgt für beide das gleiche: daſs die tiefere Aufgabe statt auf die bloſse Darlegung der Philosophie des Denkers auf eine Philosophie über den Denker gehen muſs.

Der Charakter, den diese Blätter so um ihrer Gegenstände willen tragen, paſst sich ihrer grundlegenden Absicht an: einen Beitrag zu der allgemeinen Kulturgeschichte des Geistes und zum Verständnis der zeitlosen Bedeutung der Gedanken beider Philosophen zu leisten. Was in diesen Hinsichten wesentlich ist, fällt durchaus mit dem zusammen, was an den Persönlichkeiten selbst das Wesentliche und den Kern bildet. Dies ist keineswegs selbstverständlich und insbesondere nicht für Schopenhauer und Nietzsche. Von beiden besitzen wir die mannigfaltigsten Erörterungen über Probleme, die mit dem Mittelpunkt ihres Denkens in keinem notwendigen, oft in gar keinem Zusammenhange stehen. Es wäre von vornherein nicht ausgeschlossen, daſs sich unter diesen gerade ihr philosophisch oder historisch Bedeutsamstes fände — wie bei vielen Persönlichkeiten tatsächlich ihre subjektiv nebensächlichen Erzeugnisse die objektiv erheblichsten oder ergebnisreichsten gewesen sind. Darauf, daſs es sich hier anders verhalte, ruht die Möglichkeit und das Recht der folgenden Ausführungen. Denn sie gehen durchaus davon aus, daſs die ganz wenigen leitenden Motive, die innersten Zentren der Schopenhauerschen und der Nietzscheschen Lehren zugleich deren objektiv wertvollstes und eigentlich dauerndes bilden. Indem meine Darstellung ausschlieſslich diesem letzten Kern der Denkzusammenhänge gilt, verflüchtigt sich all das Sensationelle und Paradoxe, das beiden Denkern in eigentlich gleichem Maſse, dem älteren gegenüber nur durch die Zeit und Gewöhnung gemildert, anhaftet. In Wirklichkeit ist dieses logisch oder ethisch Revoltierende oder Exzentrische nur der Charakter jener Nebensachen und Akzidenzen. All die geistreichen Fechterkunststücke, die frappierenden Antithesen und Paradoxien sind nur weit ausladende Ornamente oder Angriffe und Verteidigungen, die die Beziehungen der Gedanken zu andern, auſserhalb ihrer stehenden angehen; aber an deren tiefstes Wesen, wie es von Innen her, als der Ausdruck eines bestimmten Typus der Menschenseele gewachsen ist, rühren sie nicht.

Dies Positive liegt, wie gesagt, dort, wo der Kern der Lehren selbst, ihr subjektiver Mittelpunkt mit dem Mittelpunkt ihrer objektiven Bedeutung zusammenfällt; und das muſs es bei jedem originalen Philosophen, weil er, wie es Goethe einmal über Schopenhauer sagt, die Frage nach dem »Gegenständlichen« »aus seinem Innern, ja aus dem Innern der Menschheit« beantwortet. Damit wird das Programm dieser Darlegungen noch folgendermaſsen bestimmt. Wenn man eine Persönlichkeit in einem kulturgeschichtlichen Interesse schildert, so bedeutet das niemals einen Abklatsch ihres ganzen gelebten Lebens, sondern je nach der Besonderheit jenes Interesses wird vieles ausgeschaltet, anderes herausgehoben, und — was das Wesentliche ist — das Zurückbehaltene zu einem einheitlichen Bilde zusammengeschlossen, das so gar kein unmittelbares Gegenbild in der Wirklichkeit besitzt, sondern, dem künstlerischen Porträt vergleichbar, statt der realen Totalität des Gegenstandes vielmehr eine ideelle Ausgestaltung desselben, seinen Sinn und seine Bedeutung von einem bestimmten Darstellungszwecke aus gibt. Dem Philosophen gegenüber handelt es sich darum, aus der Gesamtheit seiner Äußerungen diejenigen auszuwählen, die einen bündigen, einheitlichen, bedeutsamen Gedankenzusammenhang ergeben — gleichgültig, ob jene Gesamtheit auch noch Widersprechendes, Abschwächendes, Zwiespältiges enthält. Die geistesgeschichtliche Entwicklung vollzieht überall diese Aussonderung, dieses Herauslösen und Zusammenschließen eines in sich zusammengehörigen Gedankenkomplexes und läßt nur das auf solche Weise gestaltete Bild eines Philosophen wirksam werden, nicht aber all die sozusagen nur psychologischen Fluktuationen, nicht das Hin- und Wiederpendeln des Gedankens, das jene kohärente Denkreihe umspielt oder ihr auch widerspricht. Der Darstellende hat diesen, in der historischen Wirkung des Philosophen sich so wie so vollziehenden Prozeß nur mit methodischem Bewußtsein zu antizipieren. Dieses, in aller Historik überhaupt stattfindende Verfahren hat als philosophiegeschichtliches — sobald das sachlich philosophische und geistesgeschichtliche statt des biographischen Interesses herrscht — die besondere Bedeutung, daß die »Widersprüche«, die mit dem wesentlichen Gedankengange kontrastierenden Äußerungen des Denkers außer Betracht bleiben dürfen. Daß ein Denker sich zwischen Ideen, die sich gegenseitig ausschließen, hin und hergewendet, ja daß er diese in einen Gedankengang zusammengebracht hat, das spricht vielleicht gegen ihn als psychologische Persönlichkeit oder gegen seine Selbstkritik; aber dagegen, daß eine dieser, einander widersprechenden Gedankenreihen richtig oder wenigstens bedeutsam ist, liefert es nicht die geringste Gegeninstanz. Man wird etwa aus Nietzsches Schriften Stellen zusammenbringen können, die seiner von mir vertretenen Auffassung unversöhnlich entgegenstehen; es genügt, wenn aus andern sich die hier vorgetragene, in sich geschlossene erweisen läßt und wenn ihre sachliche Bedeutung es rechtfertigt, sie als den eigentlich originellen und für die geistige Kultur wesentlichen Kern der Nietzscheschen Lehren zu behaupten.

Inhalt.

Seite

I. **Schopenhauer und Nietzsche in ihrer geistesgeschichtlichen Stellung** 1
 Der definitive Wert des Lebens und das Christentum. Schopenhauers Willensphilosophie als Ausdruck der inneren Lage der Gegenwart. Verlust des absoluten Lebenszweckes und weiterbestehendes Bedürfnis nach ihm. Nietzsches Ersatz des absoluten durch den relativen Zweck der Steigerung des Lebensprozesses selbst: der »Übermensch« als Formel der Menschheitsentwicklung über jedes gegebene Stadium hinaus. Das Verhältnis beider Lehren als Ergebnis dieser Grunddifferenz bei gleichem Ausgangspunkt.

II. **Schopenhauer. Der Mensch und sein Wille** 19
 Die erkennbare Welt als Erscheinung in unserm Bewußstsein gegenüber dem unerkennbaren Sein der Dinge an sich. Die menschliche Seele als Treffpunkt beider Welten. Unser Wille als die absolute Realität unser selbst, als der einzige Inhalt unserer Existenz außerhalb unseres Vorstellens. Scheidung dieses Grundwillens von seiner psychologischen Erscheinung in einzelnen Begehrungen. Die Deutung des Menschen als Vernunftwesen, die moderne und die Schopenhauersche Reform dieses Begriffes.

III. **Schopenhauer. Die Metaphysik des Willens** 43
 Die Mannigfaltigkeit als Erscheinungsform des Daseins, sein ansichseiendes Wesen als unbedingte Einheit. Dadurch berechtigte Übertragung des am Menschen erkannten Grundwesens auf die metaphysische Beschaffenheit des Daseins überhaupt: die Welt als Erscheinung des metaphysischen Willens. Abwehr des Vorwurfs mythologischer Vermenschlichung des Weltbildes. Der Widerspruch im Willen und die prinzipielle Unmöglichkeit seiner Befriedigung. Die Unbegreiflichkeit des

Seins und ihre Herabsetzung durch seine Deutung als Wille. Die Einheit des Willens als pessimistisches Motiv.

IV. **Schopenhauer. Der Pessimismus** 73
Das Glück als das bloße Aufhören des Entbehrungsschmerzes. Unpsychologische Zerreißung des Lebens in Nichthaben = Leid und Haben = Glück. Das antizipierte Glück in der Annäherung an das Haben. Hauptmotiv der Schopenhauerschen Irrungen: die gewaltsame systematische Vereinigung der Willensmetaphysik mit dem Pessimismus. Die Lust- und Leidbilanz und die absolute Bedeutung des Schmerzes. Die Grausamkeit. Die metaphysische Gerechtigkeit und die empirische Verteilung von Lust und Leid.

V. **Schopenhauer. Die Metaphysik der Kunst** 105
Der reine Vorstellungsinhalt der Dinge, gelöst von seiner Realität, die »Idee« als Inhalt der Kunst. Subjekt und Objekt des ästhetischen Zustandes in ihrer Enthobenheit aus der Welt als Wille, aus der Kausalität und der Individualität. Die Bedeutung des Raumes. Der Realismus. Die artistischen Probleme. Die Musik als unmittelbarer künstlerischer Ausdruck des metaphysischen Willens. Das Glück der Kunst und der Pessimismus. Die Kunst als die Einheit der Lebensgegensätze.

VI. **Schopenhauer. Die Moral und die Selbsterlösung des Willens** 150
Moral als Verneinung der Individualform des Willens. Schopenhauers Verzicht auf alle objektiven Normen und dessen Motivierung durch den Pessimismus. Die metaphysische Einheit der Wesen als Fundament der Moral. Dagegen: die ethische Bedeutung der Zweiheit. Die Liebe als Mitleid. Die negative Gemeinsamkeit der Lebenswerte. Das Sein und das Sollen. Die Freiheit. Die asketische Verneinung des Willens. Der Selbstmord. Die endgültige Erlösung.

VII. **Nietzsche. Die Menschheitswerte und die Dekadenz** . . . 195
Die geschichtliche Steigerung der Lebensintensität als definitiver Wert. Seine Umkehrung durch Christentum und Demokratie. Tatsächliche Übereinstimmung mit christlichen Idealen. Scheidung zwischen den Begriffen der Menschheit und der Gesellschaft, das Verhältnis beider zur Individualität. Die natürliche Distanz

Seite

als Bedingung der Menschheitsentwicklung. Die psychologische Unterschiedsempfindlichkeit und die Ethik Maeterlincks. Die Wertbemessung einer Epoche nach ihrem Durchschnitt und die nach ihren Höhepunkten. Der Sinn des Immoralismus.

VIII. **Nietzsche. Die Moral der Vornehmheit** 233

Der objektive Charakter der Nietzscheschen Moral. Das Ideal der Vornehmheit. Sein und Tun. Der Preis der Aufwärtsbildung. Personalismus, aber weder Egoismus noch Epikureismus. Die Verantwortlichkeit. Die ewige Wiederkunft des Gleichen in ihrer ethischen und ihrer metaphysischen Bedeutung. Die absolute Diesseitigkeit des Nietzscheschen Ideals. Die Wertung des Lebensprozesses als solchen das tiefste Scheidungsmotiv zwischen Schopenhauer und Nietzsche.

Erster Vortrag.
Schopenhauer und Nietzsche in ihrer geistesgeschichtlichen Stellung.

Alle höhere Kultur unserer Art beruht paradoxerweise darauf, daſs wir, in dem Maſse ihres Wachstums, zu unsern Zielen immer längere, immer umständlichere, an Stationen und Biegungen reichere Wege begehen müssen. Der Mensch ist, und zwar je höher er kultiviert ist, um so mehr das indirekte Wesen. Worauf der Wille des Tieres und des unkultivierten Menschen geht, das erreichen sie, wenn überhaupt, sozusagen in geradliniger Richtung, durch einfaches Zugreifen oder durch eine geringe Zahl einfacher Mittel: der Aufbau von Mittel und Zweck ist ohne weiteres übersehbar. Die steigende Vielgliedrigkeit und Komplizierung des höheren Lebens gestattet diese bloſse Dreiheit der Reihe: Wunsch — Mittel — Zweck nicht, sondern gestaltet das Mittelglied zu einer Vielheit, in der das eigentlich wirksame Mittel wieder durch ein Mittel hergestellt wird und dieses wieder durch ein weiteres, bis jene unübersehbare Verschlingung, jener Kettencharakter unserer praktischen Betätigungen erwächst, innerhalb dessen der Mensch reifer Kulturen lebt. Es genügt, an den Nahrungserwerb zu denken, an die Einfachheit der Vornahmen, die in primitiver Kultur zur Beschaffung des Brotes genügen — oft auch freilich nicht genügen — und an die Verzweigung unzähliger Aktionen, Apparate, Verkehrseinrichtungen, vermöge deren der moderne Mensch erst das Brot auf seinem Tische findet. Durch diese Langsichtigkeit der Zweckreihen, die das Leben zu einem technischen Problem macht, wird es uns tausendfach unmöglich, das Endglied jeder Reihe in jedem Augenblick im Bewußtsein zu haben; teils, weil wir sie nicht überblicken können, teils weil der je nächste, vorläufige Schritt die ganze Konzentration unserer seelischen Energien beansprucht, bleibt das Bewußtsein an den Mitteln hängen, die Endziele, von denen dieser ganzen Entwicklung Sinn und Bedeutung kommt, rücken an unseren inneren Blickhorizont und versinken schließlich hinter ihm. Die Technik, d. h. die Summe der Mittel für die kultivierte Existenz, wächst zum eigentlichen Inhalt der Bemühungen und Wertungen auf, bis man auf allen Seiten von kreuz und quer verschlungenen Reihen von Unternehmungen und Institutionen umgeben ist, denen allenthalben die abschließenden, definitiv wertvollen Ziele fehlen. In dieser Lage der Kultur erst taucht das Bedürfnis nach einem Endzweck des Lebens überhaupt auf. Solange es von kurzen Zweckreihen, jede für sich befriedigend, erfüllt ist, liegt ihm die suchende Unruhe fern, die aus der Besinnung über das Gefangensein in einem Netzwerk bloßer Mittel, Umwege, Vorläufigkeiten hervorgehen muß. Erst wenn unzählige Tätigkeiten und Interessen, auf die wir uns wie auf endgültige Werte konzentrierten, uns nun doch in ihrem bloßen Mittelscharakter klar werden, erwächst die angstvolle Frage nach dem Sinn und Zweck des Ganzen; über die Einzelzwecke, die nicht mehr ein Letztes, sondern nur noch ein Vorletztes und Vorvorletztes sind, steigt das Problem einer wirklich vollendeten Einheit auf, in der alle jene unabgeschlossenen Strebungen ihre Reife und Ruhe fänden, die die Seele aus aller Wirrnis der bloßen Vorläufigkeiten erlöste.

Zum ersten Mal in der Weltgeschichte, die wir kennen, scheint die Kultur der griechisch-römischen Welt zu Beginn unserer Zeitrechnung die Seelen in diese Verfassung getrieben zu haben. Die Zwecksysteme des Lebens waren so komplizierte geworden, die Reihen des Handelns und Denkens so vielgliedrige, die Interessen und Bewegtheiten des Lebens so ausgedehnte und von so vielen Bedingungen abhängige, daſs sich nun in den dumpfen Trieben der Masse ebenso wie in der Selbstbesinnung des philosophischen Bewuſstseins ein unruhiges Suchen nach dem Ziele und der Bedeutung des Lebens überhaupt auszulösen scheint. Daſs das carpe diem der Genuſsmenschen die Frage abschnitt, war gerade der Beweis für ihre Existenz: die Sinnenfreude des Augenblicks freilich hatte ihren Zweck in sich selbst und indem sie das Leben in lauter einzeln akzentuierte Momente zerlegte, entzog sie es gewaltsam dem Bedürfnis einer absoluten Einheit. Der Mystizismus importierter orientalischer Kulte, die verbreitete Neigung zu jedem Aberglauben, zugleich mit dem Kampf gegen die Vielgötterei bewiesen es, daſs die Welt in der Breite des verworrenen Lebens keinen Sinn mehr fand.

In dieser, innerlich vielleicht bedürftigsten Lage, in der sich je die historische Menschheit befand, brachte das Christentum die Erlösung und Erfüllung. Es gab dem Leben jenen absoluten Zweck, dessen es bedurfte, nachdem seine Vielfältigkeit und Umständlichkeit es in einen Irrgarten von lauter Mitteln und Relativitäten sich hatte verlaufen lassen. Das Heil der Seele und das Reich Gottes bot sich jetzt den Massen als ein unbedingter Wert, als das definitive Ziel jenseits alles Einzelnen, Fragmentarischen, Sinnlosen des Lebens. Und von diesem Endzweck haben sie gelebt, bis das Christentum in den letzten Jahrhunderten unzähligen Seelen gegenüber seine Macht verlor. Aber das Bedürfnis eines Endzwecks des Lebens ging damit nicht zugleich verloren, sondern im Gegenteil: wie jedes Bedürfnis durch langdauernde Befriedigung fester, tiefer wurzelt, so hat das Leben eine tiefe Sehnsucht nach einem absoluten Zwecke behalten, auch und gerade nachdem der Inhalt, der die Anpassung an diese Form des inneren Daseins bewirkt hatte, ausgeschieden ist. Diese Sehnsucht ist die Erbschaft des Christentums, es hat das Bedürfnis nach einem Definitivum der Lebensbewegungen hinterlassen, das als ein leeres Drängen nach einem ungreifbar gewordenen Ziele weiterbesteht.

Die Philosophie Schopenhauers ist der absolute, philosophische Ausdruck für diesen inneren Zustand des modernen Menschen. Es ist das Zentrum seiner Lehre, dafs das eigentliche, metaphysische Wesen der Welt und unser selbst seinen ganz umfassenden und allein entscheidenden Ausdruck in unserm Willen besitzt. Der Wille ist die Substanz unseres subjektiven Lebens, wie und weil das Absolute des Seins überhaupt ein rastloses Drängen, ein stetes Übersichhinausgehen ist, das aber, gerade weil es der erschöpfende Grund aller Dinge ist, zu ewiger Unbefriedigtheit verurteilt ist. Denn nun kann der Wille nichts aufser sich finden, woran er sich befriedige, weil er immer nur sich selbst in tausend Verkleidungen greifen kann, von jedem scheinbaren Ruhepunkt seines endlosen Weges weitergetrieben wird. Damit ist die Eingestelltheit der Existenz auf einen Endzweck und die gleichzeitige Versagtheit seiner in eine Gesamtweltanschauung projiziert; gerade die Absolutheit des Willens, mit dem das Leben identisch ist, läfst ihn nicht an irgend einem Aufserhalb-seiner zur Ruhe kommen, weil es kein Aufserhalb-seiner gibt, und sie drückt damit die Lage der momentanen Kultur aus, wie sie von der Sehnsucht nach einem Endzweck des Lebens erfüllt ist, den sie als für immer entschwunden oder illusorisch empfindet.

Eben diese vom Zweckwillen getriebene und des Zweckes beraubte Welt ist der Ausgangspunkt Nietzsches. Aber zwischen Schopenhauer und ihm liegt Darwin. Während Schopenhauer an der Verneintheit des Endzweckes halt macht und darum nur die Verneinung des Lebenswillens überhaupt als praktische Folge übrig behalten kann, findet Nietzsche an der Tatsache der Entwicklung des Menschengeschlechts die

Möglichkeit eines Zweckes, der das Leben wieder sich bejahen läſst. Für Schopenhauer ist das Leben, weil es an sich selbst Wille ist, in letzter Instanz zur Wert- und Sinnlosigkeit verurteilt, es ist dasjenige, was schlechthin nicht sein sollte. In dem Grauen vor dem Leben spitzt sich für ihn jenes Entsetzen zu, das gewisse Naturen vor der Tatsache des Seins überhaupt empfinden, im Gegensatz zu andern, die das Sein als solches, als Form, unabhängig von den Inhalten, die es bietet, mit dem Glück einer sinnlichen oder religiösen Ekstase füllt. Ihm geht völlig das Gefühl ab, das bei Nietzsche überall durchbricht: das Gefühl für die Feierlichkeit des Lebens. Aus dem Entwicklungsgedanken hat Nietzsche den, Schopenhauer gegenüber, völlig neuen Begriff vom Leben geschöpft: daſs es von sich aus, seinem eigensten, innersten Wesen nach, Steigerung, Mehrung, wachsende Konzentrierung der umgebenden Weltkräfte auf das Subjekt ist. Durch diesen in ihm unmittelbar gelegenen Trieb und die Gewähr der Erhöhung, Bereicherung, Wertvollendung **kann das Leben selbst zum Zweck des Lebens werden** und ist damit der Frage nach einem Endzweck enthoben, der jenseits seines rein und natürlich verlaufenden Prozesses läge. Diese Vorstellung vom Leben — die dichterisch-philosophische Verabsolutierung der Entwicklungsidee Darwins, dessen Einfluſs auf sich Nietzsche in seiner späteren Epoche sehr unterschätzt hat — diese Vorstellung erscheint mir als der Ausdruck des, für jede Philosophie letztinstanzlich entscheidenden Lebensgefühls bei Nietzsche und seiner tiefsten und notwendigen Abbiegung von Schopenhauer.

Das Leben, in seinem prinzipiellsten Sinne, der noch jenseits des Gegensatzes von körperlicher und geistiger Existenz steht, tritt hier als eine unabsehliche Summe von Kräften oder Möglichkeiten auf, die von sich aus auf die Steigerung, das Intensiverwerden, den Wirkungszuwachs des Lebensprozesses selbst gerichtet sind; diesen aber durch

Analyse zu beschreiben, ist nicht möglich, weil er in seiner Einheitlichkeit das letztergreifbare Grundphänomen unser selbst ausmacht. Das tatsächliche Leben ist in dem Maße mehr oder weniger »Entwicklung«, in dem mehr oder weniger von jenen in ihm gelegenen, auf die Verstärkung seines eigenen Seins gerichteten Elementen zur Entfaltung gelangen. Ob ein tatsächlicher Vorgang als Entwicklung gelten soll — im historisch-psychologischen oder auch im metaphysischen Sinne —, hängt demnach nicht mehr von einem außerhalb seiner gesetzten Endziel ab, das von sich aus jenem Vorgang ein Maß von Mittel- oder Übergangsbedeutung zuteilte. Es handelt sich für Nietzsche darum, den sinngebenden Zweck des Lebens, der an seinem Ort außerhalb des Lebens illusionär geworden war, wie durch eine Rückwärtsdrehung in das Leben selbst zu verlegen. Dies konnte nicht radikaler geschehen, als durch ein Bild des Lebens, in dem seine in ihm selbst indizierte Erhöhung, die bloße Verwirklichung dessen, was das Leben rein als solches an Steigerungsmöglichkeiten enthält, alle Zwecke und Werte des Lebens in sich schließt. Jedes Stadium des menschheitlichen Daseins findet jetzt seinen Zweck nicht in einem Absoluten und Definitiven, sondern in dem nächsthöheren, in dem alles in dem früheren nur Angelegte zu größerer Weite und Wirkung erwacht ist, in dem also das Leben voller und reicher geworden ist, in dem mehr Leben ist. Der Nietzschesche Übermensch ist nichts anderes als die Entwicklungsstufe, die über der jeweils von einer gegenwärtigen Menschheit erreichten liegt, nicht ein fixiertes Endziel, das der Entwicklung ihren Sinn gäbe, sondern der Ausdruck dafür, daß es keines solchen bedarf, daß das Leben in sich selbst, d. h. in dem Überwundenwerden jeder Stufe durch eine vollere und entfaltetere seinen Eigenwert besitzt. Das Leben, dessen Inhalte hier nur die Seiten oder Erscheinungen seines geheimnisvoll einheitlichen Prozesses sind, ist seine eigne letzte Instanz geworden; und dies stellt sich, weil das Leben Entwicklung und kontinuierliches Fließen ist, so dar, daß jede Verfassung des Lebens ihre höhere, sinngebende Norm in der nächsten findet, zu der sie ihre in ihr selbst noch gebundenen Kräfte entfaltet.

Hier zunächst muß die Interpretation Nietzsches einsetzen, um seine Antwort auf das Problem der historisch-seelischen Lage zu begreifen, von der ich ausging, und deren abschließende und seinen Weg bestimmende Konsequenz Nietzsche in der Willenslehre Schopenhauers vorfand. Nietzsche stellt und löst die entscheidende Frage freilich nicht in abstrakt-logischer Form, die es aus seinen, mehr auf Einzelprobleme gerichteten Äußerungen erst herauszudestillieren gilt.

Die Lösung der Aufgabe vermittels jenes Lebensbegriffs hängt an der Möglichkeit, eine Entwicklung zu statuieren, die nicht durch einen Endzweck dominiert wird. Denn zunächst scheint doch nur ein solcher eine Geschehensreihe wirklich zur »Entwicklung« zu machen, d. h. aus dem bloßen Nacheinander gleichwertiger Stadien ein aufsteigendes Übereinander eben dieser zu gestalten; denn wie sollte das spätere als ein entwickelteres, dem früheren gegenüber, auftreten, wenn jenes sich nicht durch die größere Nähe zu einem definitiv wertvollen Endglied der Reihe, durch den reicheren Anteil an einer schließlich erstrebten Erfüllung als das wertvollere legitimierte? Das bloße Anderswerden, das der rein kausale Verlauf der Dinge darbietet, würde so erst durch ein irgendwie vorausgesetztes Ziel zu einer Entwicklung im Wertsinne des Wortes, so daß der Entwicklungsbegriff doch von sich aus wieder, mehr oder weniger versteckt, dem Verhängnis des absoluten Endzwecks verfiele, aus dem er gerade erlösen sollte. Allein er entgeht dem vielleicht gerade durch eine sehr reine Fassung: wenn Entwicklung nur als die Entfaltung der in einer gegebenen Erscheinung latenten Energien gilt, als das Wirklichwerden dessen, was sie in der Form der Möglichkeit birgt. Dann aber müßte, so ließe sich erwiedern, jegliches Geschehen als Entwicklung gelten, insofern doch ein jedes im Aktuellwerden vorhandener Spannkräfte besteht. Dies ist richtig; allein, um auf dem für uns nur wesentlichen Gebiet seelischer und gesellschaftlicher Entwicklungen zu bleiben: nicht alle Spannkräfte entwickeln sich! Unzählige verbleiben in ihrer Gebundenheit, unzählige werden von Ereignisreihen, die aus andern Richtungen zufällig auf sie stofsen, gleichsam eingeschluckt, unzählige werden durch mangelnde oder hypertrophische Bedingungen aus der Bahn gebogen, die sie, sich selbst und ihrem eignen Sinn überlassen, unzweifelhaft nehmen würden. Von natürlicher Entwicklung im eigentlichen Sinn können wir also da sprechen, wo latente Energien mit sehr ausgesprochenen eignen Direktiven an einem Wesen oder einem Komplex von Wesen vorliegen und ein erheblicher oder entscheidender Teil derselben die Verwirklichung findet, auf die sie objektiv angelegt sind.

Ein ungeheurer Optimismus kommt hier zu Worte. Eine solche Beschaffenheit der im Menschen angelegten Möglichkeiten wird vorausgesetzt, dafs die blofse Verwirklichung eines grofsen Mafses derselben schon den Wert dieser Verwirklichung gewährleistet, oder richtiger: ausmacht. Man kann wohl einwenden: eine Entwicklung, die den Wert des Lebens tragen soll, könne doch nur die wertvollen, nicht auch die schlimmen Möglichkeiten unseres Wesens einschliefsen, und dadurch ruhe die ganze Theorie auf dem Zirkel, dafs der Wert des Lebens in der Entwicklung des Lebens bestehe, die Entwicklung aber schon die Auswahl nach Wertgesichtspunkten voraussetze; und hierüber wird später zu sprechen sein. Für jetzt aber begegnet diesem Bedenken die hinreichend weite Auffassung des Entwicklungsgedankens, mit der der für alle menschliche Geistigkeit typische Umschlag von Quantität in Qualität vielleicht sein tiefstes, metaphysisches Beispiel gewinnt: diejenigen Reihen des Lebens, die man die schlechten und wertlosen nennt, seien eben solche, die, unmittelbar und in ihren Folgen, ein relativ erhebliches Quantum von Spannkräften unsers Wesens unterdrückten; andrerseits, was wir als gut und wertvoll bezeichnen, ist in seinem schließlichen Erfolge dasjenige, was ein Maximum von gebundenen Energien in uns, in der Menschheit frei macht — während für den Pessimismus Schopenhauers umgekehrt alles »mehr leben« das Schlimme schlechthin ist, die bloß quantitative Tatsache, daß etwa noch eine gebundene Lebensreihe mehr in die Wirklichkeit übergeführt wird, die Sinnlosigkeit der Tatsache des Lebens von neuem bestätigt.

Gemäß diesem, alles bestimmenden Grundunterschied in der Teleologie des Lebens zwischen Schopenhauer und Nietzsche ist es durchaus nachfühlbar, daß für Schopenhauer das menschliche Dasein sich in seiner inneren Rhythmik als eine undurchbrechbare Monotonie darstellt. Von seinen Schilderungen und Wertungen des Menschenlebens habe ich manchmal den Eindruck, als ob nicht sowohl die positiven Schmerzen, als die Langeweile, die lähmende Eintönigkeit des Tages und des Jahres die tiefste Substanz seines Pessimismus wäre. Es ist die Abwesenheit jedes Entwicklungsgedankens, die die Welt und die Menschheit in trostlose Immergleichheit bannt. Solange das Leben noch einen absoluten Zweck hatte, gab ihm das variierende Verhältnis zu diesem ein reiches Spiel von Licht und Schatten. Nun jener weggefallen ist, während doch die weiterlebende Sehnsucht nach ihm das stumpfe Hinnehmen der einförmigen Gegebenheiten verhindert, tritt die Qual der Langenweile, die Empörung über die matte Trostlosigkeit des Lebenslaufes als die allein angemessene Gefühlsreaktion auf. Die Tatsache der Langenweile beweist ihm die Sinnlosigkeit des Lebens: denn wenn wir mit nichts beschäftigt, von keinem Einzelinhalt erfüllt wären, so fühlten wir, allein und rein, das Leben selbst — und das eben bewirke jenen unerträglichen Zustand. Tiefer als an irgend einem andern Punkte offenbart sich hier der Radikalismus der Wendung von Schopenhauer zu Nietzsche. Die tiefste Herabwürdigung und der höchste Triumph des Lebensprozesses hängt gleichmäſsig an der Verneinung eines absoluten, auſserhalb seiner gelegenen Zweckes und Wertes: jene, indem sich das Leben nun, leer und sinnlos, um sich selbst zu drehen scheint, wie das Eichhörnchen im Rade, dieser, indem das Leben als Entwicklung den von auſsen ihm entrissenen Zweckcharakter in sein inneres und eigenes Wesen zurücknimmt.

Aus derselben Wurzel wächst der Unterschied der Bilder, die sich beide von den Bedeutungsunterschieden innerhalb der Menschheit machen. Der gelegentlich hervorbrechende geistesaristokratische Hochmut Schopenhauers ist eine Inkonsequenz gegenüber seinen fundamentalen Überzeugungen. Jene Monotonie, daraus hervorgehend, daſs dem Leben eigentlich jeder Maſsstab fehlt, an dem sich Wertdifferenzen innerhalb seiner feststellen lieſsen — muſs sich auf das Verhältnis der Menschen untereinander fortsetzen. Wenn keine Existenz positiven Wert besitzt, sondern, was ihm als Vollendung erscheint, nur in dem Maſse gewinnt, in dem sie sich der Vernichtung nähert, so muſs die graue Immergleichheit, der Mangel jedes eigentlichen Rangunterschiedes, wie für die Momente der Existenzen, so für die Reihe dieser ganzen gelten. Er zieht diese Folgerung auch mindestens da, wo er die sittliche Aufgabe formuliert: der ganz moralische Mensch mache zwischen sich und den andern keinen Unterschied, er erkenne, wenn auch nicht theoretisch bewuſst, so doch praktisch die tiefe metaphysische Einheit alles Seienden, der gegenüber die individualisierende Sonderung nur ein täuschender Schein, die Folge unserer subjektiven Auffassungsformen, sei. Es scheint, als ob jene absolute Einheit unserer Wesenswurzel nicht sowohl der Grund unserer schlieſslichen Nichtunterschiedenheit wäre, sondern umgekehrt der Ausdruck oder Reflex dieser letzteren, die aus dem Mangel des definitiven, unterschiedgebenden Lebenszweckes hervorgeht. Dagegen nun mufs die neue Kreierung eines solchen, wie Nietzsche sie vollzieht, an die Stelle solcher metaphysischen Demokratie die schärfste Rangdistanz und Aristokratie setzen. Die Entwicklung des Gesamtlebens vollzieht sich nicht a tempo in all seinen Trägern; ihre Formel vielmehr ist, dafs unsere Gattung in jedem Augenblick aus einer Stufenfolge mehr oder weniger entwickelter Existenzen besteht und dafs die jeweils höchsten unter ihnen das Mafs zeigen, zu dem das Leben gelangt ist. Liegt dessen Sinn darin, dafs es Entwicklung ins Unendliche ist, so bedeutet die Verschiedenheit der Entwicklungsstufen den definitiven Wertunterschied zwischen den Individuen. Das Entwicklungsprinzip macht Nietzsche zum Aristokraten, weil es den Sinn jeder niederen Stufe des Daseins in die nächste, über jene sich erhebende verlegt. Das Höhere ist überhaupt nur unter der Bedingung möglich, dafs ein Minderes sei oder gewesen sei; im Gegensatz zu der »Gleichheit vor Gott« und dem absoluten Werte jeder Menschenseele als solcher — welch alles für Schopenhauer ersichtlich mit negativem Vorzeichen weiterbesteht — kann es für Nietzsche zu keinem Werte überhaupt kommen, wenn nicht ein niederer vorhanden ist; und keiner Stufe kann ein absoluter Wert zukommen, sondern nur der: die vollere Entfaltung einer tieferen zu sein, die in dieser Werdemöglichkeit den Sinn ihres Daseins besafs, — und ihrerseits die Bedingung einer wieder über sie hinausgehenden zu sein. Wenn Leben Entwicklung ist, so ist die aristokratische Ungleichheit seiner Formen mit logischen Klammern darein vernietet — gerade wie das Ausschalten des Zweckes überhaupt diese Formen in selbstverständliches Nivellement sinken läfst.

Die Verschiedenheit in der Attitüde beider Philosophen gegenüber der Gleichheit ihres Ausgangspunktes — der Verneinung des absoluten Seins-Zweckes — markiert sich endlich an demjenigen Werte, auf den gerade die Schopenhauersche Entwertung der Welt ihn hindrängt. Wo über den Moment hinaus weder ein unbedingtes Ziel liegt, wie im Christentum, noch ein relatives, wie in der Entwicklungstheorie Nietzsches, rückt ein schließlich unvermeidlicher Wertakzent auf die vom Moment selbst umschlossenen Erregungen, auf Lust und Leid. Wer einen Zweck des Lebens ablehnt, muß Eudämonist werden, weil Lust und Leid jetzt als die einzigen Pointierungen des aus Augenblicken zusammengesetzten Lebens erscheinen, von denen keiner eine Bedeutsamkeit über sich hinauserstreckt. Die Summe des Leidens, die Unmöglichkeit, daß ein erreichbares Glücksquantum jenes je aufwöge, ja, schon die Tatsache des Leidens überhaupt, die, noch jenseits aller Frage des Maßes, durch keinerlei Glücksempfindung wirklich gutgemacht werden kann — dies ist für Schopenhauer der empirische und schon für sich entscheidende Beweis für die Sinnlosigkeit der Welt, die von vornherein durch ihren Willenscharakter feststeht. Die Verneinung des Willens zum Leben, die er als die praktische Lösung des Welträtsels anbietet, ist ihrem Werterfolge nach nichts anderes als die Erlösung von den Leidempfindungen des Lebens. Vor solchem Absolutwerden der Momentwerte ist Nietzsche dadurch sicher, daß seine Entwicklungswerte ihr Wesen gerade in der Überwindung jedes Einzelmomentes haben. Den Wert des Lebens von Lust und Leid abhängen zu lassen, muß ihm in demselben Maße und aus demselben Grunde als eine Perversität erscheinen, wie die ethische Gleichsetzung aller Wesen: ein Haltmachen des Wertgefühles auf der breiten Vorläufigkeit der Existenz, die doch zum Überwundenwerden zugunsten ihrer Gipfelentwicklung bestimmt ist. Mit Lust und Leid verläuft sich das Leben jedesmal sozusagen in eine Sackgasse, und sie jedesmal als ein Definitum anzusehen, wäre nicht anders, als mitten im Satze einen Punkt zu setzen. Von seinem Entwicklungsideal aus bezeichnet Nietzsche sie deshalb richtig als »Begleitzustände«. Sie sind bloße, in das Subjekt zurückfallende Reflexe der Weiterbewegung des Lebens, dessen Ziele, die jeweilig höheren Beschaffenheiten unserer Art, deshalb keine Rücksicht auf jene kennen dürfen. Ja, höchstens kann selbst Lust und Schmerz den Zielwerten des Lebens untertan gemacht werden: »Die Zucht des grofsen Leidens«, sagt er einmal, bewirke »alle Erhöhungen der Menschheit«. In diese Umdrehung der Bedeutung eudämonistischer Zustände drängt sich noch einmal der ganze Gegensatz der Schopenhauerschen und der Nietzscheschen Welt zusammen: für jene Glück und Leid Definitiva des Lebenswertes, weil sie allein ihrer seelischen Struktur nach sich der Vergleichgültigung entziehen, mit der der Fortfall jedes Endzwecks das Leben geschlagen hatte — für diese wegen eben dieses Momentcharakters die eigentlichen Gleichgültigkeiten, Stationen, auf denen es für das Leben keinen Aufenthalt lohnt. Wo aber dennoch ein Strahl von Wert auf sie fällt, ist es nicht, weil sich das Leben zu ihnen hin entwickelt, sondern umgekehrt, weil und wenn sie sich bis zu dem Leben hin entwickeln, als Mittel seiner Steigerung ausgenutzt werden.

Auch widerspricht dem garnicht jene Apotheose der Lust, mit der der Zarathustra schliefst:

> Lust — tiefer noch als Herzeleid:
> Weh spricht: vergeh!
> Doch alle Lust will Ewigkeit —
> Will tiefe, tiefe Ewigkeit!

Denn hier fafst er vom Glück gerade den Zug, durch den es — zwar nicht in seiner seelischen Tatsächlichkeit, aber in seinem idealen Sinne, dem es sich von dieser Tatsächlichkeit her entgegenstreckt — sein blofses Augenblicksleben überwindet: jedes Glück enthält die Sehnsucht seiner Dauer, mit seiner flüchtigen Wirklichkeit ist — wie eine Forderung, deren Recht durch ihre Unerfülltheit nicht erlischt — ein Wollen, ja, ein Sollen seines ewigen Bestandes innerlichst verwachsen. Von dieser besonderen Kategorie her fällt für Nietzsche ein Glanz der Ewigkeit über das Glück und läfst es an der Bedeutung teilnehmen, die Nietzsche diesem Begriff, scheinbar mystisch, in Wirklichkeit aber in genauer Konsequenz seiner Grundanschauungen zuteilt. Für Schopenhauer muſs die Ewigkeit alles Seins der fürchterlichste aller Gedanken sein: denn sie bedeutet für ihn die absolute Unerlöstheit, die Unbeendbarkeit des Weltprozesses, von dem schon jeder einzelne Moment sinnlose Qual ist. Da es innerhalb des Daseins keine Erlösung gibt, so ist die Ewigkeit das genaue logische Gegenteil des einzigen Gedankens, in dem Schopenhauer einen Trost und Sinn der Existenz sehen kann: seiner seelischen Verneinung und metaphysischen Vernichtung. Gerade der eine Gedanke aber, durch den Nietzsche sich dem Pessimismus der Lebenszwecklosigkeit entwindet: der Triumph des ins Endlose aufsteigenden Lebens über jede noch so unvollkommene Gegenwart — ist gerade nur unter der Bedingung der Ewigkeit ausdenkbar. Sie muſs — mindestens als Ideal und als symbolischer Ausdruck der Vernunftform des Daseins — zur Verfügung stehen, wie ein Rahmen, in den sich allein der Erlösungs- und Zweckprozeſs der Welt fassen kann. Sie ist die Brücke, über die hin Nietzsche von seinem pessimistischen Ausgangspunkt zu einem Optimismus gelangt; denn sie gibt die ins Absolute gesteigerte Möglichkeit, das Nein gegenüber jedem Gegebenen, für jetzt Wirklichen, mit dem Ja gegenüber dem Dasein überhaupt zu verbinden, das jeder unvollkommenen Gegenwart nun den unbegrenzten Raum für ihre Entwicklung ins Vollkommenere bietet. Der Ewigkeitsgedanke ist die Wasserscheide, an der die aus dem gleichen Urquell entsprungenen Ströme des Schopenhauerschen und des Nietzscheschen Denkens die Entgegengesetztheit ihres Laufes offenbaren. —

Stellt man sich so den ganz allgemeinen Tendenzen der beiden Denker gegenüber, so wird sich die Sympathie des modernen Menschen für Nietzsche entscheiden. Man mag die Darwinsche Form der Entwicklungslehre ablehnen; daſs aber das Leben seinem eignen Sinne nach und in seinen innersten Energien die Möglichkeit, Bestrebung, Gewähr dafür besitzt, zu vollkommneren Formen, zu einem Mehr seiner selbst und über jedes Jetzt hinaus zu schreiten — dies ist doch wohl der grofse Trost und die Unverlierbarkeit des modernen Geistes, die durch Nietzsche zum Lichte der gesamten seelischen Landschaft geworden ist. Dieses Grundmotiv überstrahlt seine antisoziale Ausgestaltung bei Nietzsche derart, dafs er trotz ihrer Schopenhauer gegenüber als der sehr viel adäquatere Ausdruck des gegenwärtigen Lebensgefühls erscheint. Und dies gehört zur Tragik der Erscheinung Schopenhauers, dafs er mit den besseren Kräften die schlechtere Sache verteidigt. Denn mit Nietzsche verglichen ist er unzweifelhaft der gröfsere Philosoph. Er besitzt die geheimnisvolle Beziehung zum Absoluten der Dinge, die der grofse Philosoph nur noch mit dem grofsen Künstler teilt, so dafs er, in die Tiefen der eignen Seele hineinhörend, den tiefsten Grund des Seins in sich zum Klingen bringt. Auch dieser Ton mag subjektiv gefärbt sein und nur in den von vornherein ebenso gestimmten Seelen weitertönen; das Entscheidende ist das Tiefenmafs des Hinunterreichens überhaupt, die Leidenschaft für das Ganze der Welt, während der nicht metaphysische Mensch an ihren Teilen hängen bleibt. Eben dieses Sichstrecken des subjektiven Lebens bis zum Boden des Daseins überhaupt geht Nietzsche ab. Ihn bewegt nicht der metaphysische Trieb, sondern der moralistische, er sieht nicht nach dem Wesen des Seins hin, sondern nach dem Sein der menschlichen Seele und ihrem Sollen. Er hat die psychologische Genialität, in der eignen Seele das psychische Leben der heterogensten Menschentypen wiederhallen zu lassen und die ethische Leidenschaft für den Wert des Typus Mensch überhaupt; aber mit allem Adel seines Wollens und aller funkelnden Beweglichkeit seines Geistes fehlt ihm der grofse Stil Schopenhauers, der aus seinem Gerichtetsein auf den absoluten Grund der Dinge — nicht nur des Menschen und seines Wertes — hervorgeht und der eigentümlicherweise gerade den Menschen der äufsersten psychologischen Verfeinerung versagt zu sein scheint.

Diese Ungleichheit des Niveaus ist freilich um so interessanter festzustellen, als beide von der gleichen, zur Frage werdenden Antwort der Seele auf die Lage der geistigen Kultur ausgehn; allein sie würde einen eigentlichen Parallelismus in der Darstellung beider Denker, als Konfrontierung ihrer einzelnen Lehren, zu einem noch schieferen Problem machen, als er es schon von vornherein wäre. Denn eine solche Gegeneinanderhaltung entkleidet das Einzelne der eigentlich persönlichen Färbung, die nur in dem gesamten Zusammenhang mit den ihm verschwisterten Gedanken aufleuchtet. Diese aber ist doch nicht ein für die Sache unwesentlicher lyrischer Oberton, sondern umgekehrt, jede einzelne sachliche Behauptung gewinnt ihre philosophische Bedeutung, ihren organischen Charakter erst als Teilausdruck einer bestimmt gerichteten seelischen Einheit, eines persönlichen, aber typischen Gesamtaspektes des Lebens. Je »persönlicher« eine geistige Persönlichkeit ist, desto eifersüchtiger bewahrt sie den eigentlichen Sinn jeder Äufserung für den Zusammenhang ihres eigenen Wesens auf (so wenig dieses »Wesen« sich mechanisch mit der Gesamtheit seiner Einzeläufserungen deckt), desto fälschender und widerspruchsvoller ist es, sie mit einer anderen zu messen — gleichviel ob sich als Resultat Gleichheit oder Ungleichheit ergibt. Ja, die Vergleichung selbst von Gesamtpersönlichkeiten erscheint mir als ein, wenn auch nicht in so deutlich aufzeigbarer Art, widerspruchsvolles Unternehmen. Denn die Persönlichkeit ist in dem Mafse, in dem sie eben Persönlichkeit ist, etwas schlechthin unvergleichbares; dies ist ihr inneres Wesen, nicht die Folge der Komplikation oder Schwierigkeit der Aufgabe. Jede Vergleichung, die die eine auf denselben Generalnenner mit der anderen bringen mufs, vergewaltigt ihre Einzigkeit, welche ihren Mafsstab nur an der Idee ihres eigenen Seins oder an ideellen, über die Persönlichkeit überhaupt hinweggreifenden Normen findet. Aber diese in der Parallele, im Aufsuchen der »Beziehungen« gelegene leise Verbiegung und Herabsetzung der großen Persönlichkeit scheint dem Epigonen eine größere Vertrautheit mit jener zu gewähren und ihre Unnahbarkeit in der vielleicht einzigen Weise, die den Respekt völlig wahrt, zu nivellieren.

Nun ist die Persönlichkeit in diesem absoluten Sinne ein immer nur unvollkommen erreichtes Entwicklungsziel, die Qualitäten der Menschen verbleiben unzählige Male sozusagen in dem Vergleichbarkeitsstadium und werden nicht in den Einzigkeitspunkt der Seele einbezogen. Jede große Philosophie aber ist eine Antizipation dieser in der seelischen Wirklichkeit unerreichbaren Formeinheit. Denn wie die Kunst das Weltbild ist, »gesehen durch ein Temperament«, so ist jene ein Temperament, gesehen durch ein Weltbild, d. h. eine solche Anordnung und Deutung der Weltelemente, daß durch sie ein Zentrum festgelegt wird, eine der großen Attituden der Menschheit gegenüber dem Dasein; sie scheidet, was dem Leben sonst nicht gelingt, alle Stimmungen aus, die nicht in die Einheit des einen, von sich aus das All umfassenden Grundmotivs eingehen. Das Weltbild hat die Geschlossenheit des Persönlichkeitsideals; darum ist jede Philosophie, die nicht eklektisch ist, ihrer inneren Artung nach im tiefsten Grunde mit jeder anderen unvergleichbar.

Wenn ich dennoch im vorangehenden die beiden Philosophen gegeneinandergehalten habe, so konnte es sein, weil es hier noch nicht die reine Individualität ihres Denkens galt, sondern ihre Stellung innerhalb einer Kulturlage. Sie sind bisher nur als die Vertreter der Möglichkeiten erschienen, die gemeinsame Basis einer Geistesperiode auszugestalten. Von hier aus gesehen freilich zeichnet sich die Gestalt des einen erst ganz deutlich an der des anderen, während die Darstellung jedes von seinem eigensten Zentrum aus, zu der ich jetzt übergehe, diesen Maßstab nicht mehr gestattet.

Das Recht, diese beiden Darstellungen dennoch als eine Aufgabe zu behandeln, quillt vielmehr gerade aus ihrer personalen und so gefärbten Selbständigkeit, daſs ihre Zusammengehörigkeit nicht an ihnen selbst, sondern in dem auffassenden Subjekt vorgeht, weil jeder von ihnen eine der Stimmungen, in deren Gegensätzlichkeit das empirische Leben pendelt, zu einem reinen und ganzen, in sich geschlossenen Leben geformt hat.

Zweiter Vortrag.
Der Mensch und sein Wille.

Wenn die Vielfältigkeit unserer Wesensseiten und Kräfte die eigentliche Unterscheidung des Menschen gegen das Tier bildet, das in der Einseitigkeit von Betätigung und Lebensmöglichkeit gefangen ist — so spiegelt sich diese Vielfachheit des Subjektes in der Mannigfaltigkeit der Bilder, die es von den Objekten gewinnt. Die Vorstellung von einem Gegenstand, die das Tier, vielleicht nach vielerlei Versuchen und Erfahrungen, erlangt, ist der ausschließliche Ausdruck seiner einheitlichen Natur mit ihren typischen Bedürfnissen und Auffassungen und deren Verhältnis zu dem Gegebenen; da der Mensch aber ein vielfaches Wesen ist, so stellt sich sein Verhältnis zu den Dingen als eine Mehrheit von Auffassungsweisen jedes einzelnen dar, als ein Einstellen jedes einzelnen in mehr als eine Reihe von Interessen und Begriffen, von Bildern und Bedeutungen. So ist der Gegenstand nicht nur Objekt des Begehrens, sondern auch des theoretischen Erkennens, nicht nur des Erkennens, sondern auch der ästhetischen Wertung, nicht nur der ästhetischen Wertung, sondern auch des religiösen Sinnes. Diese Attitüde der Seele, deren eigne Vielfachheit in dem Bedeutungsreichtum der Dinge, über jede Einsinnigkeit hinaus, spiegelnd, ist mit der Philosophie aus dem Stadium des zufälligen Lebens in das des Prinzips und der inneren Notwendigkeit getreten.

Alle Philosophie beruht darauf, daſs die Dinge immer noch etwas sind: das Vielfache auch noch ein Einheitliches, das Einfache ein Vielfaches, das Irdische ein Göttliches, das Materielle ein Geistiges, das Geistige ein Materielles, das Ruhende ein Bewegtes, das Bewegte ein Ruhendes.

Wie sich die unregelmäſsige Vielheit in unserer Deutung und Einstellung der Dinge derartig auf je einen Ton abstimmt und zuspitzt, so hat sich diese Wesensform der Philosophien ihrerseits zu einer Formel sublimiert: Kant hat alles Wiſsbare überhaupt als Erscheinung, bestimmt durch unsere Erkenntniskräfte, angesprochen, während die Dinge, wie sie an sich sind, jenseits dieser Kräfte und damit für uns in ewigem Dunkel verharren, weil jedes Erkennen ihrer sie eben in Vorstellungen verwandeln müſste — und hat damit den allgemeinsten, fundamentalsten Ausdruck für jenes Mehr-als-eines-sein der Dinge geschaffen. Denn nun steht der Gegenstand nicht nur in einer bestimmten Ordnung und auſserdem noch in einer andern bestimmten; sondern, in welcher Ordnung er auch, bestimmbar und wiſsbar, stehe, in jedem Fall ist hinter ihr eine andere, die prinzipiell nicht bestimmt und gewuſst werden kann. Die Mehrheit des Daseins ist jetzt logisch in das Wesen jedes Gegenstandes eingesenkt: so vielfach und umschrieben er sei, er ist es immer nur für uns und besitzt immer noch gleichsam eine uns abgewandte Seite. Daſs seine Vielfachheit die Abspiegelung unserer subjektiven Vielfachheit war, drückt sich nun zuhöchst so aus, daſs das Subjekt alles das, was nicht es selbst ist, unbedingt auſserhalb seiner lassen muſs und nun auch dieses Fundamentalste sich im Objekt spiegelt: was es auch für uns sei, es ist immer noch etwas für sich, was seinem Wesen nach nicht erkannt werden kann.

Allein obgleich damit die Grenze, bis zu der die Erkenntnisfrage gehen kann, nun grundsätzlich festgelegt ist, entwickelte sich diese Problemverneinung dennoch zu einem neuen Problem. Eine philosophische Sehnsucht richtete sich auf das Ding an sich, auf das Sein jenseits der Vorstellung, suchte ein Verhältnis zu ihm, sei es durch eine besondere Art von »Erkenntnis«, die, von allem sonst so Genannten unterschieden, von der Beschränkung auf die subjektiven Formen frei wäre, sei es in einem unmittelbaren Dazugehören, das zwar nicht Erkenntnis, aber mehr als Erkenntnis ist. Die ganze Philosophie Schopenhauers ist ein Weg zum Dinge an sich. Aber nicht, als hätte dieser Begriff ihm sein Problem gestellt, ihm ein leeres Schema geliefert, nach dessen Ausfüllung er suchte; so verfährt der Epigone oder der, dem die Philosophie mehr oder weniger von aufsen gekommen ist. Schopenhauer aber, der von innen her Philosoph war, hatte von vornherein ein charakteristisch-inhaltlich gefärbtes Weltgefühl, das auf das absolute Sein, auf die einheitliche Totalität aller Mannigfaltigkeiten ging. Oder vielleicht genauer: während das innere Leben, die Eigenbewegtheit der Seele, bei den meisten Menschen ihren zulänglichen Ausdruck in der geistigen Formung eines Stückes oder einer Seite der Welt findet, bedarf die Innerlichkeit des Philosophen eines Bildes des gesamten Daseins: sein Temperament lebt sich nur aus, indem es die Wurzel des Seins, die alle seine Verzweigungen bestimmt, von sich aus zu einem Totalbild gestaltet. Die Kategorie von Erscheinungen und Ding-an-sich, die die Vielheit der ersteren in die Einheit des letzteren zu fassen gestattet oder verführt, war für Schopenhauer nur die vollendetste technische Möglichkeit, sein vitales Grundgefühl in ein Weltbild umzumünzen.

Die Tätigkeitsformen unseres Intellekts, mit denen er für Schopenhauers Auffassung die erkennbare Welt der Erscheinungen bildet, sind so beschaffen, dafs sie von sich aus auf jene andere Seite oder Existenzart der Erscheinungen, die das Ding-an-sich zu benennen ist, hinweisen. Indem der Verstand aus dem sinnlich gegebenen Material die Welt bildet, verfährt er nach dem »Satz vom Grunde«; das heifst: was auch immer ein Gegenstand unserer Anschauung und

Erkenntnis sein mag, es ist ein solcher immer nur vermöge eines anderen, welches seinerseits wieder nur vermöge eines anderen ein Element dieser Welt sein kann. Alle Raumgestaltungen sind nur durch wechselseitige Begrenzung möglich, jedes Geschehen nur durch eine Ursache, während es selbst die Ursache eines nächsten wird, jedes Handeln nur durch die von innen gesehene Kausalität, die wir Motivierung nennen. Nur als begrenzte, endliche, relative können also Gegenstände erfahrbarer Wirklichkeit für uns entstehen, diese Form des Hervorgehens aus dem andern, Daseins für das andere, Bestimmtwerdens durch das andere ist die Wirkungsart unseres Verstandes, durch die er die Welt als seine Vorstellung erschafft, oder genauer: das eben heifst menschlicher Intellekt, dafs wir gegebene Inhalte in Beziehungen setzen, die jedem nur durch einen andern seine Stelle und seine Qualität geben und dadurch jenen äufseren und psychologischen Komplex zustande bringen, den wir Natur im umfassendsten Sinne des Wortes nennen. Aber noch immer sind dies einzelne Inhalte, für die die Relativität gilt, über die diese aber schliefslich noch hinausgreift: es ist das Grundwesen des Intellekts, dafs er überhaupt Subjekt und Objekt als Weltelemente einander gegenüberstellt. Mit dem erkennenden Subjekt ist das Objekt gesetzt, mit dem erkannten Objekt das Subjekt, beide bedingen einander, wo das eine aufhört, beginnt das andere, keines von beiden besteht, wenn das andere verschwindet. Dies ist die fundamentale Relativität des Weltbildes: die Vorstellungswelt als Ganzes und der Träger, der ihre Qualitäten und Formen bestimmt, sind nur für einander und durch einander da.

Es ist also nicht nur der Erscheinungscharakter der Welt überhaupt, der auf einen transszendenten Grund ihrer Erscheinungen Anweisung gibt, auf das Sein ihrer, das an sich und nicht nur für uns besteht. Sondern die besondere Art, auf die gerade der menschliche Intellekt die Erscheinung der Welt zustande bringt, mufs ein Absolutes verlangen, das ihr zum Grunde liege: die undurchbrechliche Relativität der Erscheinungswelt in sich setzt voraus, daſs sie, von anderer Seite gesehen, als etwas Absolutes bestehe. Denn Relativität ist nur eine gegenseitige F o r m u n g, eine gegenseitige Bestimmung der A r t des Seins; sie bedarf also schlieſslich einer Substanz, eines Seins überhaupt, an dem sie sich herstelle! Damit etwas abhängig sein könne — seien es die einzelnen Dinge untereinander, seien es die Objekte überhaupt in ihrem Verhältnis zum Subjekt, sei es das Subjekt, das ohne Objekt eine logische Unmöglichkeit ist — dazu muſs es zunächst da sein; die Zurückführung an der Kette der Gründe macht zwar an keiner empirischen Erscheinung Halt, sondern geht hier ins Endlose; aber zu dieser Relativitätsverknüpfung könnte es nicht kommen, wenn sie nicht als Ganzes von einem absoluten Sein getragen würde. Darum kann man jedes einzelne Phänomen, jede einzelne Kräftekombination, jeden einzelnen seelischen Entschluſs nach seiner Herkunft fragen; aber weshalb es überhaupt Dinge, Kräfte, Entschlüsse gibt, das ist aus der Reihe der Relativitäten heraus nicht zu beantworten, sondern nur mit dem Zurückgreifen auf ein ursprüngliches Sein, das sich so als das e i n e Jenseits der beiden Wesenszüge aller erkennbar-natürlichen Welt enthüllen würde: ihrer Phänomenalität, für die es ein Nicht-Erscheinendes als das An-sich der Erscheinung geben muſs, und ihrer Relativität, zu der ein Absolutes als ihr Stoff logisch gefordert ist.

Schopenhauer hat sich gegen den Begriff des Absoluten durchaus gewehrt, wozu ihn indes ersichtlich nur seine Feindseligkeit gegen die ihm zeitgenössische Philosophie bewog. Dem scheinbaren Subjektivismus gegenüber, mit dem Kant alles Erkennbare in »Erscheinung« verwandelt hatte, suchten Schelling und Hegel dem Dasein eine neue Festigkeit zu geben, indem sie seine Inhalte als unmittelbare Offenbarungen oder Pulsschläge eines metaphysischen Lebens begriffen. Sie sind der Abhängigkeit vom Subjekte entrückt, weil ihnen das

Wirkliche ein schlechthin Objektives ist, die empirische Erscheinung sogleich eine metaphysische; der erkenntnistheoretische Bruch zwischen der Welt als Vorstellung und dem Ding an sich, der jene in die Relativität hinunterdrückt, besteht für sie nicht, und damit wird das Dasein mit jedem seiner Teile zu etwas Absolutem. In diesem übersubjektiveinheitlichen Sinne muſs Schopenhauer freilich das Absolute ablehnen, weil ihm die unmittelbar gegebene Wirklichkeit ein täuschender Schimmer und Traum vergehender Seelen ist, ein zum Zerreiſsen bestimmter Schleier über der **wirklichen** Wirklichkeit. Hier scheiden sich zwei menschliche Grundtypen. Für den einen erfüllt die eigentliche Substanz des Daseins und sein definitiver Sinn jeden Punkt seiner Erscheinung in pantheistischer All-Einheit, die die volle Göttlichkeit des Seins aus jedem seiner Inhalte in nicht abstufbarer Immergleichheit hervorleuchten läſst, oder so, daſs sich das absolute Wesen der Welt in einer Reihe und Entwicklung darstellt, jegliche Erscheinung als **eine** Stufe, unersetzlich und unvergleichbar, einbeziehend. Der andre Typus gewinnt umgekehrt gerade durch eine prinzipielle, durch das Weltbild gezogene Scheidelinie den Raum für das Absolute, das schlechthin Seiende in ihm. Er löst von der Welt eine Welt des Wesenlosen ab, eine, in der die Wurzel der Dinge nicht als solche zum Ausdruck kommt, und in der alles nur Relative und Verfliegende, alles Subjektive und Substanzlose seinen Platz findet. Auf der anderen Seite aber, jener unberührbar, steht die schlechthin auf sich ruhende Wirklichkeit, der Kern des Seins, den der erste Typus **in** jeder Erscheinung, dieser aber gerade **auſserhalb** jeder, insoweit sie eben Erscheinung und Einzelnes ist, fühlt. Diese Gegensätze haben ihre Wurzeln nicht in der philosophischen Spekulation, sondern in der ganzen Breite des seelischen Lebens, das sie in Ansätzen, Velleitäten, Teilverwirklichungen auf Schritt und Tritt darbietet. Wo immer für ein Wesentliches oder Prinzipielles die Darstellung in einem Gebiet von Einzelheiten praktisch oder theoretisch gesucht wird, ist dies die Alternative: ob die Auffindung und Realisierung des Einheitlich-Wertvollen sich an der Allheit der Erscheinungen vollzieht und vollziehen soll, oder ob dies reiner und voller vermittels einer Scheidung geschieht, die gewisse Schichten des Daseins von vornherein jenseits jenes Absoluten läfst, nicht dafür empfänglich, so dafs über das schliefsliche Bild hier ebenso unsere Unterschiedsempfindlichkeit entscheidet, wie für den ersteren Typus unser Einheitstrieb. Die Philosophie nimmt nur diesen Gegensatz auf und führt ihn aus seinen allverbreiteten Rudimentär- und Mischformen zu restloser Konsequenz, manchmal freilich mit dem Versuch, beiden Tendenzen gleichmäfsige Befriedigung zu erzwingen. Und dies ist die Form der Schopenhauerschen Bemühung. Die Welt der Einzelheiten, die eine Welt der Erscheinung ist, gehorcht als solche den Normen unseres Intellekts und hat deshalb mit dem Grundwesen und An-sich des Daseins nichts zu tun. Zwischen beiden besteht der gröfste überhaupt denkbare Unterschied, der Unterschied schlechthin und nur durch die schärfste Sonderung von allen Bestimmtheiten der Welt des Einzelnen — wir werden dies auszuführen haben — ist der Grund der Dinge in seiner Reinheit und Einheit zu erfassen. Da nun aber dieses absolut Wirkliche doch das Wesenhafte auch jener singulären Zersplittertheiten ist, so umfafst seine Einheit, vom Standpunkt der eigentlichen Realität aus gesehen, überhaupt die Totalität der Welt. Indem, von der einen Seite gesehn, die metaphysische Wirklichkeit sich von der Erscheinung abhebt, von der anderen gesehn aber auch sie durchdringt, sind die Bedürfnisse nach Unterschied ebenso wie nach Einheit gleichmäfsig der Gestaltung des Weltbildes dienstbar gemacht. Trotzdem so die Erscheinung im Kopf des vorstellenden Wesens in ihrer Sprache das Dasein vollständig ausdrückt und trotz des restlos relativen Charakters alles Empirischen, bleibt dieses Weltbild nach dem Absoluten hin orientiert, das Schopenhauer mit so starken Worten verwirft, dem zu entgehen aber es nur zwei Wege gegeben hätte. Man kann, einmal, den ganzen Durst nach Realität an der Erscheinung, ihren Zusammenhängen und Gesetzlichkeiten stillen. Dies ist nach meiner Überzeugung der letzte Sinn der Kantischen Philosophie, den Schopenhauer hier ganz mißverstanden hat. Kant schließt: die Welt ist Erscheinung und **deshalb** ist sie völlig objektiv und real und bis auf ihren Grund durchschaubar, weil gerade alles Jenseits-der-Erscheinung »eine bloße Grille«, eine leere Phantastik wäre. Genau umgekehrt schließt Schopenhauer aus dem Kantischen Axiom von dem Erscheinungsein der Welt: also ist diese Welt etwas Unwirkliches, und die wahre Realität ist **hinter** ihr zu suchen. Realität ist für Kants Gefühl von ihr eine erfahrungbildende Kategorie, für Schopenhauer aber, den es nach dem Metaphysisch-Absoluten verlangt, gerade das Gegenteil aller Erfahrung. Den Schluß- und Ruhepunkt des Denkens fand Kant in der Phänomenalität des Daseins — wenigstens, bis das Starrwerden dieses Gedankens ihm Grenzen gab, an die sich dann eine inkonsequente Transszendenz anbaute —; für Schopenhauer aber wurde diese Phänomenalität ein bloßes Mittel, um der Absolutheit des Daseins einen Ort — nämlich jenseits jener — anzuweisen. Er hat die Kantische Möglichkeit, das Absolute abzulehnen, gerade dazu benutzt, es zu legitimieren.

Der andere Weg, ein Weltbild ohne den Schlußstein des Absoluten zu vollenden, läuft jenseits der Scheidung von Erscheinung und Ding-an-sich. Für ihn besteht alles Sein, gleichviel wie man es an jener Kategorie klassifizieren will, in Beziehungen. Wahrheit und Wert, Existenz und Rechte, Freiheit und Gesetzlichkeit sind hier nicht Bestimmtheiten, die einem Objekt für sich selbst und in unabhängiger Begreifbarkeit zukämen, sondern diese und alle andern besitzt jeder Gegenstand nur im Verhältnis, nur als ein Verhältnis zu einem andern, dessen Qualifikationen und Schicksale nicht weniger nur in Korrelationen zu jenem oder einem Dritten bestehen. Wie kein Körper für sich schwer ist, sondern nur im Verhältnis zu einem andern, der es wieder im Verhältnis zum ersten ist, so ist kein Satz wahr, kein Ding wertvoll, kein Dasein objektiv, sondern alles dies gewähren die Weltinhalte sich gegenseitig: nicht nur die Bestandteile der physischen Welt lösen sich dem fortschreitenden Erkennen mehr und mehr in Funktionen, d. h. in Relativitäten auf und verdanken sich wechselseitig alle ihre Bestimmtheiten. Falsch aber ist für diesen Standpunkt die Frage gestellt, die Schopenhauer über die Relativität, wie er sie für die Empirie anerkennt, hinausführt: wo denn die Substanzen seien, an denen alles dies vor sich ginge, die als die Subjekte dieser Wechselwirkungen in sie einträten? Denn diese Frage setzt unbefangen voraus, was der Relativismus ja gerade leugnet: daß die Relativität von einem Absoluten getragen werden müßte: dies ist nur die Übertragung einer im Praktischen und Vorläufigen geltenden Kategorie auf die Grundform des Daseins überhaupt, in der jene erst sekundäre Schichten sind. Indes steht Recht oder Unrecht des Versuchs, das Fürsichsein der Dinge in ein Füreinander aufzulösen, hier nicht in Frage; sondern nur dies, daß diese metaphysische Gesamtanschauung das Gegenbild der Schopenhauerschen wäre, die umgekehrt hinter jedem Füreinander ein Fürsichsein sucht, hinter jeder Relativität das Absolute, das sie trage und rechtfertige.

Da Schopenhauer sich diese beiden Wege verschließt, muß er freilich zu den Bedingtheiten des Gegebenen ein Unbedingtes suchen, zu ihren Flüchtigkeiten das dauernde Wesen, zu den Erscheinungen der Dinge ihr An-sich. Es handelt sich also darum, den Punkt zu finden, an dem für den so Suchenden die beiden Welten zusammenstoßen und an dem damit von der einen, unmittelbar dargebotenen, der Zugang zu der andern sich öffnet. Solange nun die Philosophie jene Vielfältigkeit des Daseins, von der wir ausgingen, zu einer Zweiheit von Welten zusammen- und auseinandergebracht hat, liegt ihre Berührung und Brücke — mindestens eine solche — immer an derselben Stelle: in der menschlichen Seele, in dem Subjekte, das wir selbst sind. Wie man auch die Linie ziehen mag, die alles Denkbare in zwei einander gegenübergestellte Einheiten teilt, der Mensch hat jedenfalls an beiden teil. Das Reich der Ideen und das der zeit-räumlichen Zufälligkeit; die göttliche Ordnung und das Gebiet des Antichrists; der zweckfremde Mechanismus der Dinge und ihr Sinn und Wert, von dem wir nicht lassen können; die naturhaft-körperliche Struktur des Daseins und der Kosmos des Seelisch-Geschichtlichen — alle diese Zweiheiten versöhnen sich zwar nicht im Menschen, aber sie treffen sich in ihm, er ragt von der einen Welt in die andere hinein, seine eigne Doppelnatur ist das Pfand dafür, daſs sie nicht hoffnungslos auseinanderklaffen. Darin drückt sich das spezifische Lebensgefühl des Menschen aus, das Gefühl, im Ganzen und im Einzelnen des Lebens auf der Grenze und in der Entscheidung zwischen zwei polaren Gegenrichtungen zu stehen oder: diese Grenze und Entscheidung zu sein. Was man die Persönlichkeit des Menschen nennt und die Form seiner Freiheit: daſs er nie unbedingt und seinem ganzen Wesen nach an eine Möglichkeit des Daseins gebunden ist, das ist vielleicht die Wurzel, vielleicht die Wirkung jener durchgehenden, die Form seines Weltbildes bestimmenden Zweiheit, in deren überall gelegenen Treffpunkten er und nur er steht; weshalb denn auch umgekehrt die pantheistische Weltanschauung Spinozas, die jeden Dualismus ablehnt, für den Begriff der freien Persönlichkeit sozusagen keine Verwendung hat. Wie nun die Kategorie von Erscheinung und Ding-an-sich die vollendetste und prinzipiellste ist, die Spaltungen der Weltauffassung in sich aufzunehmen, so bietet sie auch gerade dem Ich die reinste und reichste Möglichkeit, die beiden Welten in sich zusammenzuführen. Denn das Ich ist der Träger der gesamten Erscheinungswelt, ihre

Grenzen müssen sich mit den Grenzen seiner Intellektualität decken. Aber dieses Ich, das so, als die Summe seiner Vorstellungen betrachtet, gewissermaßen die Erscheinungswelt ist, hat doch eben deshalb ein Sein, an dem solches Erkennen, als eine Funktion betrachtet, haftet. Mag aller Inhalt der Erkenntnis ein Traum und substanzloser Schimmer sein — das Wesen, in dem er vorgeht, ist, dieses wenigstens existiert wirklich, unabhängig von der Wirklichkeitsbedeutung seiner Vorstellungen. Indem also das Subjekt die Vorstellungswelt, eingeschlossen die Vorstellung seiner selbst, wie seine Ausstrahlungen hervorbringt, ist es zugleich, wie von innen gesehen, eine absolute Wirklichkeit. Wenn es sich selbst erkennt, ordnet es sich seiner Erscheinungswelt, als einen Teil dieser ein; indem es nun aber doch das Wesen ist, welches sich erscheint, Getragenes und Träger, Objekt und das absolute Subjekt dazu, Inhalt und inhaltbildende Tätigkeit — so haben wir, an diesem einzigen Punkte, außer der Erscheinung noch das Dahinter, das An-sich derselben: wir haben es, weil wir es sind.

In dieser Stellung des Subjekts als Gemeinbesitzes der Erscheinung und des Dinges-an-sich, als Bürgers der beiden Welten, wurzelt die Metaphysik Schopenhauers, sie bestimmt die Linie des Weges, auf dem er zu dem Absoluten des Daseins gelangt. Der Mensch findet sich als leibliche Erscheinung vor, Körper unter Körpern. Sein Stoff und seine Bewegungen sind so naturgesetzlich bestimmt, wie die aller andern Objekte, seine Handlungen erfolgen in der strengen Kausalität von Anstößen, Reizen, Motiven. So ist also unser anschauliches Leben, wenn wir rein objektiv beobachten, ebenso verständlich wie jede andre Erscheinung — und seinem innerlichen Wesen nach ebenso rätselhaft. Allein nun sind uns die Bewegungen unseres Körpers noch auf eine ganz andere als diese äußerliche Art gegeben: zugleich nämlich als Taten unseres Willens. Was als unsere Bewegung sichtbar wird, ist innerlich Willensaktion, und umgekehrt:

jeder wahre Akt unseres Willens ist unausbleiblich und unmittelbar auch eine physische Innervation. Über diesen Zusammenhang täuscht uns nur die Verwechslung von auf die Zukunft gerichteten Beschlüssen oder bloſsen Wünschen mit dem wirklichen Wollen. Nur die Ausführung, sagt Schopenhauer, stempelt den Entschluſs, der bis dahin immer noch veränderlicher Vorsatz ist; und alles »gerne wollen« ist ein bloſses Vor- und Nachklingen des Willens, aber nicht seine Wirklichkeit. Andrerseits ist jede Einwirkung auf den Leib unmittelbar Einwirkung auf den Willen: sie heiſst Lust, wenn sie dem Willen gemäſs ist, Schmerz, wenn sie ihm zuwider ist. In der Konsequenz der Schopenhauerschen Theorie gibt es durchaus nicht Schmerz, den wir als solchen nicht wollten, nicht Lust, die wir als solche wollten. Dies ist vielmehr erst eine nachträgliche Erscheinung; in Wirklichkeit ist Schmerz nichts anderes, als die Vergewaltigung unseres Willens, die Schmerzlichkeit eines Eindrucks ist nicht die Ursache, daſs ich ihn nicht will, sondern daſs ich ihn nicht will, ist der eigentliche und primäre Vorgang, dessen Name Schmerz ist; und das Entsprechende gilt für die Lust. Ebenso sind der Wille und die erscheinende Handlung keineswegs zwei zeitlich aufeinanderfolgende Vorgänge, die das Band der Kausalität verknüpfte; beide vielmehr sind Innen- und Auſsenseite eben derselben Wirklichkeit. Der Wille kann, insofern er das schlechthin Innerliche, der Träger der erscheinenden Handlung ist, an und für sich niemals in die Erscheinung treten; die Erscheinung unseres Tuns ihrerseits ist in die sie umgebende zeit-räumliche Erscheinungswelt hineingeflochten — so daſs sie zu ihrer wissenschaftlichen Erklärung nie auf die letzte Instanz des fundamentalen Willens zurückgreifen kann; wie sich dies damit verträgt, daſs wir doch auch den Willen als ursächliches, zeitliches Glied in unserm Bewuſstsein vorfinden, kann erst später deutlich werden. So ist unser praktisches Dasein uns auf zwei völlig verschiedene Arten gegeben: wir schauen uns einerseits selbst als ein Objekt, einen Teil der Erscheinungswelt an; zugleich aber fühlen wir das innere Zustandekommen dieser Erscheinung, den in ihr sich aussprechenden Willen, der als die eigentliche Realität hinter ihr steht und deshalb in ihre Formen niemals eingehen kann. An diesem einzigen Punkte ist der Bezirk bloſser Vorstellungsinhalte überschritten, oder vielmehr nicht **überschritten**, sondern es ist das Jenseits ihrer aufgegraben, das gewissermaſsen nicht hinter, sondern vor ihr liegt; während wir unser handelndes Leben in seinen Einzelheiten nur **kennen**, indem wir selbst es anschauen, es zu unserm Objekt machen, schafft der Wille oder richtiger: **ist** der Wille dasjenige Sein, das erst sozusagen nachträglich durch bewuſsten Intellekt und seine Formen als jene Einzelerscheinungen unseres Lebens gespiegelt wird. Auf diese beiden Weisen und nur auf diese beiden sind wir für uns da: als produktive, unser praktisches Leben in jedem Augenblick gebärende Wesen — und als der Bewuſstseinsreflex dieses ursprünglichen, schaffenden Seins, gleichsam als Original und als Bild. Und da wir nun nichts anderes als dieses beides in uns finden, so muſs, unter Anwendung der von Kant geschaffenen Grundformel des Weltverständnisses, dasjenige an uns, was nicht Erscheinung ist: eben der Wille, der erst die Voraussetzung unserer Erscheinung ist — als unser metaphysisches Wesen, als unser Ding-an-sich bezeichnet werden. Damit hat Schopenhauer den entscheidenden Zug des modernen Wesens, die Wendung zum Subjekt, die Zentrierung aller Weltkategorien im Ich, zum ersten Träger jener Kantischen Scheidung erklärt: in uns selbst, den einzigen Existenzen, die wir nicht nur von auſsen kennen, sind ihre beiden Seiten gegeben. Das tiefe Gefühl, das unser Leben begleitet: daſs wir in jedem Augenblick zugleich Zuschauer und Akteure, Erscheinung und letzter Grund der Erscheinung, Geschaffene und Schaffende sind — dies wird ihm das erste Pfand der philosophischen Deutung des Daseins.

Um den Sinn dieses Willens, der unsere metaphysische Wirklichkeit sein soll, ganz zu verstehen, darf man ihn nicht in irgend welcher einzelnen, durch einen Zweck bestimmten, psychologischen Wollenstatsache suchen. Sondern vielmehr in dem, was übrig bleibt, wenn wir das Wollen von allen Inhalten, Vorstellungen, Motivierungen abgesondert haben, in denen es sein Kleid, seine Erscheinungsform findet. Alle diese, an ein singuläres Ziel gebundenen Wollungen gehören zu unserer empirischen Seelenwelt, die dem Satz vom Grunde folgt und nur den Reflex der realen Tiefenereignisse in uns darstellt; diese selbst sind allem Bewußtsein entzogen und wissen nichts von der singulären Gestalt, die sie als Teile unserer zeit-räumlichen Lebensgeschichte annehmen. Vor allem ist es wichtig, die sogenannten Motivierungen auszuscheiden, die so oft den Willensakt zu erschöpfen scheinen und in Wirklichkeit den Verflechtungen der erfahrungsmäßigen, der Außenwelt gesetzmäßig koordinierten Innenwelt angehören. Was als das Letzte, schlechthin Undifferenzierte unserer Triebe und Absichten dann noch bleibt, das ist, eben weil es das Urprinzip alles bewußten Lebens ist, mit Worten nicht weiter zu beschreiben: und diese Unmöglichkeit ist ersichtlich das Korrelat dazu, daß ein wie auch dumpfes Gefühl dieses treibenden, jenseits der Breite unserer singulären Existenz lebenden Willens überhaupt in jedem Menschen vorhanden sein muß. Da es sich hier um das handelt, was wir alle unterschiedslos sind, so kann die Philosophie nichts tun, als dies Fundamentale, Unterirdische, in jedem in irgend einer Form Anklingende, zu begrifflichem Wissen zu erheben. Weil aber auch dies Erkenntnis ist, so metaphysisch sie sei, so wird doch selbst durch sie der Wille aus seiner Jenseitigkeit als Ding-an-sich in die Region des Vorstellens versetzt. Und dies bahnt die letzte Sonderung und Reinigung an, die den Willen an seiner Stelle innerhalb des Schopenhauerschen Weltbildes fixiert. Wenn wir das Absolute in uns Wille nennen, so mögen wir diesen Begriff noch so übersingulär und ungemischt fassen: auch so bleibt er immer noch der Name einer seelischen Erscheinung, ein bloßer Hinweis auf ein an sich Unbenennbares; nur daß mit dem Willen, der ein seelisches Phänomen ist, auf dasjenige, was niemals Phänomen sein kann, deutlicher als mit irgend einem andern Bestandteil unserer Welt hingewiesen wird: indem wir uns als überhaupt Wollende wissen, jenseits aller einzelnen, von der Welt gelieferten Inhalte dieses Wollens, greifen wir zwar auch jenes Ungreifbare nicht, aber wir langen so nahe wie möglich heran, wir stehen an dem Punkte, der noch immer nicht es selbst, sondern nur seine Offenbarung bleibt, aber seine klarste, fühlbarste, an dem, modern zu reden, statt der Allegorien, die uns sonst das Absolute vertreten, wenigstens ein Symbol seiner sich bietet. Wir bleiben in die Schicht der Erscheinung gebannt, auch wo wir uns des Willens bewußt sind und von ihm sprechen; nur dünner als anderswo ist sie an diesen Stellen, der Schleier, der das An-sich unseres Wesens verdeckt, hebt sich auch hier keineswegs, aber er legt sich enger, in weniger als sonst gefalteter Bauschung um das Absolute in uns. Dies muß man streng festhalten, wenn nicht die ganze Schopenhauersche Metaphysik eine Mythenbildung, ein fantastischer Anthropomorphismus sein soll. Er selbst freilich hat dem Vorschub geleistet, wenn er vorbehaltlos ausspricht: »der Wille ist das Ding an sich.« Vergißt man darüber jenen sonst gemachten Vorbehalt, so ist das Ganze eine kindliche Inkonsequenz, eine Übertragung des Empirischen in das Transszendente, wie in rohen Religionen, die die Götter nach dem Bilde des Menschen schaffen. Tatsächlich aber soll mit seiner Deutung des Willens der Weg des Denkens zum Absoluten nur eine direktere Richtung nehmen, ohne darum seine Ebene, die immer die des Relativen bleibt, zu verlassen. — Wenn wir in der Linie der Schopenhauerschen Intention von unserm, jenseits der Erscheinung gelegenen absoluten Sein sprechen, befinden wir uns gewissermaßen in einem Mittelzustand zwischen Sein und Erkennen, den man den metaphysischen Zustand nennen könnte. Er ist aber keine Mischung beider, sondern ein Besonderes und Unvergleichbares, im Grunde dasselbe wie die intellektuelle Anschauung Schellings. Er ist auch das, was in all den Spekulationen hervortritt: Gott oder der Weltgrund käme in uns zum Bewußtsein seiner selbst. Denn darin liegt das Gefühl, daß das Bewußtsein hier nicht sein Objekt sich gegenüber hat, daß der Bewußtseinsinhalt nicht vom Sein als eine heterogene Welt losgerissen ist, sondern daß das Sein gewissermaßen das Bewußtsein seiner selbst in sich trägt.

Die Frage der sachlichen Richtigkeit wird dadurch freilich nicht angerührt. Es wird immer Entscheidung eines unkontrollierbaren Gefühls bleiben, ob man unterhalb, oder richtiger innerhalb, alles einzelnen Wollens noch einen einheitlichen, von seinen Inhalten getrennten Willen empfindet, das sachliche Korrelat des Allgemeinbegriffes Wille — oder ob dieser ein bloßes Abstraktum bleiben soll, wie der Begriff des Blauen, den wir aus den blauen Dingen oder des Tones, den wir aus den einzelnen Tönen ziehen. Für Schopenhauer ist der Wille gleichsam der Dampf, der die allerverschiedensten Maschinen treibt. Der Wille lebt zwar nur in seinen einzelnen Akten, aber was diese zu Willensakten macht, läßt sich nicht aus derselben Art von Ursachen erklären, wie was sie zu einzelnen macht. In jedem Fall scheint mir darin ein sehr allgemeines und tiefes, wenngleich dunkles Gefühl zum Ausdruck zu kommen, dasselbe, das in uns eine Unendlichkeit hineinlegt, das unser Ich, obgleich sein Leben sich nur in endlichen Einzelinhalten offenbart, dennoch als ein Unendliches empfinden läßt. Ganz allgemein fühlen wir, daß in keinem einzelnen, gegenwärtigen Seelenvorgang — die Vorstellung mag noch so umfassend, der Willensakt noch so energisch, das Gefühl noch so leidenschaftlich sein — all die Spannkräfte und Tiefenvorgänge, die empordrängen oder mit einem solchen Vorgange in einer Beziehung stehen, vollständig zum Ausdruck und Sich-Ausleben kommen. Über jeden Lebensmoment der Seele und seinen Inhalt ragt der Energievorrat, aus dem er sich erhebt und der sich zu ihm zuspitzt, doch noch heraus, die schöpferische Ganzheit der Seele ist in ihm nicht erschöpft, obgleich sie dies sozusagen verlangt. So fühlen wir uns in jedem Augenblick als ein Mehr, als ein über unsere dargebotene Wirklichkeit Hinauslangendes, und die stete Wiederholung hiervon, bei allem Wechsel des Inhalts in der Form beharrend, läfst dies zu dem Bewufstsein kristallisieren, dafs wir überhaupt ein Mehr als Endliches wären, dafs in jeder einzelnen Regung, die eben durch ihren besonderen Inhalt zu einer einzelnen wird, ein an sich Unendliches zu Worte — oder eben nicht zu Worte — käme. Dieser Stimmungsdirektive gehört es an, wenn Schopenhauer in jedem Willensakt, der durch seinen besonderen Inhalt zu einem einzelnen wird, einen allgemeinen Willen erblickt, der von vornherein über jede mögliche Vereinzelung hinausgreift, an einem Einzelziel nicht an sein Ende gelangt, durch eine Einzelgewährung nicht befriedet werden kann. Schopenhauer drückt dies so aus, dafs es zwar psychologisch, d. h. durch singuläre Motivierungen und sonstige Kausalverknüpfungen erklärbar ist, wefshalb ich jetzt dies und jenes Bestimmte will, nicht aber, wefshalb ich überhaupt will oder wefshalb mein Wille im ganzen eine meinen Gesamtcharakter ausmachende Richtung hat. Jeder einzelne Willensakt ist als endlicher prinzipiell zu befriedigen, aber nicht der Wille überhaupt, der in ihm lebt und ihn überlebt, weil er sich in ihm nicht ausleben kann. Der Wille ist jenes Unendliche in uns, weil wir fühlen, dafs jeder endliche Akt noch immer einen nicht aufgegangenen Rest läfst.

Die Lehre vom Willen als dem Absoluten in uns hat zwei Bedeutsamkeiten, die indessen, wenn sie gesondert werden, das metaphysische Dogma Schopenhauers gleichsam zwischen sich durchgleiten lassen. Die eine ist die eben erwähnte: die Unausgeschöpftheit unseres Gesamtwesens durch das Nacheinander und die Summe seiner einzelnen Akte, das Mehr-als-dies, das neben und hinter jedem Dies fühlbar wird. Gewiſs erscheint diese Formgebung unseres tiefsten Seins sich nirgends unmittelbarer zu verraten, in nichts deutlicher symbolisiert zu sein, als im Willen, dessen seelisches Wesen im Hinausgehen über das Gegebene besteht und in dessen unabsehlichem Objektkreis die Seele ihre eigene, innere Schrankenlosigkeit offenbart. Dennoch wäre zu fragen, ob man sich jenen letzten Fundamenten des Lebens gegenüber mit einer Deutung begnügen soll, die doch schlieſslich nur eine plausible Analogie aus dem Gebiet des unmittelbaren Bewuſstseins ist. Jenes in mehr als einem Sinne »Grund«-lose, das wir als die Unerschöpflichkeit unseres Wesens, den Quell und zugleich das Jenseits jeder unserer Einzeläuſserungen fühlen, kann ebensogut in der Endlosigkeit logischer Verkettung liegen, oder in der Einheit der Seele, die sich in den erlebten Wechselwirkungen ihrer Einzelinhalte immer annähernd, aber nie absolut realisiert; oder in den Relationen zu dem Dasein auſserhalb ihrer, von denen eine unendliche Möglichkeit in ihr angelegt ist, so daſs, was wirklich in ihr vorgeht, Anregungen von einem Umkreise her sind, dem gegenüber wir noch eine Unermeſslichkeit anderer in latenter Form in uns fühlen. Kurz, Schopenhauer hat zwar das Problem, das zuerst Fichte als den Gegensatz des reinen und des empirischen Ich formulierte, mit einer neuen und unübertroffenen Vertiefung gefühlt: daſs wir in jedem Einzelakt unserer Seele eine ihn tragende und zugleich über ihn hinausreichende Energie spüren, die sich wie aus sich selbst erneuert, ohne eine ihr äuſsere Veranlassung, während jede besondere Äuſserung ihrer kausal veranlaſst ist, ein Unendliches und Absolutes, das unsere Endlichkeiten und Relativitäten trägt. Dieses immer nur unvollkommen ausdrückbare Daseinsgefühl hat in der Willensmetaphysik Schopenhauers eine Deutung gefunden, deren Anschaulichkeit das Problem vielleicht eindringlicher macht, als irgend eine andere.

Allein diese Anschaulichkeit, mit der der Wille das Hinübergreifen der Lebenstiefen über jede endliche Einzelheit symbolisiert, gibt ihm schliefslich als Lösung des Problems keinen entscheidenden Vorsprung vor allen sonst möglichen.

Aber andrerseits enthält diese Willensmetaphysik eine Bedeutung, die, wenn man auch ihre metaphysische Übersteigerung ablehnt, noch immer zu den wenigen ganz grofsen Fortschritten gehört, die dem Problem des Menschenlebens überhaupt innerhalb der Philosophie bisher beschieden sind. Von so wenigen Einschränkungen abgesehen, dafs sie als quantité négligeable gelten können, ist aller Philosophie vor Schopenhauer der Mensch als ein Vernunftwesen erschienen. Zwar sind sich alle Philosophen darüber einig, dafs er unvernünftig genug ist; allein dies ist eben jedesmal ein Abfall von seiner eigentlichen Natur, von dem, was er sein soll, weil er es schon ist — nicht nur der Idee, dem sittlichen Anspruch nach, sondern dem tiefsten Sein, der echtesten Wirklichkeit nach ist. Immer hat das Denken mit diesem doppelten Sinn des Seins gearbeitet. Was von uns gefordert wird, als die Überwindung und das Andere unseres realen, sich darbietenden Seins, das ist doch auch schon ein Sein, ja das ist unser fundamentalstes, allerrealstes Sein. Alle metaphysische oder überhaupt tiefere Begründung der Ethik folgt — was uns erst später seine ganze Bedeutung entfalten wird — der Formel: werde was du bist. Kaum jener religiöse Radikalismus macht davon eine Ausnahme, für den der Mensch sozusagen ein Kind des Satans ist und nur durch die von ihm selbst aus unbegreifliche Gnade von oben zu einem Wert gelangen kann; denn auch hier wird im allerletzten Grunde eine Gotteskindschaft vorausgesetzt, ein zwar verlorenes, aber dennoch in irgend einer mystischen Weise noch vorhandenes Sein, das überhaupt Veranlassung zu jener Gnade gibt. Dafs das Sein so einen weiteren und einen engeren Sinn besitzt und damit die unlogische Situation entsteht: wir sind, was wir doch nicht sind, und wir sind nicht, was wir doch sind — das ist der Ausdruck eines ganz fundamentalen und typischen Bedürfnisses, vielleicht auch einer Feigheit der Menschen, die eine Forderung und Sollen nicht meinen ertragen zu können, wenn sie deren Erfülltheit nicht schon in einer geheimen Form und Tiefe in sich wohnen glaubten. Diese Kategorie nun hat den Menschen zu einem Vernunftwesen gemacht, so sehr sein erscheinendes Sein auch das Gegenteil davon zeigt. Daſs nun gerade die Vernunft als das Wesenhafte des Menschen erschien, die Vernünftigkeit als die tiefstgelegene Funktion, deren Normen auch alle anderen Werte in uns tragen (sodaſs selbst die Sittlichkeit als die Herrschaft der Vernunft erscheint) — das geht wohl darauf zurück, daſs in dem solches bestimmenden Philosophen die Vernunft das Lebenszentrum und das Vehikel eben dieser Erkenntnis selbst bildet. Die alte, naivmystische Vorstellung, daſs wir »Gleiches durch Gleiches erkennen«, erfährt hier von je eine eigentümliche Anwendung: das Objekt muſste den Charakter des subjektiven, ins Spiel kommenden Erkenntnisvermögens tragen, weil dieses sonst nicht der vollkommenen Durchdringung jenes gewiſs zu werden glaubte. Der Kantische Satz, daſs die Bedingungen der Erkenntnis zugleich die Bedingungen der Gegenstände der Erkenntnis sind (weil das Erkennen sich seinen Gegenstand bildet), hat hier, über die einzelnen Bestimmungen der Objekte hinaus, auf die die Kantische Behauptung sich beschränkt, die Gesamtcharaktere von Subjekt und Objekt ergriffen.

Dieses Dogma nun von der Vernunft als dem tiefsten, wie auch von den Wellenkräuselungen seiner Oberfläche überdeckten Wesensgrunde des Menschen hat Schopenhauer zerschlagen; und gleichviel ob man das andere, das er an diese Stelle setzt, annimmt oder nicht, so gehört er damit in jedem Fall zu den groſsen philosophischen Schöpfern, zu den Entdeckern einer neuen Möglichkeit, das Dasein zu deuten. Während sonst im letzten Fundamente des Menschen diejenige Energie lag, die sich jedenfalls am adäquatesten im Denken und seiner Logik äußerte, wird nun die Vernunft aus diesem Wurzelgrunde gerissen und durch eine gewaltige Drehung zu einem Akzidens, einer Folge oder einem Mittel des Wollens, das jenen Platz für sich beansprucht. Freilich ermöglicht unser Vorstellen, die gegenständliche Welt bildend, es dem Willen, sich zu einzelnen Akten zu besondern. Allein Schopenhauer hat sehr tief erkannt, daß schon die Vorstellungsinhalte und die verstandesmäßigen Verkettungen als seelische Vorgänge eine Triebkraft voraussetzen, die jenseits der bloß ideellen, bloß logischen Beziehungen jener Inhalte lebt. Wenn wir aus bestimmten Voraussetzungen einen Schluß ziehen, so empfinden wir wohl, daß wir damit eine notwendige Beziehung der Begriffe selbst nachzeichnen, eine in ihnen gelegene ideelle Forderung vollziehen. Allein daß wir sie vollziehen, daß wir jene nur sachliche Beziehung in unserem Denken verwirklichen, das ist mit den an sich sozusagen kraftlosen Inhalten und Verbindungen der Begriffe keineswegs identisch oder gegeben. Vielmehr, auch der logischste Satz braucht, um seelische Wirklichkeit zu werden, einen Träger, der an sich mit Logik überhaupt nichts zu tun hat. Dieser Produktionsprozeß unser selbst kann jene logischen, sachlich notwendigen Inhalte aufnehmen und ist insofern vernünftig; seinem eignen Wesen nach aber steht er jenseits des Gegensatzes von Vernunft und Torheit, von Logik und Widerspruch, ist vielmehr un-vernünftig im rein negativen Sinn. Der Schopenhauersche Wille steht nicht gegen die Vernunft, sondern nur außerhalb ihrer und deshalb auch außerhalb ihres Gegenteils.

Diese Achsendrehung im Begriff des Menschen: daß die Vernunft nicht mehr seine tiefste, wie auch etwa überdeckte Realität bildet, sondern nur ein Inhalt, oder, wenn man will, eine Form ist, die von dem eigentlich realen Leben, von dem Produktionsprozeß unseres Seins erst sekundär aufgenommen oder abgewiesen wird — diese Drehung ist ein Symptom und ein Faktor einer sehr tief reichenden Erkenntnisbewegung. Allenthalben hat sich im 19. Jahrhundert die Vorstellung aufgerungen, daſs unser Sein, die entscheidende Instanz und Substanz unseres Lebens, in unserem Vorstellen und Bewuſstsein nur einen zufälligen, unvollständigen, oft fälschenden Ausdruck findet. Der Keim dieser Überzeugung liegt bei Kant, der unser ganzes empirisches Ich, d. h. die Summe der Vorstellungen, die unser Bewuſstsein erlebt, als die durch die Bewuſstseinsformen bestimmten Erscheinungen eines Dinges-an-sich ansprach, das, unserer seelischen Welt zugrunde liegend, ebenso transszendent und unerkennbar sei, wie das Ansich der äuſseren Erscheinungen. Indes führt diese Idee bei Kant nicht zu dem Gegensatz von Sein und Bewuſstsein, einerseits weil für ihn die empirische Bewuſstseinswelt das echte, gediegene Sein ist, das Ding-an-sich dahinter aber »nur eine Idee«; andrerseits weil er, dieser Idee doch einen positiven Inhalt suchend, wieder die Vernunft als unseren letzten Wesensgrund konstituiert. Mit schneidender Schärfe erfaſst Marx den Gegensatz: ist es, so fragt er, das Bewuſstsein der Menschen, das ihr Sein bestimmt, oder bestimmt ihr Sein ihr Bewuſstsein? Freilich dient das Problem seinen besonderen Zwecken nur in einer engeren und flacheren Form: es sei das gesellschaftliche Sein der Menschen, das ihr Bewuſstsein bestimme. In entschiedener Abwendung von dem Rationalismus des achtzehnten Jahrhunderts mit seiner Wertakzentuierung des Bewuſstseins geht durch das neunzehnte die Wertung des Seins als unserer unmittelbaren Realität, während unser Bewuſstsein nur eine akzidentelle und unregelmäſsige Kompetenz dieser sei, ein hier und da aufzuckendes Licht, nicht einmal ein Symbol, das unser Sein stetig begleitete und berechenbar machte: in den romantischen und mystischen Strömungen des Jahrhunderts ist diese Akzentverschiebung ebenso fühlbar wie in manchen materialistischen und historisierenden. In der Schopenhauerschen Willensmetaphysik lebt dieses Gefühl in seiner ganzen unüberhörbaren Stärke: dafs wir etwas sind, und von diesem Sein irgend eine Art von Gewifsheit haben, die nicht die des bewufsten Erkennens ist. Dem Rationalismus, den Kant nur auf dem Sondergebiet der Erkenntnis entthront und durch die Erfahrung als die einzige Trägerin des Wirklichkeitserkennens ersetzt hatte, versagt sich erst damit die Gesamtanschauung des Menschen überhaupt. So sehr wir auf das Bewufstseins- und Verstandesleben angewiesen sind — wir sind damit doch nur der Ort für eine Flucht von Bildern, all diese Vorstellungsinhalte, mögen sie die Seele oder die Aufsenwelt betreffen, sind wir nicht. Schopenhauer hat den Mut zu dem Radikalismus, zu dessen Vermeidung eigentlich die Anschauung des Menschen als eines Vernunftwesens kreiert war: dafs die Bewufstseinsbilder, in denen das empirisch gelebte Leben verläuft, die Wirklichkeit unseres Seins nicht einschliefsen, sich überhaupt nicht mit ihr berühren können, weil dieses Sein eben nicht des gleichen Wesens ist wie das vernünftige Bewufstsein. Aber dieses negative Anderssein, diese sozusagen formale Differenz zwischen dem Sein und dem Bewufstsein genügt nicht, sondern indem er dieses Sein nun inhaltlich als jenes metaphysische Getriebenwerden charakterisiert, jene dunkle Begehrlichkeit unseres Wesens, die als die Ruhelosigkeit des Wollens in die Erscheinung tritt — hat er dem Abgrund zwischen unserer Realität und den sozusagen kraftlosen, spiegelbildhaften Vorstellungen des Bewufstseins und der Vernunft erst seine ganze Breite gegeben. Und wenn es dennoch eine Einheit zwischen ihnen gibt, so ist es diejenige, die die rationalistische Auffassung des Menschen noch weiter als solche Scheidung von sich weisen müfste: dafs nämlich alles Bewufstsein und Intellekt ein blofses Produkt des Willens ist, ein Werkzeug, das er sich zu seinen Zwecken bereitet und das ihm seiner eigentlichen Bestimmung nach untertan bleibt, auch wenn es dieser Bestimmung hier und da untreu wird. Und damit greift die Vernichtung des

Vernunftcharakters des Lebens zugunsten seines Seins- oder wenn man will, seines Kraftcharakters in den Willen selbst hinunter. Ist der Mensch ein Vernunftwesen, so empfindet er Werte und Zwecke und weil er sie als solche empfindet, so will er sie, das gewertete und gesetzte Endziel entfesselt das Begehren; und dies ist die gewöhnliche Auffassung. Für Schopenhauer aber wächst der Zweck, den wir schätzen und dem wir bewußt zustreben, erst aus dem Willen als der Urtatsache hervor. Wir wollen nicht, weil unsere Vernunft Werte und Ziel statuiert, sondern weil wir wollen, dauernd, pausenlos, aus unserem Wesensgrunde heraus, darum haben wir Zwecke. Diese sind nichts anderes als der Ausdruck oder die logische Organisierung der Willensereignisse. Der Vernünftigkeit unseres Daseins wird die letzte Stütze entzogen, die sie am Zweckbegriff besaß, solange das Wollen noch als der Weg zu — prinzipiell — von der Vernunft vorgezeichneten Wertpunkten erschien. Jetzt aber ist der Intellekt nur die Beleuchtung des aus sich selbst quellenden Willensprozesses, das Bewußtsein formt ihn für sich nach den Kategorien des Verstandes, die einzelnen Zwecke sind nur die über ihn hin verstreuten Lichtpunkte und seine Oberfläche gliedernden Akzente. Damit wird nun erst jene frühere Behauptung vollkommen durchsichtig: daß wir zwar immer wissen, was wir in jedem gegebenen Augenblicke wollen, nie aber, was und warum wir überhaupt und im Ganzen wollen. Es ist die Scheidung und neue Rangierung unseres Seins und unseres Bewußtseins, vermöge deren unser Dasein aus den singulären Akten, die es begreifbar zusammensetzen, dennoch nicht besteht; ihr gemäß scheidet sich das Ganze des Lebens von der Summe seiner Einzelheiten und wird zu jener bloß tatsächlichen Einheit, die wir zwar in diesem Einzelnen als dessen Substanz, zugleich aber dahinter als das dunkle Verhängnis des Lebens überhaupt fühlen — das Verhängnis, welches nicht zu dem Leben hinzukommt, sondern welches das Leben selbst ist.

Dritter Vortrag.
Die Metaphysik des Willens.

Daſs der Mensch sich selbst zur Vorstellung wird, zu einem Gegenstand der Anschauung und Erkenntnis — das geschieht nach der Überzeugung Schopenhauers, indem er sich gleichsam von der einheitlichen Wurzel seines Wesens losreiſst. Er enthebt sich seinem in sich beschlossenen Sein und ordnet sich, als Bild, in einen ausgedehnten Zusammenhang anderweitiger Mannigfaltigkeiten ein, die, als Bilder, denselben Charakter und Gesetz tragen. Diese Reihen des Räumlichen, Zeitlichen, Ursächlichen reichen, obgleich sie nur als Vorstellungen in uns existieren, über unser Ich als Vorstellung nach allen Seiten hinaus; ja, durch diese Koordination mit unzähligen andern Elementen, durch dieses Begrenzt- und also Geformtwerden von ihnen kommt erst das Vorstellungsbild von uns, als welches wir vor unserm Bewuſstsein stehen, zustande. Auch für die Schopenhauersche Vorstellung geht, wie man später gesagt hat, der Kreislauf des Stoffes und der Energie durch unsere Existenz wie durch die des kreisenden Gestirnes und der blühenden Pflanze hindurch und die Gleichheit vor dem Naturgesetz schmiedet unsere körperliche wie unsere seelische Erscheinung in dieselbe Kette, der das niedrigste oder fernste Naturgebilde angehört. Also, schlieſst Schopenhauer — und damit erhebt sich sein Weltprinzip aus der bisher dargestellten Bedeutung für den Menschen zur Deutung des allgemeinen Seins —

also müssen wir all diesen Existenzen, da sie als Erscheinungen uns gleichartig sind, auch dasselbe innere, absolute, an sich seiende Wesen zusprechen. Wenn die erkennbaren Erscheinungen der Art nach gleich sind, so darf angenommen werden, daſs auch das Unerkennbare, das ihnen zugrunde liegt, der Art nach das gleiche ist. Die gesamte Natur, uns selbst als erfahrbare Existenzen eingeschlossen, bildet gleichsam eine in sich geschlossene Kugeloberfläche, in der jeder Abschnitt nur auf den andern, aber unmittelbar auf nichts darüber oder darunter Gelegenes hinweist; an einem einzigen Punkte nur setzt sich an sie eine Linie anderer Richtung an, die sie gewissermaſsen durchbricht: das ist der Punkt unserer eigenen Existenz, an dem wir, auſser daſs wir erscheinen, auch sind; an ihm allein haben wir den Radius, der zu dem Mittelpunkt der Kugeloberfläche führt. Und dieser muſs für deren gesamten Umfang gelten, da er für das eine Stück seiner gilt, das dem Gesamtgesetz dieses Umfangs, gegen alle andern ununterschieden, eingeordnet ist.

Wie nun Schopenhauer auch in uns selbst, genau genommen, den Willen nicht als Ding-an-sich erkennt, da dieses ja das Unerkennbare ist, wie vielmehr auch der bewuſste Wille eine Erscheinung, aber diejenige ist, in der der unzerreiſsbare Schleier über unserm absoluten Wesen nur am dünnsten ist — so leuchten auch in der übrigen Natur, nachdem dieser Hinweis unsern Blick richtig eingestellt hat, überall die Spuren des gleichen Grundwesens auf. Der Drang, mit dem die Gewässer der Tiefe zueilen; die Heftigkeit, mit der die elektrischen Pole zur Vereinigung streben und die, gerade wie die der menschlichen Wünsche durch Hindernisse gesteigert wird; die Sehnsucht, mit der das Eisen dem Magnete zufliegt; die unablässige Bestrebung der Schwere, die die irdischen Körper zum Erdmittelpunkt zieht — alles dies sind die dumpferen und ferneren Erscheinungen eben desselben, was in uns im Licht des Bewuſstseins drängt und strebt.

Es liegt nahe, solcher Deutungsweise gegenüber von vornherein die Anklage auf Vermenschlichung der Natur zu erheben, auf realistischen Mifsbrauch dichterisch-mythologischer Analogien, auf Rückfall in den primitiven Animismus der Menschheit, der die Erregung des Meeres nur aus dem Zorn des darin wohnenden Meergottes, das Wehen des Windes nur als das Blasen des Äolus verstehen konnte. Diese Kritik erscheint mir flach und mifsverständlich. Es steht natürlich jedem frei, die metaphysische Deutung des Daseins überhaupt abzulehnen, sich an die Erscheinungen des fliefsenden Wassers, des magnetisch bewegten Eisens, der fallenden Körper, wie sie gegeben sind, zu halten und mit der »Beschreibung« derselben, zuhöchst mit der mathematischen Formulierung ihrer Regelmäfsigkeiten sein geistiges Verhältnis zur Welt abzuschliefsen. Wo kein weitergehendes Bedürfnis vorliegt, läfst es sich so wenig oktroyieren, wie dem irreligiösen Menschen das Bedürfnis der Erlösung oder dem unkünstlerischen die Beglücktheit an der Mona Lisa oder an der h-moll-Messe. Die Indiskutierbarkeit des metaphysischen Bedürfnisses darf nun freilich nicht dazu ausgenutzt werden, jede törichte Fantasterei in ihren Schutz zu stellen. Dies bedarf der Betonung, um klarzulegen, dafs auch die Kritik der Schopenhauerschen Metaphysik sich nur auf der Basis bewegen kann, dafs Metaphysik überhaupt irgend eine Legitimität besitzt. Diese zugegeben, wäre die Schopenhauersche Deutung alles natürlichen Daseins als Erscheinung eines Willens nur dann eine kindlich-abergläubische Vermenschlichung, wenn er den Willen, wie er als empirische Bewufstseinstatsache in uns auftritt, in die Natur hineinsähe. Aber diese methodische Unzulässigkeit liegt ihm ganz fern. Er meint dasjenige, was ja auch den unmittelbaren Willenserscheinungen in uns erst zum Grunde liegt. Er überträgt keineswegs eine Tatsache des psychologischen Erfahrungsgebietes auf das Transszendente, das von aller Erfahrung generell geschieden ist. Diese Entgleisung ist freilich innerhalb der Religion und der Metaphysik so häufig, dafs sie jeder Metaphysik gegenüber als feststehende Tatsache und a priori gültige Form ihres Kritisiertwerdens aufzutreten pflegt. Aber bei Schopenhauer greift der metaphysische Gedanke ebenso unter das menschlich-seelische Phänomen hinunter wie unter das physikalische. Zwischen beiden besteht nur der graduelle Unterschied, dafs der psychologische Wille, weil er bewufst ist, auch sein inneres, über- oder unterpsychologisches Wesen eher dem bewufsten Denken darbietet, als die blofs materiellen Erscheinungen es tun, in denen für uns die Natur besteht. Unsere metaphysischen Ahnungen und Deutungen müssen freilich unter die Oberfläche des Daseins, deren Teile ganz verschiedene Höhenlagen zu uns besitzen, verschieden tief hinuntergreifen, um zu dem Fundamente ihrer aller zu gelangen. Durch die Erfahrung von uns selbst schimmert ihr nicht-empirischer Kern deutlicher, fühlbarer, bezeichenbarer hindurch, als es bei den nicht-seelenhaften Erscheinungen der Fall ist. Und darum werden unter der Voraussetzung, dafs jener Kern des Seins der gleiche für seine seelischen wie für seine äufseren Erscheinungen sei — die ersteren legitim auf den Weg zur Deutung der letzteren führen. Hier liegt einer der wenigen Punkte, an denen Schopenhauer aufserordentlich häufig mifsverstanden worden ist. Man ist seiner Absonderung des metaphysischen Willens von der ebenso benannten Bewufstseinserscheinung nicht genau genug nachgegangen, hat nicht scharf genug erfafst, dafs diese greifbare seelische Erfahrungstatsache, so gut sie uns das Absolute, das ewig Ungreifbare in uns interpretieren mag, sich diesem doch immer nur nähert, aber nie mit ihm zusammenfällt. Es ist also der metaphysische Grund der Dinge — jenseits unser, wie jenseits aller andern Erscheinungen — keineswegs in die empirisch-menschlichen Formen hineingezogen, sondern umgekehrt das Menschliche zugleich mit allem andern auf den metaphysischen Grund gebaut — objektiv in der gleichen

Höhe über ihm, subjektiv freilich verschieden distanziert. Wenn Empedokles die Welt sich durch die Liebe und den Haſs der Elemente gestalten läſst, wenn die teleologische Metaphysik das Wohl des Menschen zum schöpferischen Zwecke alles Daseins macht, wenn der Gott, der die Welt schafft und lenkt, dabei von Motiven und Affekten wie wir bestimmt wird, so ist damit das Weltganze auf den Nenner Mensch reduziert; Schopenhauer hat umgekehrt den Menschen auf den Nenner, der für das Weltganze gelten soll, gebracht und im Menschen, in dem die Ebene jenes Nenners und die der Erscheinungen sich schneiden, nur die Möglichkeit solcher Reduktion für das Denken aufgefunden.

Ist so der Vorwurf ungerecht, mit dem man Schopenhauer auf das methodische Niveau eines primitiv-dichterischen Animismus herunterdrücken wollte, so enthält diese Metaphysik andrerseits doch Voraussetzungen, die ausschlieſslich Sache des persönlichen Glaubens sind. Vor allem diese — welche eben eine Voraussetzung ist und den besonderen Inhalt der Daseinsdeutung noch unberührt läſst —: daſs das Absolute, das An-Sich der Erscheinungen für diese alle eben dasselbe wäre. Von seinem idealistischen Ausgangspunkt aus erscheint dies freilich für Schopenhauer ganz selbstverständlich. Die Zerspaltung der Dinge in Vielheiten ist nur durch Raum und Zeit möglich, unser Vorstellen kann das Mehr-Als-Eins nur als ein Nebeneinander oder ein Nacheinander enthalten. Da dies aber eben Formen der Vorstellung sind, so muſs das Sein jenseits seines Vorgestelltwerdens davon frei sein: es kann keine Vielheit enthalten; es ist Eines nicht in dem Sinne des Einen oder Individuellen, neben dem es ein Anderes gäbe, sondern der Unterschied gegen ein Zweites oder Drittes berührt es überhaupt nicht, seine Einheit ist nicht Aussonderung aus einer Mehrheit, sondern die absolute, die nur in den Formen unseres Intellekts, wie ein Strahl in einem Facettenglase, in eine Vielheit differenter Vorstellungsbilder zerfällt. Wenn also das

Sein, das nicht Vorstellung ist, an **einem** Punkte ergriffen ist, so ist dies der Punkt, an dem **alle** Vorstellungsgebilde ihr Wesen, das nicht Vorstellung ist, haben. In der Schicht, in der es nur **eine** Einheit gibt, müssen deshalb alle Radien, die zwischen den Erscheinungen und ihr laufen, sich in dieser einen treffen. Es offenbart sich hier ein tiefer Zusammenhang zwischen der vom Subjekt ausgehenden, auf das Ich gegründeten Metaphysik des Seins und dem monistischen, oder, wenn man will, pantheistischen Gedanken von der metaphysischen Einheit dieses Seins. Das Ich, für das das Dasein Bewußtsein ist, könnte niemals als der Interpret des Gesamtseins, als Brücke und Pfand seiner Zugängigkeit gelten, wenn nicht von vornherein eine Wesensgleichheit zwischen beiden gesetzt würde. Dies gilt selbst für den Fichteschen Idealismus, in dem das Ich das allein absolut Existierende ist und die Welt als seine Vorstellung produziert. Denn dies wäre unmöglich, wenn das vorstellende und schaffende Ich sich nicht zugleich als ein vorgestelltes und geschaffenes vorfände, als die empirische Persönlichkeit, die auf dem gleichen Niveau, unter den gleichen Gesetzen, in der gleichen Wesensbeschaffenheit existiert wie der fallende Stein oder der in der Tiefsee schwimmende Fisch. Alles Dasein muß in sich und muß mit dem Ich eine vollkommene, wie auch immer charakterisierte Einheit bilden, wenn dieses in sich und seinem Inhalt den Punkt finden soll, von dem aus der Gedanke die Gesamtheit der Dinge deuten kann. Das Aufeinanderangewiesensein der Gegensätze, das sich selbst der radikalsten Einseitigkeit noch unterbaut oder sich von ihr tragen läßt — wird nirgends fühlbarer als in dieser unvermeidlichen Verwebung des All-Einheits-Gedanken in die Lehren, die im Ich den Erkenntnisgrund, ja selbst den Realgrund alles Seins auffinden.

Um nun diese Überzeugung von der metaphysischen Einheit aller Dinge — einen Grundpfeiler des ganzen Schopenhauerschen Weltbildes — richtig einzuschätzen, bedarf es der Einsicht, daſs ihre logische Notwendigkeit von Schopenhauer mit Unrecht behauptet wird. Der Schluſs: alle Vielheit besteht nur in Raum und Zeit — Raum und Zeit sind ausschlieſslich Auffassungsformen unseres Intellekts — also kann dasjenige, was seinem Begriff nach nicht in unsern Intellekt fallen kann, auch niemals eine Vielheit, sondern muſs absolute Einheit sein — dieser Schluſs ist nicht bündig. Zunächst ist es nicht richtig, daſs die Vielheit des Wirklichen nur im Nebeneinander oder im Nacheinander bestehen könnte. Unser Bewuſstsein lebt keineswegs, wie ein traditioneller Irrtum behauptet, nur in der zeitlichen Aufeinanderfolge seiner Elemente. Wenn ich den Satz denke: Leben ist Leiden — so geht freilich der Bewuſstseinsinhalt Leben dem Bewuſstseinsinhalt Leiden voran. Allein auſser diesem Verhältnis des zeitlichen Aufsereinander haben beide Vorstellungen in mir noch das eines Zugleich und Ineinander, womit doch erst beide zu einem Urteil, zu der Einheit eines Sinnes zusammengehen. Wenn sie im strengen Sinne nur nacheinander wären, d. h. wenn das eine verschwunden wäre, sobald das andere einträte, so würden sie niemals einen Satz ergeben. Unsere Seele hat die geheimnisvolle, wenngleich durchaus im Empirischen wirksame Fähigkeit, eine Mehrheit von Elementen, deren sie sich nacheinander bewuſst geworden ist, zu einem schlechthin einheitlichen Gedanken zu verbinden; in dem gedachten Sinn des Satzes: Leben ist Leiden — gibt es kein Vorher und Nachher, es ist eine seelische Formung des Vielen, die weder des Raumes noch der Zeit noch einer der sonstigen Gestaltungen des »Satzes vom Grunde« bedarf. Wenn also auch all diese aufgehoben würden, so bliebe keineswegs nur eine absolute, transszendente Einheit übrig, sondern mindestens noch jene eigentümlich zusammengefaſste Vielheit. In dem unvergleichlichen Gebilde des menschlichen Urteils lebt Vielheit und Einheit so wunderbar ineinander, daſs die Vielheit seiner Elemente die Aufhebung aller räumlich-zeitlichen Gestaltung überlebt und andrerseits die Einheit in ihm, die erfaſsbar lebendige, in sich so absolut, so unabhängig von allem Gegensatz und aller Relativität ist, wie Schopenhauer es nur am Transszendenten zu finden meinte. Und auch noch weiterhin verschleiert die scheinbare Logik jenes Schlusses: der Charakter der Erscheinung ist das Auſsereinander und die Vielfältigkeit, also muſs der Charakter des Dinges-an-sich Einheit sein — eine durchaus nicht unangreifbare Dogmatik. Daſs alles Dasein den Kategorien Erscheinung und Ding-an-sich unterworfen ist, geschieht von vornherein nicht aus der indiskutabeln Notwendigkeit, die Schopenhauer wie die ganze im Banne Kants stehende Philosophie voraussetzt. Daſs das Wirkliche, das Daseiende, in einem Bewuſstsein ist — das ist schlieſslich eine Hypothese, es baut dem unmittelbar Wirklichen eine Seelenhaftigkeit unter, die nur dem modernen Subjektivismus als etwas Selbstverständliches erscheinen kann. Daſs »die Welt meine Vorstellung ist«, ist keineswegs so absolut und apriori gewiſs, wie Schopenhauer verkündet; es setzt vielmehr voraus, daſs die Kategorie von Subjekt und Objekt, die innerhalb der empirisch-wirklichen Welt gültig ist, sie auch umfasse und für [sie als Ganzes gelte. Dies nun aber auch zugegeben; zugegeben, daſs alles, was für die Erscheinung der Dinge als solche gilt, von ihrem Wesen an sich ausgeschlossen bleiben muſs — so folgt zwar, daſs die Vielheit und das Auſsereinander, wie es die erfahrenen Phänomene formt, für deren Grundwesen nicht gilt; aber es folgt daraus noch nicht, daſs dieses Grundwesen Einheit sein muſs. Dies ist vielmehr eine typische Erschleichung: daſs mit der Verneinung eines Begriffes ein andrer, positiver, unmittelbar und selbstverständlich gesetzt erscheint. Was nicht endlich ist, müsse unendlich sein; wer nicht altruistisch sei, könne nur ein Egoist sein; was nicht in Teile aufgelöst werden könne, sei unvergänglich — bis zu aller Theorie und Praxis, die unter der Norm steht: wer nicht für mich ist, der ist gegen mich. Ebenso typisch aber schreitet die Erkenntnis dazu fort, daſs die Dinge sich nicht zwischen eine Zweiheit von Bestimmungen derart einsperren lassen, daſs die Verneinung der einen von selbst und unbedingt mit der Bejahung der andern identisch wäre. Die Behauptung: tertium non datur — kann menschlicher Intellekt niemals mit unbedingter Sicherheit aufstellen, sobald es sich um zwei positive Bestimmungen handelt; immer bleibt die Möglichkeit offen, daſs eine dritte gefunden werde, die infolge des Ausschlusses der ersten ebenso gut eintreten kann, wie die zweite, die man bisher in diesem Fall für unvermeidlich hielt. So liegt es gegenüber dem Schopenhauerschen Schluſs auf die Einheit dessen, was nicht Erscheinung sei. Zugegeben, daſs die Mannigfaltigkeit, Individualität, Getrenntheit, wie wir sie in der Erfahrung wahrnehmen, nur der Erscheinung, d. h. der durch unsere Bewuſstseinsformen bestimmten Vorstellung, anhafte und deshalb das Jenseits-der-Vorstellung, des An-Sich, jedenfalls diese Bestimmtheiten nicht tragen könne: so kann eben dieses Absolute freilich Einheit sein, es kann aber ebensogut ein Maſs und eine Art der Individualität und des gesonderten Fürsichseins haben, welche von dem Charakter der Erscheinung genau so weit abliegt, genau so wenig empirisch aufzuweisen ist, genau so sehr etwas Absolutes und mit dem erkennenden Bewuſstsein nicht Festzustellendes ist, wie jene Einheit es wäre.

Hier stehen sich zwei metaphysische Möglichkeiten gegenüber, beide in den letzten Grund des Weltfühlens hinunterreichend und jede erst an der anderen ihr volles Licht gewinnend. Die Vielheit und Gespaltenheit der Erscheinungswelt ist, wie Schopenhauer dauernd betont, eine relativistische, d. h. jedes Stück der Erscheinungswelt wird räumlich, zeitlich, kausal, von andern begrenzt, und erst durch diese Eingrenzung bekommt es seinen besonderen Charakter, die Dinge verleihen sich gegenseitig ihre individuelle Gestalt, in dem Fluſs des Werdens heben sie sich als Wellen herauf, jede anders als die andere und doch von denselben Gesetzen bestimmt, abhängig von dem Rhythmus aller andern, benachbarten und weit zurückliegenden, und ihrerseits die Form jeder künftigen bestimmend. Ganz anderen, ja entgegengesetzten Wesens ist die **metaphysische** Individualität, die absoluten Einheiten, aus denen die Spekulation das Sein jenseits des empirischen Vorstellungsbildes konstruiert. Hier ruht gerade jedes Element absolut auf sich selbst, sein Leben und seine Gestaltung sind der Ausdruck seines eignen inneren Wesens, nicht, wie innerhalb der Erfahrungswelt', der Ausdruck seiner Wechselbeziehung mit anderen Existenzen. Innerhalb dieser letzteren ist jedes Stück nur da und nur so, weil andere da sind; die absolute Individualität dagegen, deren Typus in dem Gefühl des freien Fürsichseins unserer Seele liegt, ist selbst ein letztes Seinselement und keiner von anderswoher fliefsenden, relativistischen Notwendigkeit untertan; mag jede solche anderen gleich oder einzigartig sein — daſs sie es ist, wird nicht von den andern bestimmt, sondern ist seine innere, prinzipiell von allen andern unabhängige Tatsächlichkeit. Ein durchaus charakteristisches Lebensgefühl drückt sich darin aus, daſs es, auf den Grund der Dinge tauchend, auf ihm nicht eine Einheit, sondern Einheiten vorfindet — ein Gefühl, das den sonst so weit unterschiedenen Philosophien von Leibniz und Schleiermacher, von Herbart und Nietzsche zum Fundamente dient. Wo nun aber die entgegengesetzte Sehnsucht das philosophische Weltbild gestaltet, gilt Spinozas entscheidende Formel: omnis determinatio est negatio. Damit wird die Individualität, die determinatio, in den **Zusammenhang** der Dinge, in gegenseitig ausgeübte **Begrenzungen** gerückt, durch die sie ihre Sonderform findet: dadurch, daſs ein Wesen **nicht** das ist, was die andern sind, und nur dadurch ist es, was es selbst ist; es wird eine Einheit alles Seins vorausgesetzt, innerhalb deren die Einzelgestaltungen nur durch Absonderung, d. h.

durch partielles Nicht-Sein entstehen. Weil das wirkliche, absolute Sein kein Nicht-Sein enthalten kann, kann es also auch keine individuell determinierte Form haben: seinem tiefsten und eigentlichen Wesen nach ist jedes Ding mit jedem identisch. Mag die individuelle Gestaltung nun, sich als Tatsache darbietend, durch eine nicht weiter erklärliche Entwicklung aus jenem Sein hervorgetrieben werden, mag sie der Inhalt einer unvollkommenen, nur subjektiven Auffassung sein, mag eine Art mystischen Sündenfalles die Besonderung, das Fürsichsein des Einzelnen motivieren: immer bleibt dieses hier in der oberen, sekundären Schicht des Weltbildes, ist nichts als die sozusagen nachträgliche Zerlegung eines absoluten und absolut einheitlichen Seins, in dessen Tiefe — die letzte, unserm Denken zugängliche — jene sich nicht hinuntererstreckt. Das Wesen des metaphysischen Individualismus dagegen ist gerade das Hinabreichen der Sonderform des Daseins bis in sein letztes Fundament, jenseits der Oberfläche ihres empirischen Sich-Darbietens. Innerhalb dieser Weltanschauung ist die Individualität diejenige Form des Besondersseins, die n i c h t durch wechselwirkende Begrenzung und Beeinflussung, sondern aus innerem Prinzip und Eigenrecht heraus existiert; sie ist mit dem Fürsich- und Durchsich-Sein ausgestattet, mit dem auf der andern Seite die metaphysische All - E i n h e i t sich von der blofsen Relativität und gegenseitig bewirkten Prägung der Erscheinungstatsachen unterscheiden sollte.

Damit wird deutlich sein, dafs Schopenhauers Schlufs von der Gespaltenheit der Phänomene auf die Einheit des Weltwesens jenseits dieser — keineswegs logisch zwingt, sondern einem Dritten Raum läfst: die metaphysisch geglaubte, absolute Vielheit des Seins liegt nicht weniger tief unter der empirischen, relativen Vielheit der Erscheinungswelt, ist nicht weniger von der Verneinung dieser aus zu erreichen, wie die metaphysische Einheit, in der Schopenhauers Denken mündete. Ob man sich für die eine oder für die andre Denkmöglichkeit entscheidet, ist nicht mehr Sache des Denkens selbst, sondern der fundamentalen Stimmung der ganzen Persönlichkeit: ob die Befriedigung, die sie von dem Bilde der Welt verlangt, von einer unbedingten Einheit ihres Grundes oder von einem Reichtum unendlich vieler, gegeneinander selbständiger Einheiten ausstrahlt.

Es wird hier bedeutsam, daſs in der Schopenhauerschen Metaphysik der Begriff der Persönlichkeit keine Stelle findet. Zwischen dem Ich als Vorstellung und dem Ich als Wille fällt sie sozusagen mitten hindurch. Die Vorstellungswelt ist zwar der Ort der Individuation, der Zerteilung des Daseins in gegeneinander abgesonderte Einzelwesen. Allein Individuen im echten und absoluten Sinne ergibt dies nicht. Die Sonderexistenzen konstituieren sich im Reich der Erscheinung nur durch gegenseitige Abgrenzung, nicht durch ein von innen her bestimmtes Fürsichsein; nur dadurch, daſs eine jede Nachbarn hat, von Vorher und Nachher, von Rechts und Links, von Höher und Tiefer her ergibt sich ihre Form, nicht durch eine ihr allein eigene, von allem Auſser-Ihr unabhängige Notwendigkeit. Oder, von der anderen Seite gesehen: in der Natur als dem Komplex erkennbarer Phänomene, kreist ein Strom von Energien und Stoffen, der jedes einzelne in seine Kontinuität hineinzieht. Eine eigentliche Abgrenzung des einen gegen das andere besteht, sachlich angesehen, überhaupt nicht, eine ewig gleichflieſsende, absatzlose Notwendigkeit führt ein Phänomen in das andere über, so daſs von »einem« und dem »andern« zu sprechen nur durch die abteilenden Grenzstriche unseres — hier sozusagen sekundären — Vorstellens möglich ist, die in der objektiven Struktur der Dinge — die ja auch Vorstellung, aber in mehr primärem Sinne ist — so überhaupt nicht vorgezeichnet sind; aus praktischen und theoretischen Zweckmäſsigkeiten schaffen wir Einzelwesen durch Analyse und Synthese von Erscheinungselementen. So ist jede, als »eine« zu bezeichnende individuelle Erscheinung als solche nur etwas ideelles, nur um jener subjektiven Gründe willen in den absolut einheitlichen, keine objektiven Abgrenzungen kennenden Fluſs des natürlichen Daseins eingezeichnet. Ein Ich, das sich mit innerer Selbständigkeit der Welt mit ihren anderen Ichs entgegensetzte, kann es also innerhalb der Erscheinung im Sinne Schopenhauers nicht geben — aber ebenso wenig in dem metaphysischen Grunde der Dinge, wie er ihn denkt. Hier genau so wie dort, nur anders in der Form, wird die Persönlichkeit in eine Einheit verschlungen, die keine Grenzen bestehen läſst, und innerhalb deren die Persönlichkeit ein logischer Widerspruch wäre. Denn diese, ihrem vollkommenen Begriff nach, ist gerade die Gestaltung, die dem Weltganzen ein Paroli bieten kann, sie besitzt die Geschlossenheit und Selbstgenügsamkeit, das Stehen auf eigenem Rechte und die beharrende Form, durch welche eine Unendlichkeit von Inhalten flieſsen kann; nur das Kunstwerk hat die gleiche Einheit und Rundung, das im tiefsten Grunde unstörbare Ruhen in sich selbst. Diese Form, mit der jedes Kunstwerk »eine Welt für sich« ist und das Ganze des Daseins symbolisiert, verdankt es eben der persönlichen Seele, welche ihre eigene Wesensart in das Werk hineingelebt hat. Aber an seiner Verneinung der Persönlichkeit um der absoluten Einheit des Seins willen wiederholt Schopenhauer das denkwürdige Verhältnis: daſs die Beschaffenheit oder die Funktion der Dinge, die als ihr eigentliches, absolut reales Wesen behauptet wird, doch zugleich als Forderung gestellt wird, die die Dinge erst zu verwirklichen haben. Dies hängt damit zusammen, daſs die tiefe Dualistik, die die Grundform unseres Wesens bildet, sich allenthalben zum Bau zweier Welten objektiviert, von denen die eine auf der anderen, aber auch gegen die andere steht: eine Welt der Oberfläche und eine der Tiefe, eine des Diesseits und eine des Jenseits, eine des Scheines und eine der Wahrheit, eine der Erfahrung und eine der Dinge-an-sich. Was nun in der einen wirklich ist, ist sozusagen das wirklich

Wirkliche; aber auch die andere ist in irgend einer Art
oder irgend einem Maſse wirklich, sie hat, so flüchtig oder
täuschend auch immer, doch eine Form, ein Aussehen und
Geschehen, das mit der Realität der anderen übereinstimmen
oder kontrastieren kann. Indem nun die beiden Dignitäten
dieser Welten nicht scharf auseinandergehalten, sondern ein
Sein als in beiden lebendig empfunden wird; indem insbesondere der Mensch sich selbst als eine Einheit in beiden
leben fühlt, entsteht jenes Phänomen, die unlogisch erscheinende Forderung, dasjenige zu realisieren, was doch der
tiefsten Wirklichkeit nach schon verwirklicht ist. So also
ist die Struktur des absoluten Seins bei Schopenhauer so,
daſs es der individuellen Persönlichkeit in sich keinen Platz
gibt, sie ist nicht; und zugleich ist es nun doch die Aufgabe
unseres Handelns und unserer Seinsgestaltung, diese Persönlichkeit aufzuheben; ich werde darzustellen haben, wie dies die
letzte Formulierung der Erlösungen ist, die uns dem Dasein
gegenüber gewährt sind: der ästhetischen, in der das Subjekt
sich völlig in der Idee des Dinges, in dem Vorstellungsinhalt
verliert, der ethischen, in der das Ich seinen Unterschied
gegen jedes Du auslöscht, der asketisch-metaphysischen, in
der die Seele aus ihrer Individualform, ihrem Fürsichsein in
die Formlosigkeit des Nichts eintaucht. Indem Schopenhauer
sich nicht genügen läſst, den Begriff der Persönlichkeit zu
ignorieren oder zu negieren, sondern dann noch ihre Verneinung zum Inhalte jeglichen Sollens macht — vollendet
sich erst die tiefe Fremdheit seines Weltbildes gegen alle
Individualität, das völlige Abschneiden der Wurzeln, mit
denen in anderen Weltanschauungen die Besonderung, das
Sichselbstgehören, die Suveränetät des Einzelseins in den
metaphysischen Grund aller Existenz hinabreicht.

Daraus nun, daſs das Grundwesen der Welt, das wir
nach seiner deutlichsten Äuſserung Wille nennen, in sich
absolut einheitlich ist; oder daſs, anders gesehen, die Einheit
des Daseins Wille ist, ergibt sich für Schopenhauer der

eigentliche Charakter aller Existenz. Von dem ersteren Aspekt her wird alle Harmonie und Geordnetheit der Erscheinungswelt dadurch bestimmt. Daſs Pflanze und Boden, Tier und Nahrung, Auge und Licht füreinander passen, daſs die Teile eines Organismus untereinander und ebenso die Stadien seiner Entwicklung in begreiflichen Zusammenhängen stehn — ist ihm nichts als die in Zeit und Raum auseinandergezogene Einheitlichkeit des Seins. In alledem lebt der Wille, der im lebenden Wesen nur Wille zum Leben sein kann und seine fundamentale Einheit in der Zusammengehörigkeit aller Erscheinungen zeigt, in die der auffassende Intellekt ihn zerlegt. — Man tut solchen, für alle Metaphysik typischen und das ganze Schopenhauersche Werk tragenden Deutungen unrecht, wenn man in ihnen einen unlauteren Wettbewerb der Spekulation gegenüber der naturwissenschaftlich-kausalen Erklärung sieht. Das Gebiet, auf dem nur diese legitim ist, berühren sie tatsächlich garnicht. Man mag die gesetzliche Harmonie alles Geschehens mechanistisch erklären, die Anpassung der Organismen an ihre Lebensbedingungen darwinistisch oder auf irgend eine sonstige, Erscheinung mit Erscheinung kausal verknüpfende Art: die Frage, wieso es denn überhaupt eine derartige, die Bedürfnisse der Naturwissenschaft voll befriedigende Erklärungsweise gäbe, ist damit nicht beantwortet. Diese Wissenschaft erklärt nach Gesetzen jeden einzelnen, gegebenen Zusammenhang, aber nicht die Tatsache, daſs die Weltelemente überhaupt gesetzlich zusammenhängen. Man kann auf diese Fragen von vornherein verzichten oder sie für unbeantwortbar erklären; aber man kann die Antwort nicht daraufhin abweisen, daſs sie jener andersartigen Fragestellung nicht genügt, auf die sie gar keinen Anspruch erhebt. Denn nur, wenn sie sich den naturwissenschaftlichen Erklärungen koordinierte, sich in sie verflechten oder sie verdrängen wollte — wovon sie sich freilich nicht in jeder Metaphysik ferngehalten hat —, müſste man gegen sie protestieren; in Wahrheit aber ist jenes ebenso wenig der Fall, wie die Erklärungsgründe, weshalb die Österreicher bei Hochkirch Friedrich II. besiegten und bei Liegnitz von ihm besiegt wurden, durch das Problem gekreuzt werden, weshalb die Menschen überhaupt Krieg führen. Auf den der ganzen Natur untergebauten Willen darf man sich, wie Schopenhauer ausdrücklich betont, so wenig für die Erklärung physischer Tatsachen berufen, wie auf die Schöpferkraft Gottes. Die Physik verlange Ursachen, der Wille aber sei niemals Ursache, sein Verhältnis zu den Erscheinungen sei durchaus nicht das der Ursache zur Folge, sondern was an sich Wille ist, sei andrerseits Erscheinung, die zu ihrer Verursachung einer anderen Erscheinung bedürfe. Die so geschlossene Kette der Wissenschaft darf von der metaphysischen Potenz des Willens niemals durchbrochen werden; nur daſs es überhaupt eine Kette ist, und daſs es überhaupt eine in diese Formen faſsbare Welt gibt — das ist zwar auch vom Willen als dem Dinge an sich nicht verursacht, aber es ist die Erscheinung davon, daſs dieser Wille da ist, und wird durch ihn nicht in der Weise, wie der Leitfaden der Kausalität Erscheinung an Erscheinung bindet, begreiflich, sondern gleichsam von innen her; ungefähr wie wir die seelischen Äuſserungen eines Menschen, eine durch die andere, psychologisch verstehen, ohne daſs der Sonderinhalt irgendeiner einzelnen davon durch die Tatsache, daſs dieser Mensch überhaupt eine Seele hat, erklärt wäre; und doch ist dieses uns ewig Unanschauliche und Unbeweisliche — denn unmittelbar ist jeder Mensch für den andern nur eine Summe von Gesichts-, Gehör- und Tasteindrücken — das Fundament, ohne das es zu jener Kette psychologischer Begreiflichkeiten nicht käme.

Auf derselben methodischen Basis erhebt sich nun auch die entscheidende Konsequenz der Einheit des metaphysischen Willens, die jener harmonistischen völlig entgegengesetzt ist. Es folgt aus ihr nämlich, daſs der Wille, der die Welt von innen her bewegt oder richtiger: ausmacht — dafs dieser kein definitives Ziel haben und an keinem Punkte zu einer wirklichen Befriedigung gelangen kann. Denn der Wille, weil er das absolut Eine ist, hat nichts aufser sich, womit er seinen Durst stillen, woran er seine Unrast endigen könnte. Er kann nur an sich selbst zehren — daher bedarf jedes Wesen eines andern, entsaugt seine Lebensmöglichkeit einem andern, um im nächsten Augenblick auf neuen Raub auszugehen; der Wille zum Leben wird seine eigne Nahrung, in tausend Verkleidungen, deren Verschiedenheit ihm die momentane Illusion der Befriedigtheit verschafft, greift er immer nur sich selbst, weil es aufser ihm nichts gibt. Der Ort der höchsten Bewufstheit, das Menschengeschlecht, ist der Schauplatz für die höchste Steigerung dieser Selbstverzehrung des Willens, dessen Einheit seine Sättigung ausschliefst: die Menschen sehen die ganze Natur als ein Fabrikat zu ihrem Verbrauch an und unter ihnen tobt der nur schlecht versteckte, nur in Momenten zum Waffenstillstand kommende Kampf aller gegen alle. Gerade weil die Menschheit in ihrem tiefsten Grunde ein metaphysisch Eines ist und dieses Eine Wille ist — darum müssen die Erscheinungen, in die sie auseinandergeht, ihren Willen gleichsam gegenseitig aneinander auslassen, die eine mufs auf Kosten der anderen wollen, d. h. leben wollen. Sehr tief drückt Schopenhauer die Tragödie des begehrenden Lebens einmal so aus: da der Wille die absolute Realität des Daseins wäre, so könne seinem absoluten Begehren niemals ein Teil, sondern nur das Ganze genügen — welches Ganze aber unendlich sei, so dafs er in keinem gegebenen Augenblick gesättigt werden könne. Dem Willen ist die Entzweiung mit sich selbst wesentlich, weil er sich immer aus sich heraussetzt, aus jedem Jetzt und Hier in ein Dann und Dort strebt — während seine Einheit verhindert, dafs diese Entzweiung sich wirklich versöhne, das eine an dem andern zur Ruhe komme; der Augenblick, wo der Wunsch und sein Gegenstand sich begegnen, kann nur der Beginn neuen Wollens sein, da ja auch der Gegenstand in seinem letzten Seinsgrunde ebendasselbe Willenswesen ist, das auf ihn hinstrebte. Jeder einzelne Willensakt, der sich durch die Einzelheit seines Inhaltes in die Erscheinungswelt bannt, hat Zweck und Ziel; in jedem bestimmten Augenblick weifs jeder Mensch das Warum seines jetzigen Tuns. Würde man ihn aber fragen, warum er überhaupt will, so würde er diese Frage für ganz unbeantwortbar und ungereimt halten und damit beweisen, dafs sein Wollen sich für ihn ganz von selbst versteht; wo das Warum aufhört, sind wir am Letzten und Absoluten angekommen, das erst seinerseits sich in dem Warum verendlicht. So weifs man auch von jeder einzelnen physischen Bewegung anzugeben, woher sie stammt und wohin sie führt — keinen Grund aber dafür, dafs es überhaupt Bewegung und Wirkung in der Welt gibt. Diese Unendlichkeit, Unstillbarkeit des Willens, daraus folgend, dafs er das metaphysisch Eine ist, und es aufser ihm kein Sein gibt — erblickt Schopenhauer innerhalb des Unorganischen am deutlichsten in der Schwerkraft ausgesprochen, dem Symbole des beständigen Strebens, für das es kein erreichbares Ziel geben kann. Denn hätte sie wirklich alle Materie in einen Klumpen vereinigt, so würde in dessen Innern die Schwere noch immer mit der Undurchdringlichkeit kämpfen und den Grundzug der Materie so als ein Streben offenbaren, das zwar gehemmt, aber nicht beruhigt werden kann. Und am andern Pol der Wirklichkeit: auch das menschliche Wünschen erfüllt sich nicht mit der Erfüllung des Wunsches. Dem Wollen kann nie genügt werden, nur seine Objekte, die das Bewufstsein ihm gibt, können wechseln. Daher scheint es uns so oft, als ob die Erreichung eines momentanen Zieles unseren Willen definitiv befriedigte, während eben diese Erreichung uns über kurz oder lang, eingestandener- oder verhüllterweise, enttäuscht und einem anderen Begehren Platz schafft. Denn das Willensmoment an unseren Wollungen kann seinem Wesen nach niemals Frieden finden; was zu Ende und Ruhe kommen kann, sind nur die einzelnen Inhalte und Motivierungen, die aber in einer ganz anderen Schicht liegen, und deren Münden und Wechseln das Wollen selbst, das freilich durch sie seine Erscheinung findet, nicht erreicht. Unser endloses Umgetriebenwerden in Begehrungen, deren jede uns alles, was wir wünschen können, zu gewähren scheint, und deren keine es uns gewährt, ist nichts als die Erscheinungsseite der End- und Grundlosigkeit des Willens; seine Einheit verurteilt ihn, also alles Dasein, dazu, immer nur sich selbst, niemals aber seine Befriedigung zu finden. —

Die Trost- und Hoffnungslosigkeit über das Leben ist hier schon in der bloßen Form, das metaphysische Weltbild zu entwerfen, tiefer verankert als in den anderen pessimistischen Philosophien. Die Zurückführung der vielgespaltenen Wirklichkeit auf eine absolute Einheit hat an und für sich eine optimistische Färbung. Von der Wirrnis und Gegensätzlichkeit unter den Daseinselementen, aber auch aus ihrer gegenseitigen Fremdheit und Gleichgültigkeit, die manchmal noch schwerer zu tragen ist, als ihr positiver Kampf, erlöst der Gedanke, daß dies alles nur Erscheinung oder Schein, nur unwesentliche Zufälligkeit oder Oberfläche ist, jenseits deren alles Dasein eines und desselben Wesens ist, in e i n e r Wurzel zusammenhängt, oder in seinem wahrhaften Sinn überhaupt von der Form der Vielheit und Entgegensetzung nicht berührt wird. Daß die Sprache den Ausdruck für das bloße Zwei-Sein, die Ent z w e i ung, schon als Feindseligkeit versteht, symbolisiert trefflich, wie sehr die Welt e i n h e i t von vornherein als ein Prinzip des Friedens und der Versöhntheit wirken muß. Die metaphysischen Vorstellungen vom Sein, die in dessen letztem Grund eine Vielheit selbständiger Elemente erblicken, wie die Leibnizische und die Herbartische, können den Kampf und die Zerrissenheit nur dadurch aus ihrer Weltformel bannen, daß sie jenen Elementen jede gegenseitige Beziehung absprechen: wenn überhaupt keine Einwirkung stattfindet, wenn jedes Element eine Welt für sich ist, so ist das Ganze freilich der Alternative von Kampf und Frieden enthoben. Wo aber die ganze Mannigfaltigkeit und Buntheit der Erscheinung in eine transszendente Einheit eingeschmolzen ist, leuchtet aus dem Weltbild ein gottinniger Friede mit dem Leben, wie in Spinoza, oder die Versöhntheit ästhetischer Harmonie, wie in Schelling. Das Tragische in der Philosophie Schopenhauers ist nun, daſs die Einheit und Wesensgleichheit alles Seins, ihrer formalen Bedeutung nach die Gewähr aller Beruhigung und friedlichfreudigen Weltfühlens, hier durch ihre inhaltliche Bestimmtheit als Wille gerade die Entzweiung, die Friedlosigkeit, die ungestillte Sehnsucht in sich trägt. Die Jagd und Flucht des Daseins, das ziellose Umgetriebenwerden, der unversöhnliche Riſs zwischen jeder Gegenwart und dem, was wir eigentlich wollen — ist damit gerade in den einheitlichen Wurzelpunkt des Lebens hinuntergesenkt, dessen Einheit sonst, bloſs weil sie eben Einheit ist, alle Ruhe und Meeresstille des Daseins und seines seelischen Reflexes gewährte. Die Form alles Monismus, mit der er zur Beruhigung, Festigkeit, Versöhntheit des Weltbildes gelangt, schlägt hier durch seine inhaltliche Erfüllung in sein Gegenteil um, in die Unruhe und Entwurzeltheit und den inneren Widerspruch. — Und zugleich tritt erst bei Schopenhauer die tiefe Inkongruenz zwischen der gefühlsmäſsig-metaphysischen Deutung des Weltganzen und der Form der Wissenschaftlichkeit völlig deutlich heraus. Sie war sonst bei fast allen Philosophen dadurch überdeckt, daſs sie als Mittel oder Inhalt dieser Deutung die Vernunft statuierten, die zugleich das Vehikel der Wissenschaft ist. Sie blieben als wissenschaftliche Menschen in Harmonie mit der Welt, die ihnen, spekulativ oder mystisch, durch eigene Leidenschaft oder eine Selbsterhaltung der Intelligenz, als eine Realisierung der Vernunft erschien. Die Vernunft schien berechtigt, die Welt in ihre logisch-systematischen Formen zu fassen, solange das absolute

Wesen der Welt selbst Vernunft war: sei es die göttliche Vernunft, sei es die verkörperte Logik, in der die platonischen Ideen bestehen, sei es die Vernunft als das innere Wesen aller Weltelemente bei Leibniz, sei es die Vernunft des Ich, das für Fichte die Welt erschafft. Das formale Motiv: die Welt in ein begriffliches Begreifen, in den wissenschaftlichen Verstand aufzunehmen, hat bis zu Schopenhauer sich an einem gleichgestimmten Inhalt befriedigt; der in diese Wissenschaftsform gekleidete tiefere und metaphysische Trieb ist deshalb seines ganz anders vermittelten oder eigentlich unmittelbaren Verhältnisses zum Dasein, seiner inneren Fremdheit zu allem logischen Wissen des Verstandes sonst nicht inne geworden. Daſs das Bild, unter dem uns der letzte Weltgrund erscheint, nicht auf dem Wege der wissenschaftlichen Intellektualität zu gewinnen ist, verschleierte sich solange, wie die Vernunftmäſsigkeit den Inhalt jenes Bildes ausmachte; der Dualismus zwischen dem wissenschaftlichen und dem metaphysischen Menschen — so sehr er sich im einzelnen Individuum versöhnen mag — und die damit gegebene Spaltung in der Geistigkeit des Lebens zeigt sich in ganzer Tiefe erst an der Lehre von der Willensmäſsigkeit, also der absoluten Nicht-Vernünftigkeit des Weltgrundes. —

Für diese negative Bestimmung, diese bloſse Verneinung der Vernunft des Daseins läſst sich, wie ich glaube, eine tiefere Beziehung zu ihrer positiven Erfüllung, der Willensmetaphysik, auffinden. Sie zu begreifen, scheiden wir zwischen den Inhalten des Seins, die kausal auseinander abzuleiten, begrifflich miteinander zu verknüpfen sind — und der Tatsache, daſs sie sind, der Form des Seins selbst, in der sie die Wirklichkeit bilden. All diese benennbaren Einzelheiten des Daseins sind in ihrer qualitativen Bestimmtheit bis auf den Grund durchdringbar. Darum konnte Hegel alles Wirkliche vernünftig nennen: die Vernunft kann prinzipiell jeden Inhalt des Daseins in ihre Ordnungen einfügen, kann jedes Etwas, das durch seine Eigenschaften bestimmt ist, logisch bewältigen; dieselbe Vernunft, die sich in uns als Denken darstellt, bestimmt und ordnet die Dinge überhaupt, da unser Denken, das sich doch immer nur in sich selbst bewegt, sonst nicht zur Wahrheit der Dinge gelangen könnte. Dieses vernunftmäfsig ableitende und verknüpfende Begreifen aber versagt völlig gegenüber dem Sein als solchem. Dafs die Dinge sind, deren Bestimmungen wir in ihren gegenseitigen Verhältnissen und in der Notwendigkeit des einen, wenn das andere gegeben ist, durchschauen — dafs sie sind, ist ein undurchdringliches Faktum, das hingenommen, aber nicht weiter begriffen werden kann, an dem unser Verstand still steht. Die Notwendigkeit, die für die Inhalte, für jeden unter Bedingung des gegebenen anderen, herrscht, besteht keineswegs für die Tatsache, dafs sie real existieren; denn wenn es etwa überhaupt kein Sein gäbe, so wäre dies in keiner Weise widerspruchsvoll und wäre genau so begreiflich, wie dafs es eines gibt — nämlich garnicht. Darum bezeichnet Hegel, dem es ausschliefslich auf die geistige Konstruierbarkeit der Weltinhalte ankommt, das reine Sein als das reine Nichts; zugleich zugebend, dafs zwischen beiden allerdings ein Unterschied bestände, welcher aber ein völlig unsagbarer, mit keinem Begriff festzulegender wäre. Diese logische Unnahbarkeit des Seinsbegriffes gibt jeder der entgegengesetztesten seelischen Stimmungen die Chance, ihn auf ihre Weise zu empfinden. In Spinoza fühlt man die in die rationalistische Form eingefangene Ekstase über das Wunder des Seins — alles Einzelne wird von diesem Abgrund des Seins verschlungen, denn alles Einzelne ist qualitative Bestimmtheit, ist also, insofern es Einzelnes ist, nicht Sein. In seiner Leidenschaft für das Sein, für das ihm Gott zu einem blofsen Ausdruck wird, kann er es nicht ertragen, dafs irgend etwas noch etwas anderes sei, als das reine, uneingeschränkte Sein. Seinem wissenschaftlichen Bewufstsein verbirgt sich freilich die Irrationalität des Seins, weil ihm jene fundamentale Scheidung zwischen dem Inhalt der Dinge und ihrem Sein noch nicht aufgegangen ist und er diese durch die zwischen dem Besonderen und dem ganz Allgemeinen an den Dingen vertreten läſst. Daſs ihn die mystische Tiefe des Seins beseligt, ist sowohl Ursache wie Wirkung davon, daſs es sich ihm noch als ein logisch Durchdringbares darstellt: damit es als rationell gelten könne, nennt er es causa sui — d. h. es trage die Ursächlichkeit, die die Dinge begreiflich macht, in sich, es sei zwar aus keinem andern — denn ein »Anderes« gibt es nicht — aber aus sich selbst verständlich. Schopenhauer dagegen ist in seinem tiefsten Grunde durchschüttert von dem dunkeln Fatum des Seins — nicht als brächte das Sein ein Verhängnis mit sich (was es freilich sekundär auch tut), sondern es ist unmittelbar ein solches; er weiſs mit voller Klarheit, daſs das Sein nicht zu durchleuchten, nicht für unsere Vernunft zugängig ist; und daſs es deshalb für den metaphysisch gestimmten Geist — wenn er sich nicht wie Spinoza entschlieſst, es mit mystischer Liebe zu umfassen — unsäglich beängstigend, ja eigentlich unerträglich ist. Und nun scheint es mir, als ob die Deutung des Seins als Wille eine Art Abhilfe für die finstere, unfaſsbare Härte wäre, die es der Vernunft entgegensetzt. Indem das Sein gewollt wird, ist es uns gewissermaſsen verständlicher — als ob jetzt eine Motivierung, die es uns nachfühlbar mache, darunter aufgedeckt wäre. Herbart macht einmal die tiefsinnige Bemerkung, daſs die Veränderung etwas widerspruchsvolles und eigentlich unserem Geiste unerträgliches wäre und daſs der Begriff der Ursache dies erwiese: er drückt aus, daſs wir etwas bedürfen, was jenes Unvorstellbare begreiflich und sinnvoll mache. In der Kausalität kristallisiert so die Forderung, bei der Veränderung nicht stehen zu bleiben, die sich uns unmittelbar als ein Letztes bietet, die aber eben als dieses für unsern Verstand schlechthin problematisch ist, eine Unbegreiflichkeit, an der er zerschellt und deren Unaushaltbarkeit er sich durch die Kausalität zu einer behandelbaren und biegsamen mildert.

Das entsprechende Motiv mag die Willensmetaphysik mitbestimmt haben. In die dunkle Grundlosigkeit des Seins wird durch seine Charakterisierung als Wille eine tragende, deutende Instanz eingebaut. Freilich ist die Grundlosigkeit damit nur eine Stufe zurückgeschoben, eben auf den Willen; allein so sinn- und zweckfremd, so jenseits jeder Vernunftmäſsigkeit dieser absolute Weltwille ist, so hat er doch in sich, in seiner Form als Wille, eine Erlösung von der Starrheit des bloſsen Seinsbegriffes, ein Element der Produktivität, eine Verkettung der einzelnen Momente. Es ist, wie wenn man im Empirischen gegenüber einer völlig unerklärlichen Wesensäuſserung eines Menschen sagen kann: »er hat es eben so tun wollen« — wobei freilich die Unerklärlichkeit nicht nur auf den Willen geschoben wird, sondern der Wille eigentlich von vornherein das Unerklärliche gewesen ist; trotzdem fühlen wir so eine gewisse Erleuchtung und Befreiung gegenüber dem Falle, in dem wir jenes Tun als eine rein mechanische Tatsächlichkeit, ein ohne Willensbewuſstsein erfolgtes Geschehen bezeichnen müſsten. Gegenüber dem Hegelschen Satz, daſs alles, was wirklich ist, vernünftig ist, würde Schopenhauer behaupten, daſs alles, was wirklich ist, unvernünftig ist — indem jener den Inhalt der Wirklichkeit, dieser die Wirklichkeit des Inhalts im Auge hat, die Tatsache des für die Vernunft undurchdringlichen Seins. Diese Un-Vernünftigkeit des Seins drängt ein doppeltes metaphysisches Bedürfnis auf, dem seine Interpretation als Wille genügt: einmal dasjenige Element unseres Wesens — und dann, weitergehend, der Welt, — zu finden, das jener bloſs negativen Bestimmung einen positiven Inhalt gäbe; und dieses ist der Wille insofern er bloſs will, in Abstraktion von allen Inhalten, die er aufnimmt. Als intellektuelle Wesen sind wir die bloſsen Träger oder Gefäſse von Vorstellungsinhalten, genau genommen, sind wir überhaupt nicht, soweit wir nur vorstellen: es bleibt von uns nur der Wille, mit dem oder: als der, wir wirklich sind und zugleich und eben deshalb absolut jenseits der Vernunft unseres Wesens stehen. Und indem der Wille so die Unvernünftigkeit des Seins gleichsam in der Sprache des Konkreten ausdrückt, gibt er ihm doch andrerseits eine Art von Erlösung und Erleichterung für den Verstand, weil er eben Wille, d. h. Heraussetzung jedes Momentes aus sich selbst, Aufbau eines jeden auf den vorhergehenden ist. Das Sein wird dadurch nicht etwa kausal erklärt, der Wille wird ihm nicht etwa als seine Ursache untergebaut, aber indem er mit ihm geradezu identifiziert wird, ist die unerträglich starre Verschlossenheit als eine zugänglichere Lebendigkeit gedeutet, er hat jetzt sozusagen die allgemeine Form eines Begriffenwerdens, so wenig unser Verstand diese Form schließlich zu einer wirklichen Durchdringung dieses äußersten, oder, wenn man will, prinzipiell einzigen Rätsels — denn alles andere ist Inhalt und deshalb prinzipiell verständlich — ausnutzen kann.

Ich komme nun auf die metaphysische **Einheit** des Willens zurück, in der sich ein doppeltes pessimistisches Motiv versteckt. Weil der Wille das eine und überall gleiche Grundwesen jedes Dinges und jedes Lebensmomentes ist, so kann jedes Ziel, an das er aktuell gelangt, nur ein Durchgangspunkt, aber kein Endpunkt seiner sein: an und mit jeder Erreichtheit wird er wieder von sich selbst in Empfang genommen. Immerhin sind dies doch relative Befriedigungen, dem Reiche der Erscheinung angehörig, und nur deshalb weitergehend und weitertreibend, weil die Erscheinung von der tieferen Lebensschicht unterhalb ihrer eine nicht hemmbare Rastlosigkeit zu Lehen trägt. Allein nun weiter: der absolute metaphysische Wille, der wir sind, hat nicht nur unbefriedigende, enttäuschende Ziele, sondern er kann überhaupt kein Ziel haben. Das Ziel ist immer etwas außerhalb des Wollens; und da es nichts außerhalb seiner gibt, so kann er keines besitzen. Für den Willen innerhalb der Erscheinungswelt ist jedes Ziel illusionär, aber für den absoluten Willen gibt es nicht einmal ein solches, denn er kennt nicht wie jener die Form der Zerfällung in einzelne Stationen, die nur in Raum und Zeit gelingt. Und dies hat eine eigentümliche logische Seite. Den Begriff des Willens, der in allen einzelnen Willensakten lebt, gewinnt das Denken durch Abstraktion aus den letzteren; es sieht von allem ab, was diese von einander unterscheidet, und behält zurück, was ihnen gemeinsam ist. Aber aufser den Differenzen der Intensität, die hier ersichtlich keine Rolle spielen, gibt es nur eine Unterschiedlichkeit der Wollungen: nämlich die ihrer Zwecke. Ein erster Willensakt ist eben insofern von einem zweiten unterschieden, als er einen anderen Zielinhalt hat. Man kann also den Allgemeinbegriff Wille nicht anders gewinnen, als indem man von den Zwecken, die eben durch ihre Verschiedenheit die Individualerscheinungen des Willens gestalten, völlig abstrahiert. Die Zwecklosigkeit des «Willens überhaupt» ist nur die Folge der logisch erforderlichen Abstraktion, durch die allein er als einheitlicher Allgemeinbegriff zustande kommen kann und deshalb ebensowenig tragisch zu nehmen, wie wenn man etwa mit Spinoza alle Wirklichkeiten auf eine absolute Einheit des Seins zurückgeführt hätte, was nur durch Auslöschung ihrer Formen, die sie eben voneinander scheiden, möglich ist — und nun klagen wollte, dafs das Dasein keine Schönheit zeigt: man hätte eben durch das logische Verfahren, durch das man den Daseinsbegriff zustande brachte, dasjenige eliminiert, woran allein für uns Schönheit haften kann, die Form. Der Zweck des Willensaktes und seine Sonderbestimmtheit sind Wechselbegriffe; streicht man die letztere, weil man das Allgemeine der Wollungen, jenseits ihrer individuellen Existenz gewinnen will, so hat man ja selbst von vornherein vom Zweck abgesehen und kann keine pessimistische Klage darauf gründen, dafs dieser allgemeine, undifferenziert-einheitliche Wille nun freilich keinen Zweck mehr hat. Denn dies ist ein identischer Satz, der von einem Begriff nur diejenige Bestimmung noch einmal aussagt, durch die man ihn selbst von vornherein gebildet hat: auf die Bedeutung und den Wert dieses Willens gestattet er so wenig einen Schluſs, wie man aus dem Satz: Der entblätterte Baum ist kahl — das geringste über diesen Baum erfährt.

Der Drehpunkt des metaphysischen Pessimismus also, der das Dasein jedes möglichen Sinnes zu berauben schien: die unvermeidliche Zwecklosigkeit des Weltwillens, der ein absolut gleichmäſsig allgemeiner, alle Sondergestaltungen in seiner Einheit aufhebender ist — dieser erweist sich als ganz unberechtigt, irgend ein Werturteil zu ergeben, weil er ein idem per idem ist und die Zwecklosigkeit nur deshalb vom Willen aussagen kann, weil er den Begriff dieses Willens von vornherein nur durch Wegstreichen aller Zwecke konstruiert hat. Diese logische Angreifbarkeit der Schopenhauerschen Grundthese läſst dennoch einer tieferen Frage Raum. Die Kritik ruhte darauf, daſs der Wille überhaupt ein abstraktes Denkgebilde ist, gewonnen aus den allein konkreten einzelnen Willensakten mittels Absehens von dem, was sie voneinander unterscheidet. Allein wenn nun die Abstraktion hier nur ein Weg des Denkens wäre, auf dem es zu einem auch in der Realität Bestehenden gelangte? Wenn der Allgemeinbegriff ein Gegenbild in der Wirklichkeit hätte? Wenn es wirklich jenen »Willen schlechthin« gäbe, der nicht der Wille zu besonderen Zwecken, d. h. zu Zwecken überhaupt, wäre? Für die empiristische Anschauung gibt es freilich nur vereinzelte und also immer zweckvolle Willensakte. Die ganze pessimistische Willensmetaphysik hängt daran, ob die Realität damit erschöpft und der allgemeine, einheitliche Wille eine bloſs abstrakte Begriffsbildung ist oder ob umgekehrt dieser die eigentliche Realität und jene nur seine Vereinzelungen und gebrochenen Strahlen sind. An diesem Punkte allein ist wirklich zu verstehen, woher der erkenntnistheoretische Idealismus, die Scheidung zwischen Erscheinung und Ding-an-sich die unumgängliche Voraussetzung des Schopenhauerschen Pessimismus ist. Der

Gedanke, der ihn allein im tiefsten Weltgrunde verankert: der seinem Wesen nach zweckleere Wille — hängt ausschliefslich an der Denkmöglichkeit, in die einzelnen und also immer zweckbestimmten Wollungen einen absolut allgemeinen Willen, dessen Einheit nicht durch Zwecke zerspalten ist, als ihre eigentliche Realität hineinzulegen. Jener idealistischen Kategorie allein gelingt die hierzu erforderliche Drehung: dafs das empirisch Gegebene, als konkret Empfundene, gerade nur ein Schatten und Schimmer ist, nur der Reflex, der sich als Zerspaltung des wahren Seins im Bewufstsein anzeigt. Was also, von der unmittelbaren Erfahrung aus gesehen, ein folgenloses Gedankengebilde ist: der undifferenzierte, einheitlich-absolute Wille — kann nun umgekehrt als das tiefste und wahrste Sein gelten, an dem der Schleier der Vielfältigkeit nicht haftet, der es zu erfahrbaren Erscheinungen macht. Es ist ersichtlich die Lebensfrage aller Metaphysik: ob die Abstraktion vom Einzelnen, die das Denken vollzieht, nur zu reinen Denkgebilden führt, von denen man nichts aussagen kann, als was man selbst hineingelegt hat — oder ob das Denken auf diesem Wege, so sehr er als Weg in sich beschlossen bleibt, doch ein reales, aufserhalb des Denkens bestehendes Dasein, mit für sich wirklichen Bestimmungen, ergreifen kann. Wird das letztere bejaht — so wenig wie sein Gegenteil kann es freilich bewiesen werden — so ist es nur die metaphysische Erweiterung oder Begründung der psychologischen Deutung des Menschen, von der ich vorher berichtete: während für den Rationalismus, der die philosophische Auffassung fast durchgehends bestimmte, Zwecke oder Werte gegeben sind, um derentwillen dann ein Willensimpuls des Menschen ersteht und sich auf jene richtet — ist für Schopenhauer der Wille das primäre, und dieser besondert sich zu Zwecken, zu Haltpunkten der unaufhörlichen Strömung seines Grundes, die durch die Oberflächenformen unseres Bewufstseins zu individuellen Einzelheiten gestaltet sind. Wie hier der Wille des Menschen sich zu seinen Zwecken verhält, so gestaltet nun die Metaphysik einen einheitlichen Grund und Wesen des Daseins überhaupt, den der auffassende Verstand erst in die Sondererscheinungen unserer Erfahrungswelt zerlegt. Darum kann die Abstraktion, diese Besonderungen als solche aufhebend und nur zurückbehaltend, was ihnen allen das Gemeinsame ist, in diesem rein logischen Verfahren doch auf jene allein ganz reale Wesenheit stofsen. Wird alle Vielheit auf die Erscheinung projiziert, hängen die Teile dieser aber doch in der Einheit des Dinges-an-sich, dessen Erscheinung sie eben sind, zusammen, so ist damit der allgemeinste Begriff der Daseinseinheit jenseits des blofsen Gedankenbezirks gestellt, das Denken verfolgt mit dessen Bildung gleichsam den Weg bis zu seinem Ausgangspunkte zurück, den die Struktur der Welt von ihrer absoluten Einheit bis zu deren Aufteilung in die Bewufstseinseinzelheiten gegangen ist.

Was nun dem allen bei Schopenhauer die merkwürdigste metaphysische Bedeutung gibt, ist: dafs jenes Recht des Denkens, eine Einheit des Weltseins zu statuieren, nicht nur eine Formel oder ein theoretisch bestimmtes Bild der Welt ergibt, sondern unmittelbar schon ein Werturteil über diese mit sich bringt. Ist der Wille das Wesen, sozusagen die eigentliche Qualität des Seins, so ist dieses ein sinn- und heilloses, seinem Begriffe nach alle Befriedigung von sich ausschliefsendes erst dann, wenn der Wille als ein in allen singulären Erscheinungen dennoch einheitlicher gelten darf. Denn nun ist die Welt die Darstellung des radikalen Widerspruches: dafs der metaphysische Wille nicht nur seinen Zielen ewig fern bleiben mufs, sondern dafs er überhaupt keine hat — obgleich es sein Wesen und Sinn ist, Ziele zu haben; er ist das Begehren, dem nicht der Gewinn seines Gegenstandes, sondern ein Gegenstand überhaupt versagt ist. Dieses logisch Widerspruchsvolle ist dennoch metaphysisch möglich, sobald die Realität des Weltwillens eine absolut einheitliche ist, für die es demnach kein Objekt, weder eines aufserhalb seiner noch innerhalb von Teilungen seiner geben kann; oder vielmehr: der tiefe innere Widerspruch im Wesen der Welt, der keiner Logik unterliegt, weil er selbst die unterste Schicht ihrer Struktur, die letzte Instanz jenseits aller Logik bildet — kann sich innerhalb des reflektierenden Bewufstseins eben nur als logischer Widerspruch äufsern, ist nur durch einen Begriff ausdrückbar, der sich eigentlich selbst aufhebt. Innerhalb der Erscheinungswelt, die jenen Urwillen in gesonderte Willensakte zerlegt, äufsert er sich durch die Unbefriedigung, die jeder momentanen Erfüllung anhaftet, durch das Hasten von einer, Gewähr vorspiegelnden Erscheinung zur anderen; ebenso ist der unaufhörliche Kampf der Individuen wie der Gattungen gegeneinander, das Aneinander-Zehren und gegenseitige Sich-Aufheben der einzelnen Lebewesen nur die Symbolisierung jener Grundtatsache innerhalb der Scheinwelt der Objekte. Und endlich: das Leiden der Welt, das Übergewicht ihrer Qualen über ihre Lust, die negative Glücksbilanz, die die Verneinung des Lebens als das unendlich Wertvollere seiner Bejahung gegenüberstellt — da diese eben weniger als keinen Wert hat — dies ist der Reflex, den eben dieselbe Beschaffenheit des Weltseins in der Sphäre des Gefühles erfährt.

Vierter Vortrag.
Der Pessimismus.

Das definitive Bild vom Werte des Lebens, das der Schopenhauerschen Philosophie ihre äufsere Signatur und ihre Bedeutung für die Stimmungskultur der letzten Jahrzehnte verschafft hat, zentriert um das absolute Übergewicht des Leidens über das Glück des Lebens. Gegenüber den pessimistischen Velleitäten, an denen auch sonst kein Mangel war und die die Welt für ein Jammertal, das Leben für nicht lebenswert und das Glück für einen flüchtigen Traum erklären, macht Schopenhauer das Leiden zur absoluten Substanz des gefühlten Daseins, zu seiner Bestimmtheit a priori, er senkt es in den Wurzelpunkt unserer Existenz so dafs keine ihrer Früchte anderen Wesens sein **kann**. Zum erstenmal ist hier das Leiden nicht ein Akzidens des Seins, wie überwuchernd auch immer, sondern das Sein selbst, soweit es sich im Fühlen spiegelt. Auch gestattet die Willensmetaphysik keinen andern Schlufs, wenn das weitere zugegeben wird: dafs alles Glück befriedigter Wille, alles Leiden versagte Willenserfüllung ist. Auf das **Ist** kommt es an; dafs der Wille sein Ziel erreicht, darf nicht etwa nur die **Ursache** der Lustempfindung sein. Denn da jede Wirkung prinzipiell aus sehr mannigfachen Ursachen hervorgehen kann, so würde die prinzipielle Unstillbarkeit unseres Begehrens den Schopenhauerschen Pessimismus noch nicht vor dem Einwand schützen: das Glück könne, selbst wenn diese Quelle für immer verstopft wäre, doch vielleicht noch aus andern fliefsen. Darum mufs ihm aus dem empirischen Satze: befriedigter Wille ist Glück — der metaphysische werden: Glück ist befriedigter Wille. Und da der Wille nach seiner Natur als das metaphysische All-Eine niemals wirklich befriedigt werden kann, so ist damit über die Negativität der Glücksbilanz des Lebens entschieden. Fafst man nun Glück und Leid in dem so weiten Sinn, wie man wohl Schopenhauers Absicht deuten kann: als die Darstellung des letzten und eigentlichen Wesens der Welt in der Sphäre des Gefühls, wie die Tatsachen der Anschaulichkeit eben dieses in der Sphäre des Erkennens darstellen — so ist das Mafs von Lust und Schmerz allerdings ein Problem der tiefsten Bedeutung des Lebens; es kann, von hier aus gesehen, nicht mehr so abgelehnt werden, wie die Ethik es gern tut, indem Lust und Leid ihr ausschliefslich als subjektive, in die tiefere Struktur des Lebens nicht hinuntergreifende Zustände gelten. Die Zwecklosigkeit des Lebens schon läfst einen besonderen Akzent auf Lust und Leid fallen, weil diese einen gewissen Wert in sich selbst besitzen, ohne über den Moment ihres Empfundenwerdens hinaus eine Bedeutung zu beanspruchen oder von einem höhergelegenen Zielpunkt zu entlehnen; woher denn auch eine philosophische Theorie des absoluten Endzwecks, wie die Kantische, diese Gefühlsereignisse als so sekundär und abseits des eigentlich Wichtigen gelegen behandelt, wie die Nietzschesche Theorie der relativen Zwecke, der durch die Tatsache der Entwicklung gegebenen, es tut. Ist aber einmal, wie hier, für Lust und Leid ein Platz in der obersten Lebensinstanz frei geworden, so können sie, gerade weil kein über sie hinausreichender Zweck sie deklassiert, jene Bedeutung gewinnen, die den ganzen Sinn des Lebens mit ihren Farben malt und ihr Verhältnis zu einem Eckstein des Schopenhauerschen Weltbildes macht.

Die entscheidende Folgerung aus dem Willenscharakter des Glücks zieht Schopenhauer mit folgenden Worten: Alles

Glück ist »wesentlich immer nur negativ. Wunsch, d. h. Mangel ist die vorhergehende Bedingung jedes Genusses. Mit der Befriedigung hört aber der Wunsch und folglich der Genuſs auf. Daher kann die Beglückung nie mehr sein, als die Befreiung von einem Schmerz, von einer Not. — Wenn endlich alles überwunden und erlangt ist, so kann doch nie etwas anderes gewonnen sein, als daſs man von irgend einem Leiden oder einem Wunsche befreit ist, folglich nur sich so befindet, wie vor dessen Eintritt.« Diese einfachen und scheinbar rein logisch entwickelten Sätze rücken das Leben in einen tieferen Schatten, als irgend eine Aufzählung seiner positiven Leiden oder vorenthaltenen Beglückungen vermöchte. Denn nun mag das Maſs dessen, was wir Glück nennen, noch so groſs sein — es ist von seiner Geburt her mit Negativität geschlagen, das Leben gewährt uns hier nie einen eigentlichen Gewinn, sondern nur das Ausfüllen einer Lücke, das Abzahlen einer Schuld an den Willen. Das Äuſserste, das überhaupt errungen werden **könnte**, obgleich die Wirklichkeit es ersichtlich nie dazu bringen kann, wäre die Befriedigung jeglichen Bedürfens, die Ausgleichung jeder Not durch das Glück, dessen Bedingung sie bildet; ein Glück, das mehr wäre als die Aufhebung eines Leidens an der Entbehrung, einer Qual der Sehnsucht — ist eine Chimäre, ein logisch Unmögliches. Gegenüber allem Pessimismus, der sich aus den verglichenen **Quanten** von Lust und Leid erhebt, der also sozusagen immer etwas Relatives und Korrigierbares hat, wird er hier auf den **Begriff** der Lust gebaut; er wird damit zum erstenmal als ein Apriori des Lebens jeder empirischen Korrektur entzogen, indem die Glückserfahrung, groſs oder klein, wie sie sei, erst durch das Leiden des Nicht-Habens möglich ist, in dessen jeweiliger Ausgleichung sie besteht. Wenn es etwas gibt, was man den grundsätzlichen Irrtum des Lebens überhaupt nennen darf, so ist diese Negativität des Glücks seine absolut umfassende Formulierung.

Die Logik dieser baut sich auf einer psychologischen Tatsache auf. Wüſsten wir nicht aus Erfahrung, daſs ein erfülltes Begehren von der spezifischen Empfindung, die wir Lust nennen, begleitet ist, so gäbe es diese Theorie nicht. So kann denn ihr Fundament an psychologischen Tatsachen geprüft werden. Und zwar scheint mir die für die Kritik entscheidende zu sein, daſs der Wille, der mit der Entbehrung eines Wertes verbunden oder der positive Ausdruck dieser Entbehrung ist, in den weitaus meisten und für die Lebensfärbung entscheidenden Fällen kein Aufblitzen ist, das im Moment vor die Frage: Gewährung oder Versagung gestellt wäre; sondern der Wille pflegt eine Zeitlang zu beharren und sich durch eine Reihe von praktischen Aktionen hindurch zu realisieren, deren jede sich als ein weiterer Schritt dem Endziele dieses Wollens nähert. Täusche ich mich nun nicht vollständig, so wird diese Willensentwicklung keineswegs unter allen Umständen von dem Schmerzgefühl der Entbehrung in gleichem Schritte begleitet, sondern dieses tritt erst in dem Maſse auf, in dem jener Weg des Willens gehemmt wird. Über das Tempo seines Vorschreitens haben sich je nach der Art des Zieles und der Begleitumstände, der Persönlichkeit und ihrer Schicksale unzählige Erfahrungen gebildet, als deren Niederschlag eine Erwartung jede unserer Wollungen begleitet: in welcher Zeit, auf welchen Wegen, mit welchem Kräfteeinsatz, unter welchen äuſseren Bedingungen das Ziel wohl erreicht werden müſste. Verläuft die Aktion dieser Erwartung gemäſs, so geht ihr, von besonderen dazutretenden Umständen abgesehen, keineswegs ein Schmerzgefühl parallel, obgleich wir, so lange wir auf diesem Wege sind, das Ziel dauernd erst wollen, aber noch nicht haben. Trotzdem ist dieses Vorschreiten zu ihm eher lustvoll als leidvoll, und wird letzteres erst im Augenblick einer Hemmung, eines Weiter-Abrückens des Zieles, eines Versagens der Kraft. Es ist einfach eine psychologische Unwahrheit, daſs jedes

Wollen Leiden wäre, weil seine Basis Entbehrung sei und die Entbehrung es bis zum Augenblick begleite, wo es im Ziele erlischt. Denn — mag man alles Entbehren auch metaphysisch als ein Wollen deuten — psychologisch steht es ganz anders: das Wollen ist vielmehr die Abhülfsbewegung gegen die Entbehrung und diese letztere kommt im allgemeinen gar nicht zu einer Leidensbedeutung, wenn das Wollen sich an sie ansetzt und sich in normaler und ungehemmter Weise dem Ziele zu entwickelt. Das Wollen ist freilich, rein begrifflich angesehen, Nicht-Haben, tatsächlich aber doch der Weg vom Nicht-Haben zum Haben und so ein Mittleres zwischen diesen beiden; und ein solches ist es auch in seinem eudämonistischen Reflex — wie die Liebe, die Plato ebenso den mittleren Zustand zwischen Nicht-Haben und Haben nennt und die darum allein doch noch nicht als Unglück gefühlt wird — und mischt in das Leiden seines Ausgangspunktes das Glück der Annäherung an sein Ziel.

Denn den psychologischen Ausschlag gibt dies: dafs wir die Lust des Zieles nicht erst und ausschliefslich in dem Augenblick seiner Erreichtheit fühlen, sondern dafs wir sie im Mafse der Annäherung an diese vorwegnehmen. Und zwar keineswegs nur in Illusionen, in denen wir uns den Besitz des Unbesessenen suggerieren und uns von dem Fantasiebild wie von der Wirklichkeit erregen lassen; sondern ganz legitimerweise und ohne einer Täuschung zu bedürfen, wird uns die Hoffnung des Glückes zum Glück der Hoffnung. Gewifs leben wir in eudämonistischer Hinsicht auf Vorschufs, allein das so vorgefühlte Glück ist ein wirklich gefühltes. In Bezug auf gegenständlichen Besitz in seiner juristischen Form besteht freilich zwischen dem blofsen Erstreben und dem Haben kein vermittelnder Übergang, beides steht sich wie Nein und Ja gegenüber; allein in Bezug auf die Gefühlsreflexe gilt die Schärfe dieser Alternative nicht, sondern die Lust des künftigen Besitzes strahlt nicht nur als künftige Lust, sondern schon als gegenwärtige auf den Weg zu ihr aus, sobald dieser wirklich gegangen wird und nicht hoffnungslos gehemmt wird. Was verfängt die Überlegung, über die Schopenhauer nicht hinwegkommt, daſs das Glück logisch erst gerechtfertigt ist, wenn das Willensziel erreicht ist? — da die psychologische Tatsächlichkeit, auf die es doch auch ihm in der Frage nach dem Glückswert des Lebens ankommt und allein ankommen kann, anders entscheidet und — mit wie unabsehbaren Modifikationen, Abbiegungen, persönlichen Nüancen auch immer — das Leiden der Entbehrung, an dem der Willensprozeſs einsetzt, keineswegs erst mit dem Gewinn des Begehrten aufhört, sondern uns das Glück des Erreichthabens, vorwegnehmend, aber nicht weniger wirklich, schon an den Stationen des Erreichens, nach dem Maſs ihrer Annäherung an jenes, fühlen läſst.

Und dies ist noch um eine Stufe zu vertiefen und damit dieser Begründung des Pessimismus selbst die logische Dignität, auf die sie sich bisher stützen konnte, streitig zu machen. Daſs zwischen den absolut diskontinuierlichen, jede gegenständliche Vermittlung ausschlieſsenden Momenten des Nicht-Habens und des Habens dennoch jene eudämonistische Allmählichkeit, jene, das Entbehrungsleiden nach und nach aufhebende Vorwegnahme der Lust des Zieles stattfinden kann, — das gründet sich darauf, daſs das Erreichthaben und Besitzen in nichts anderem seine für uns entscheidende Bedeutung hat, ja, seinem Werte nach für uns überhaupt in nichts anderem besteht, als in dem dadurch ausgelösten Gefühlszustand. Was wir Besitz, Gewinnen, Erreichen nennen, hat nach vielen Seiten hin ausstrahlende Bedeutungen: etwa die juristische, die physische, die begriffliche; aber keiner von dieser würden wir ohne die gefühlsmäſsige nachfragen, d. h. ohne das Lust- oder Wertgefühl, das nicht nur die Wirkung des Besitzes, sondern seine Innenseite, seine subjektive Wirklichkeit für uns ist. Dies ist nur die Fortsetzung des erkenntnistheoretischen

Idealismus; wie der Gegenstand, theoretisch angesehen, meine Vorstellung ist und all seine objektive Qualifizierung in dem Prozeß, daß ich ihn vorstelle, aufgeht, so ist er, praktisch angesehen, mein Gefühl, und in dieser Reaktion meiner selbst erschöpft sich sein Verhältnis zu mir. Daraus wird unmittelbar klar, wieso das Glückgefühl, das mit dem Gewinn eines Willenszieles — real oder illusionär — verbunden ist, schon auf dem Wege des Willens zu ihm hin erworben wird — denn auf diesem gibt es zwar noch nicht ein partielles Besitzen, das nach seiner begrifflichen oder juristischen Seite nur ein Ganz oder Garnicht kennt, aber das totale Besitzen ist ja auch nichts anderes, als ein Gefühlszustand, dessen kontinuierliches Anwachsen durch eine Reihenfolge von Stadien ohne weiteres begreiflich ist. Gerade an dem Beispiel der Liebe wird diese ganze Sachlage völlig durchsichtig. Es wäre unsinnig, ihren Verlauf der Schopenhauerschen Willensauffassung gemäß zu beschreiben: als ginge dieser auf den innerlich-äußerlichen Besitz der geliebten Person, der ein bestimmtes Glücksmaß gewährt, indem er von der Qual befreit, die das Begehren während der ganzen Dauer des Noch-Nicht-Besitzens akkompagniert. In Wirklichkeit zeigt die Erfahrung unwidersprechlich, daß in vielen Fällen die Liebe an und für sich, auch wo sie auf die Erreichung ihres eigentlichen Zieles verzichten, also auf ihrer Anfangsstufe Halt machen muß, schon als ein Glück empfunden wird: das Glück der unglücklichen Liebe ist eine oft bezeugte Tatsache. Und wo sie sich ihrer Erfüllung zu entwickeln darf, strömt schon auf die frühen Stadien dieser Entwicklung: auf die Bemühung um das geliebte Wesen, auf die leise und dann stärker empordämmernde Hoffnung, auf die merklicher werdenden Zeichen der Gewährung, auf die ersten Erweise derselben, die von dem vollen Besitze noch weit abstehen — auf diese ganze Skala ergießt sich eine immer reicher strömende Seligkeit, die in dem definitiven Gewinn vielleicht ihren Höhepunkt findet, zu diesem aber in unterbrechungsloser Steigerung, keineswegs aber mit dem Sprunge von reiner Qual zu reinem Glück gelangt. Und dies ist möglich, weil auch der verwirklichte Gewinn und Besitz als äußerliche, den Begriff erfüllende Tatsache etwas völlig gleichgiltiges wäre, wenn er nicht in dem für uns allein wesentlichen: eben in dem Glücksgefühle — bestände; und weil also nicht die geringste Schwierigkeit vorliegt, durch eine Kontinuität gleichgefärbter Gefühlsstufen, die an das Entweder — Oder des äußerlichen Besitzes keineswegs gefesselt sind oder es zu imitieren brauchen, zu jenem Höhepunkte emporzugelangen. Hier liegt das tiefe Recht, den »der seines Bruders Weib ansieht, ihrer zu begehren«, schon des Ehebruches zu beschuldigen; denn von dem ersten Stadium der erotischen Reihe bis zum letzten führt innerlich eine gleitende Skala; über den rein graduellen Charakter ihrer Übergänge kann sich nur der Blick täuschen, der sich an die äußere Diskontinuität des physiologischen Habens und Nicht-Habens heftet, statt an die innere Entwicklung, die eudämonistisch und moralisch allein in Frage kommt.

Man muß im allgemeinen sehr vorsichtig damit sein, Entscheidungen der letzten Welt- und Wertgefühle gegenüber einfach von Irrtümern zu sprechen; denn eigentlich stehen diese jenseits der Alternative von Wahr und Falsch. Sie sind der Ausdruck eines Seins, eines Verhaltens einer Seele zur Welt, und ihre »Wahrheit« besteht darin, daß sie diese Tatsächlichkeit treu und angemessen und zur inneren Nachbildung hinreichend darstellen. Die Wahrheit in diesem Sinne wird aber keineswegs dadurch bedingt, daß die gegenständlichen Behauptungen, in denen jener Ausdruck sich verwirklicht, im objektiven, an ihren Gegenständen gemessenen Sinne wahr sind. Vielmehr, wenn sie, auf ihren Sachgehalt angesehen, unlogisch, irreal, widerspruchsvoll sind, können sie manchmal, trotz oder wegen alles dieses, jenes Sein einer metaphysisch tastenden, gegen alle gegebene Wirklichkeit oppositionellen Seele um so zutreffender ausdrücken. So wenig also der metaphysische oder Weltanschauungswert einer Behauptung von der Unrichtigkeit ihres Sachgehaltes tangiert zu werden braucht, so soll man doch beide Bedeutungen auseinanderhalten, und um so mehr, als die Verneinung der einen erst den ganzen Sinn und Kraft der anderen recht hervortreten läſst. Der Irrtum, den Schopenhauer hier offensichtlich begangen hat, um, im Interesse des Pessimismus, die ganze Periode des Noch-Nicht-Habens in jedem Willensprozeſs als Leiden zu denunzieren, ist dieser: daſs er mit scheinbar logischer Begrifflichkeit das Leben in Haben und Nichthaben des Begehrten aufteilt. Dies gilt zwar zweifellos für die äuſsere, physische, rechtliche Seite des Daseins, aber gerade für diejenige nicht, auf die es für die Frage des eudämonistischen Pessimismus ankommt. Denn angesichts der häufigen Kontinuität der eudämonistischen Stufen; angesichts der groſsen Unabhängigkeit von dem realen, definitiven Haben, mit der sie sich entwickeln und die so weit geht, daſs das eigentliche Glück oft gerade nur das Streben, Ringen, Suchen begleitet und das erreichte Ziel uns nichts mehr an Glück zu geben weiſs, sondern sich als so gleichgültig enthüllt, wie das Leuchtfeuer, dessen Strahlen den Weg des Schiffers erhellten, es nach Erreichung des Hafens ist — angesichts all dessen fehlt hier ganz die logische Basis für den Schluſs: so lange wir noch wollen, haben wir noch nicht, also sind wir elend und leidend, so lange wir wollen. Gälte dieser Schluſs, so wäre der Pessimismus allerdings gerechtfertigt, weil das Leben im wesentlichen in Willensvorgängen verläuft und das schlieſsliche Erreichen nur die Unausgedehntheit eines Momentes erfüllt. Aber nur durch die fälschliche Übertragung der Verhältnisse des äuſseren Habens und Nichthabens auf die Verhältnisse ihrer hier allein entscheidenden gefühlsmäſsigen Reflexe kann Schopenhauer jenem Schlusse eine logische Bündigkeit erschleichen.

Das letzte Motiv für diesen Miſsbrauch des Willensbegriffes scheint mir in folgendem zu liegen. Das Wesentliche und Originelle der Schopenhauerschen Leistung knüpft sich an zwei grofse Akzentverschiebungen innerhalb des philosophischen Weltbildes: zunächst daran, dafs an die Stelle der typischen »Vernunft«, die in den mannigfaltigsten Ausgestaltungen — von der »Weltvernunft« der Stoiker bis zur »praktischen Vernunft« Kants — als der subjektive und objektive Träger des Daseins zu gelten pflegte, jetzt der Wille in den Wurzelpunkt der Seele und der Welt gesetzt wird. Und dann an das andere: dafs gegenüber der nicht weniger typischen optimistischen Verklärung der Wirklichkeit das Leiden der Welt in seiner ganzen Tiefe und Unwiderruflichkeit seinen ersten wirklich prinzipiellen Ausdruck fand. Jene ganze Irrung Schopenhauers geht nun darauf zurück, dafs er zwischen diesen beiden grofsen Denkresultaten, die an und für sich voneinander unabhängig sind, durchaus eine systematische Einheit schaffen wollte. Darum mufsten die Begriffe vom Wollen und Fühlen so gedehnt oder geformt werden, dafs jener in die nur seiner Äufserlichkeit eigene Alternative des Habens oder Nicht-Habens den ganzen Gegensatz von Lust und Leid aufnahm; denn nun konnte aus dem Gewicht und der Extensität des Willensmomentes in unserem Leben das entsprechende Übergewicht des Nicht-Habens, d. h. des Leidens gefolgert werden; und nun konnte alles Glück, als das blofse Aufhören des Leidens der Entbehrung, als etwas schlechthin Negatives aufgezeigt werden. Darum hat Schopenhauer der Lust und dem Leide von vornherein nicht einmal diejenige seelische und begriffliche Selbständigkeit gegönnt, die er doch der Vorstellung läfst, sondern hat sie ihrem Wesen — nicht etwa nur ihrer Verursachung — nach als Befriedigung und Nichtbefriedigung des Willens bestimmt. Er hat damit ersichtlich das Qualitative des Gefühles, das Spezifische und Elementare seines Wesens unterschlagen, das sich weder in Willen noch in Vorstellung auflösen läfst. Auf diese beiden aber mufste die Welt beschränkt werden, wenn die Willensmetaphysik die Begründung des Pessimismus werden sollte. Unser inneres Schicksal mußte, dem Willensbegriffe gemäß, in Haben und Nichthaben zerrissen werden und neben jenem konnte nur die »Vorstellung« zugelassen werden, weil sie in ihrer Idealität und Objektivität auf die Entscheidungen des Pessimismus ganz ohne Einfluß bleibt. Es ist ein denkwürdiges Schauspiel, wie Schopenhauer, der zu den freiesten und intellektuell reinlichsten Geistern der ganzen neueren Zeit gehört, sich hier von dem systematischen oder Stimmungsbedürfnis nach einer Einheit vergewaltigen ließ, die aus der völlig ehrlichen Auffassung seines Gegenstandes nicht hätte hervorgehen können. Hätte er dem Gefühl seinen eigenen, der Logik des Willens tatsächlich unfolgsamen Rhythmus gelassen, so hätte die Willensmetaphysik sich nicht so einfach in den eudämonistischen Pessimismus fortsetzen können. Daß ihm, unter Ausschaltung der Besonderheit des Gefühls, die elementaren Faktoren der Menschenseele nur »Wille und Vorstellung« sind, enthüllt sich als die Folge des systematischen Triebes, der aus der einen jener beiden großen Entdeckungen die andere meinte logisch ableiten zu müssen.

Die metaphysische Begründung des Pessimismus indes macht für Schopenhauer seine empirische Begründung überflüssig, mit der seine Nachfolger, mit der Genugtuung eines naiven Empirismus die einzelnen Lebensgebiete durchgehend, auf jedem das Übergewicht des sicheren Leidens über das erreichbare Glück aufzeigten, um dann, diese Passiva und Aktiva unserer Lebensbilanz addierend und subtrahierend, zu dem Ergebnis ihrer Negativität zu gelangen. Obgleich Schopenhauer ein zu großer Denker ist, um prinzipielle Entscheidungen über die Totalität des Lebens von der Aneinanderreihung singulärer Reflexionen zu erwarten, so würde er jenem Resultate doch zustimmen. Fingiert man den — dem eudämonistischen Schicksal nach — absolut durchschnittlichen Menschen, dem die Gesamtfreudensumme seines Lebens zum

Kaufe angeboten wird für dessen Gesamtleidenssumme — so würde auch Schopenhauer ihm von diesem Geschäft abraten: jener käme dabei nicht auf seine Kosten; er müsse ein viel gröfseres Lustquantum erhalten, damit die Rechnung stimme; die angebotenen Freuden seien mit dem geforderten Preis an Leiden zu teuer bezahlt. Da nun dieses Kalkulationsergebnis, das für die Frage des Pessimismus entscheidend ist, wie gesagt, nicht durch Aufzählung seiner Einzelposten zu erweisen, ebensowenig aber durch eine solche zu widerlegen ist; da auch der metaphysische Weg es schliefslich letzten, unerweislichen Überzeugungen preisgibt, so mufs zu seiner Prüfung ein anderer, jenseits der Empirie wie jenseits der Metaphysik laufender versucht werden.

Der Pessimismus, der die Existenz der Welt für etwas schlimmeres hält, als ihre Nicht-Existenz wäre, weil ihre negativen Werte, d. h. ihr Leidquantum, ihren positiven Wert, ihr Glücksquantum, übersteigen, ruht auf der Voraussetzung, dafs die Mafse beider — auf irgend eine empirische oder apriorische Weise — vergleichbar sind. Aber die Möglichkeit dieses Vergleiches ist keineswegs selbstverständlich, ja, sie ist in sich widerspruchsvoll — so paradox dies angesichts der Tatsache erscheint, dafs unser praktisches Leben dauernd auf derartigen Abwägungen ruht, dafs bei jedem Tausch, jeder Arbeitsmühe, jedem zweiseitig verpflichtenden Verhältnis zwischen Menschen der Gewinn an Glückswerten mit der Hingabe, dem Verzicht, der Anstrengung, kurz, dem Unlustquantum verglichen wird, das wir einzusetzen haben und dessen Überwiegen über den eudämonistischen Gegenwert uns auf das ganze Unternehmen oder Engagement einzutreten verhindert. Allein ich glaube erweisen zu können, dafs diese Erfahrungstatsache keinen Schlufs auf die prinzipielle und für die Existenz überhaupt geltende Abwägbarkeit von Lust und Leid gestattet.

Jene empirische, fortwährend vollzogene Abwägung nämlich ist nicht durch ein unmittelbares Aneinanderhalten beider Faktoren, eine Vergleichung ihrer absoluten Gröfsen erreichbar. Von Quanten einer und derselben Qualität — z. B. von zwei Freuden desselben Gebietes oder von zwei solchen Leiden — wissen wir ziemlich unmittelbar, welche die gröfsere ist; ihre gleichartige Beschaffenheit läfst sie sich wie vermittels eines selbstverständlich sich darbietenden Generalnenners an einander messen, wie zwei Summen derselben Geldsorte. Wo aber der Geldpreis einer Ware in Frage steht, bedarf es eines dritten, um Angemessenheit oder Unangemessenheit festzustellen: der allgemeinen Marktlage für diesen Artikel, die ein bestimmtes Mafs der kursierenden Kaufmittel als den durchschnittlich angemessenen Preis für ihn feststellt; welches auch die absolute Höhe des geforderten Preises sei; er ist nur dann zu hoch, wenn diese Ware oder ein Äquivalent ihrer anderswo billiger zu haben ist. Und so mufs es sich mit dem Leidenspreis verhalten, den wir für unsere einzelnen Freuden bezahlen. Ein völlig unerfahrenes Wesen würde, ein bestimmtes Leidquantum und ein bestimmtes Freudenquantum empfindend, niemals urteilen können, ob jenes ein »gerechter« Preis für dieses ist — von extremen, an physische Zerstörung heranreichenden Mafsen des Leidens abgesehen. Erst im Lauf des Lebens und Erfahrens weicht die Unsicherheit darüber, mit welchem negativen Glücksmafs ein bestimmtes positives erkauft werden kann, ohne dafs man dabei »übervorteilt« würde; und sie weicht sogar niemals vollständig, der Mafsstab wird von immer neu zuströmenden Erfahrungen in labilem Zustand gehalten. Welches aber kann nun dieser Mafsstab sein, in dem objektiven Sinne, wie ihn gerade der Pessimist voraussetzt und wie er von den subjektiven Geistern in der Praxis immer nur annähernd erreicht wird? Wie mir scheint, könnte ein solcher Mafsstab nur durch das Gegeneinanderhalten der gesamten Lustempfindungen und der gesamten Leidempfindungen der Welt gefunden werden, und durch die Berechnung, wieviel von beiden demnach im Durchschnitt auf jedes empfindende Individuum kommt. Nur dasjenige Individuum, dessen eudämonistische Bilanz diesem Durchschnitt gegenüber weniger Freude und mehr Leid zeigte, hätte die erstere »zu teuer erkauft«. Die Durchschnittsbilanz selbst — die also das eudämonistische Gesamtschicksal der Welt ausdrückt — ist weder positiv noch negativ, da sie vielmehr dasjenige ist, woran sich Positivität oder Negativität des Einzelschicksals erst mifst. Könnte man Lust- und Leidsummen unmittelbar oder mittels eines für beide gleich geltenden Generalnenners aneinander messen, so wäre eine andere Entscheidung möglich; da uns dies versagt ist, ist der Mafsstab für den einzelnen Fall nur an der Tatsächlichkeit des Ganzen zu gewinnen, und diesen Mafsstab selbst grofs oder klein zu nennen, wäre ebenso sinnlos, als bezeichnete man den Durchschnitt der Menschen in körperlicher Beziehung als grofs oder klein. Der einzelne Mensch kann wohl grofs oder klein sein, d. h. über oder unter dem Durchschnitt stehen; diesem selbst aber fehlt jede Möglichkeit des Gemessenwerdens, da er vielmehr nur die Möglichkeit des Messens für die Einzelerscheinungen ausmacht — es sei denn, dafs wir etwa von anderen Menschenwesen auf anderen Planeten wüfsten, gegen die dann allerdings der Durchschnitt des unsrigen grofs oder klein wäre. Genau so wenig kann man behaupten, der Mensch überhaupt habe »mehr« Leid als Lust, oder er bezahle die letztere mit dem tatsächlichen Preise des ersteren »zu hoch« oder es herrsche zwischen beiden keine »gerechte« Proportion. Alle diese Fundamentalsätze des eudämonistischen Pessimismus ruhen auf dem methodischen Irrtum, den Mafsstab selbst messen zu wollen und eine quantitative Vergleichung, die wohl das einzelne eudämonistische Schicksal treffen kann, weil wir eine empirische oder instinktive Vorstellung des allgemeinen eudämonistischen Menschenloses haben, auf dieses selbst zu übertragen.

Nun klagt freilich die weit überwiegende Zahl aller

Menschen über solche, ihnen ungünstige Disproportionalität zwischen Lust- und Leidmaſsen — was ersichtlich, wenn der Durchschnitt den Maſsstab abgäbe, unmöglich wäre; und ein Gefühl, das logische Erwägungen nicht zum Schweigen bringen, spricht dafür, daſs gerade der Durchschnitt der Menschen überteuert wird, wenn sie das Glücksquantum ihres Lebens mit dessen Schmerzen bezahlen müssen. Allein der hiermit in Kraft tretende Maſsstab ist nicht der vernunftmäſsig zulässige: der der Wirklichkeit und des Verhältnisses zwischen dem Ganzen und seinem Element — sondern der eines Ideales und eines Wunsches. So wenig der Kaufende objektiv berechtigt ist, für sein Geld mehr Ware zu verlangen, als es der durchschnittlichen Proportion der betreffenden Geld- und Warenquanten nach der konkreten Marktlage entspricht — so wünscht er doch subjektiv in der Regel, billiger zu kaufen. Wo uns keine greifbaren Gegeninstanzen zwingen, sind wir alle geneigt, die subjektive Sehnsucht nach einer Begünstigung zu einer objektiven Gerechtigkeitsforderung auszudehnen. Der »Mensch überhaupt« hat allerdings sehr viel mehr Schmerzen als Freuden — aber dieses Mehr offenbart sich nicht an dem durch die Sache selbst gegebenen Maſsstab, sondern an dem Wunsche, unter allen Umständen mehr Freuden als Schmerzen zu erfahren. Die Glückssehnsucht des Menschen geht ins Unendliche und darum kann keine ausdenkbare Proportion zwischen Glück und Schmerz ihn befriedigen; eben darum aber erscheint leicht eine solche, die über die tatsächlich uns zuteil werdende nach der Glücksseite hin hinausgeht — so schwankend und problematisch auch ihr Quantum uns vorschwebt — als eine sachlich gerechte Forderung. Dies ist eine typisch-psychologische Wendung. Wenn unterdrückte Klassen nach allgemeiner Gleichheit rufen, so ist dies nur der Ausdruck des generellen menschlichen Strebens, über die momentane Stufe des Habens und Seins hinaus zu einer höheren zu gelangen. Für die Untenstehenden ist nun die Gleichheit mit den für jetzt Höherstehenden die nächste Station dieses, an sich ins Unendliche führenden Weges, die, solange man sie noch nicht erreicht hat und deshalb noch nicht über sie hinaussieht, als ein definitiv befriedigendes Ziel, als die objektive Gerechtigkeitsforderung erscheint. Wäre sie realisiert, so würde sich von diesem neuen Boden das Streben der Einzelnen, die Andern zu überflügeln, mit ganz derselben Kraft geltend machen, wie sie zu der bisher unerreichten Staffel, der Ausgleichung mit den Andern, geführt hat. Die ganze ideale Forderung, von der aus der Pessimismus sich sachlich erweisen will: dafs der Mensch »ebensoviel« Glück wie Leiden haben müsse, um nicht mit dem Leben betrogen zu sein, — ist nur ein Pendant jener Forderung der »Gleichheit«, insoweit sich in ihr der Wunsch nach mehr Glück, als ein jeder tatsächlich geniefst, kristallisiert hat. Dieser Wunsch ist aber in Wirklichkeit durch kein konstruierbares Verhältnis zwischen Lust und Leid zu erfüllen, da es kein Mafs von Leid gibt, mit dem der Mensch sich zufrieden geben würde, kein Mafs von Freuden, das ihm, sobald er nur daran angepafst ist, genügen würde. Vom Standpunkt gerade der Sehnsucht, welche zu jener Balancierungsforderung geführt hat, würde keine Balancierung, sondern nur ein Verschwinden des Leidens und eine absolute Herrschaft des Glücks in unserem Leben uns genugtun.

Dieser Kritik, die die pessimistische Konsequenz aus der quantitativen »Unverhältnismäfsigkeit« von Lust und Leid in ihrer logischen Unhaltbarkeit zeigt, hat Schopenhauer allerdings mit einer gelegentlichen Bemerkung vorgebeugt, die auf die eben angedeutete psychologische Genesis des eudämonistischen Gerechtigkeitsideals eintritt. Wenn uns dieser gemäfs überhaupt kein Mafsverhältnis zwischen Lust und Leid, also auch kein »gerechtes«, befriedigen könnte, weil überhaupt das eine schlechthin — nicht nur relativ — sein, das andere schlechthin nicht-sein soll — so gibt Schopenhauer dies

gerade durch den äufsersten pessimistischen Radikalismus zu:
nicht die Gröfse des Leidens, sondern die Tatsache des
Leidens überhaupt mache das Dasein der Welt zu etwas
Unverantwortlichem, verschaffe dem Nichtsein einen unendlichen Vorzug vor dem Sein; denn der Schmerz als solcher
könne überhaupt nicht aufgewogen werden, keine noch so
grofse Wonne könne irgend ein Leiden wirklich gut machen.
Dies ist ein Wertgefühl, das man in seiner Tiefe und seiner
Absolutheit nur anerkennen, aber nicht kritisieren kann —
auch nicht damit, dafs das genau entgegengesetzte ein nicht
weniger unangreifbares Weltbild trägt. Dafs es überhaupt
so etwas wie Glück gibt, dafs dies Sein es dazu gebracht
hat, auch wenn es nur einmal durch ein Bewufstsein gezuckt
wäre — das hebt die Welt auf eine Wertstufe, deren zeitlose Bedeutung durch kein Leidensquantum verloren gehen
kann. Die blofse Möglichkeit des Glücks, wie spärlich und
fragmentarisch sie auch Wirklichkeit werden mag, rückt
unser Dasein in ein Licht, das Schopenhauer dadurch
freilich zu verlöschen meint, dafs er das Glück für etwas
rein Negatives erklärt, für das blofse momentane Aussetzen
des Leidens. Dies letztere ist im Schopenhauerschen Denken
der schwache Punkt, dessen Unfähigkeit, den Pessimismus
zu tragen, überall durchbricht: denn das positive Moment
im Glück, das es als psychologische Tatsächlichkeit von
Schlaf und Tod, den andern Beendigern des Leidens, unterscheidet, durfte er nicht übersehen, gleichviel, wie er es
dann bemessen und bewerten mochte. Nur jene grofsartige Begründung des Pessimismus auf das Faktum des Leidens überhaupt kann dessen allerdings entraten. Es mag so viel Glück
geben, und es mag so positiv sein, wie es will — dies ist
kein mildernder Umstand für eine Welt, in der es Leiden gibt.
Es besteht offenbar in gewissen Seelen ein Grad von Sensibilität
für den Schmerz, der ihnen die Tatsache und jegliches Mafs
von Glück überhaupt nicht an den eigentlichen Wertpunkt
der Existenz rühren läfst; gerade wie es Seelen von einer

so genau auf die Glücksreaktion eingestellten Empfindlichkeit gibt, dafs ein Reiz anderer Art überhaupt nicht in die allertiefste Schicht ihrer Persönlichkeit dringt. So schweres Leid solche Menschen auch treffe — es wird nie zur letzten Instanz ihres Schicksals, sie empfinden das Heitere und Glückliche, auch wo es ihnen persönlich versagt bleibt, als den eigentlichen Sinn des Lebens, und darum erscheint ihnen das Dasein als etwas Gutes, nicht als Resultat einer Aufrechnung zwischen seinem Leid und seinem Glück, sondern weil es überhaupt dieses wunderbare Phänomen des Glückes gibt, das allein die tiefstgelegenen Lebens- und Schwungkräfte ihres Ich lebendig zu machen vermag. So paradox jene lapidare Äufserung Schopenhauers von der Gleichgültigkeit des Leidensquantums gegenüber der Bedeutung des Leidens überhaupt für den Lebenswert auch erscheint, so bezeichnet sie doch mit polarer Zuspitzung den tiefsten und eigentlichen Grund des Pessimismus, gerade weil eben dieselbe Wertungsweise, mit umgekehrtem Vorzeichen, auch die reinste Form des Optimismus begründet. Es ist gewissermafsen die radikale Steigerung der zuvor angestellten Überlegung: dafs Lust und Leid sich überhaupt nicht unmittelbar aneinander messen können, um den eudämonistischen Wert des Lebens im Ganzen zu ergeben, dafs sie keinen gemeinsamen Mafsstab ihrer Qualitäten haben, an dem sich ihr gegenseitiges Plus oder Minus zeigte —, sondern dafs nur ihre tatsächlich erlebten Mafse den eudämonistischen Durchschnitt des Menschheitsdaseins ergäben, an dem dann erst das Darüber- oder Darunterstehen, ein »Zuviel« oder »Zuwenig« sich für ein einzelnes Schicksal messen liesse. Beide Faktoren bleiben dabei ersichtlich sozusagen in gegenseitiger innerer Fremdheit bestehen, sie kommen nicht zueinander, sondern nur, dafs sie von den gleichen Subjekten erlebt werden, macht sie zu Faktoren der einen Rechnung des Menschenschicksals überhaupt. Jetzt aber zeigt sich erst die volle Distanz zwischen ihnen, die Entscheidung über Optimismus oder Pessimismus erscheint im letzten Grunde überhaupt nicht mehr von einer Entgegenhaltung beider abhängig, sondern von den bloſsen Tatsachen, daſs es Glück in der Welt gibt und daſs es Leiden in der Welt gibt. In der bewuſsten Erfahrung geht es sicher nicht so zu, innerhalb dieser entscheiden immer Eindrücke von beiderlei Art und ihre Messung an einem realen oder ideal geforderten Maſsstabe. Aber jener Schopenhauersche Gedanke zeigt, in wie krassem und einseitigem Ausdruck auch immer, daſs unterhalb dieser Oberflächenerscheinung das Bekenntnis zum Werte oder Unwerte des Daseins in entschiedenen, auf das Prinzipielle gestellten Naturen daran hängt, ob der tiefstgelegene Punkt ihrer Seele die spezifische Reizbarkeit für das Glück oder die für das Leiden besitzt.

Wie sehr über alle empirischen Lose hinweg diese spezifische Reizbarkeit der Naturen die hier fraglichen Entscheidungen bestimmt, zeigt die eigentümliche Tatsache, daſs Personen, die das Schicksal in sehr prinzipieller Weise benachteiligt hat, z. B. dauernd Kranke, oft eine ausgesprochene und schwankungslose optimistische Weltanschauung besitzen. Man sollte meinen, daſs bei so besonderer Anlage zu Glücksreaktionen die Schicksalsleiden um so verbitternder und verfinsternder wirken müſsten. Tatsächlich aber scheinen gerade von solchen Naturen ihre seltenen und bescheidenen Freuden als ein so überschwängliches Glück empfunden zu werden, ihre latenten Glücksmöglichkeiten scheinen sich in solchen Augenblicken restlos und mit so blendendem Lichte zu entladen, daſs ihnen das Leben von diesem und nicht von seiner dunkeln Alltäglichkeit bestimmt wird. Wo die Reaktion auf Veranlassungen zum Glück von Natur stärker ist als auf entgegengesetzte; und wo namentlich die Gesamtstruktur der Seele den Glücksempfindungen gleichsam leichtere Durchgängigkeit, lebhaftere Anregung auch der entfernteren Bewuſstseinsprovinzen, häufigere Reproduktionen gestattet (und dieses sekundäre psychologische Verhalten gegenüber Glück und Unglück scheint mir mindestens so wichtig und so individuell wie die primären Reizbarkeitsdifferenzen) — da schafft sich die Seele aus einem Minimum von Gelegenheiten ein so breites Fundament des Optimismus (und entsprechend des Pessimismus), wie entgegengesetzte Naturen es aus keiner noch so grofsen Fülle schöpfen. — Vielleicht läfst sich dies Allgemeine noch nach besonderen Trägern oder Gestaltungen fragen, für die ich hier ein Beispiel gebe. Die Gedanken und Geschicke, die uns leiden machen, empfinden wir oft nur als die Gelegenheitsursachen, die aus der unendlichen, uns einwohnenden Leidensmöglichkeit einen Teil verwirklichen. Gedanken und Schicksale würden all diese Qualen nicht — wie die Sprache sehr bezeichnend sagt — hervorrufen können, wenn sie nicht schon in irgend einer Form in uns wären und warteten. Das ist das Unheimlichste, dafs uns bei solchen Gelegenheiten die Ahnung eines unermefslichen Vorrates von Leiden überkommt, den wir mit uns herumtragen wie in einem verschlossenen Gefäfs, ein dunkles Sein, das noch nicht Wirklichkeit ist, aber doch irgendwie da ist, von dem das Schicksal immer irgend welche Teile heraushebt, aber unerschöpflich vieles noch zurückläfst. Dieses Gefäfs ruht meistens ganz still in uns; manchmal aber, wenn ein einzelner Schmerz oder Erschütterung es aufschliefst, gerät es dabei in eine Bewegung, in ein dumpfes Zittern, und wir fühlen diesen furchtbaren Schatz von Leidensmöglichkeiten, den wir wie ein Glied immer bei uns haben, und der unsere nie und durch kein wirklich erlebtes Elend zu realisierende Mitgift ist. Gerade dafs wir die Sicherheit haben, dafs unsere latenten Leiden nie ganz wirkliche sein werden — ist nicht Trost, sondern ist gerade das Furchtbarste: denn wir haben sie alle, obgleich wir sie nicht haben. Und vielleicht wird so auch die Empfindung eines einzelnen Glückes von dem «Glück überhaupt», das wir zu empfinden fähig wären, wie von einem Astralleib umgeben, vielleicht ist nicht nur die Schönheit, sondern jedes Glück selbst noch eine promesse de bonheur, ein Mitschwingen nicht angerührter Glocken in unserer Seele. Wenn es wirklich diese eigentümliche psychische Form gibt — man kann nur aus der Ferne und mit ganz unzulänglichen Ausdrücken auf sie hindeuten —, in der der ganze Komplex der Gefühlsmöglichkeiten, ohne aus dem Stadium der blofsen Möglichkeit herauszutreten, gerade als solche eine Art von Gefühlswirklichkeit erwirbt — so wird an ihr besonders deutlich, wie sehr die individuale Angelegtheit auf den einen oder den andern Pol der Gefühlsskala, über alle realen Einzelschicksale hinaus, unsere eudämonistische Lebensstimmung entscheidet.

Den metaphysischen Schlufsstein des Pessimismus legt nun aber dasselbe Motiv von der Einheit des Weltwillens, das sich uns früher andrerseits als sein metaphysisches Fundament gezeigt hat, und das die von Schopenhauer überall gesuchte Verbindung zwischen dem Pessimismus und der Beherrschtheit unseres Lebens vom Willen jetzt noch einmal, und zwar vom ethischen Standpunkt aus, herstellen soll.

Solange die Beschaffenheit der Welt, die der Pessimismus verkündet, sozusagen als blofse Tatsache besteht, mufs sich nicht nur unser Bedürfnis nach einem Glück und einem Sinn des Daseins, sondern auch unser sittliches Gefühl gegen sie empören — wie es die trotz ausnahmslosen Mifslingens immer wiederholten theologischen Versuche, Gottes Güte und Weisheit gegenüber den Übeln der Welt aufrechtzuhalten, hinreichend erweisen. Sobald nun aber dieses Dasein ganz und gar die Erscheinung des Willens ist, so ist es damit ebenso ganz und gar gerechtfertigt — denn damit ist es genau so, wie der Wille will. Wie unser Gerechtigkeitsgefühl sich im Empirischen und Einzelnen beruhigt, wenn wir dem Unglück jemandes gegenüber sagen können: er hat es nicht anders gewollt — so steht es nun den Qualen und der Sinnlosigkeit der Welt überhaupt, ja, um es gleich im Extrem auszudrücken, aller noch so entsetzlichen Ungerechtigkeit gegenüber: da die Welt Wille ist, ist sie ganz allein für sich verantwortlich, sie ist so, wie sie ist, weil sie sein will. Der metaphysische Wille, der hinter allen Erscheinungen als ihre eigentliche Wirklichkeit, als der Trieb ihres Treibens steht, ist absolut frei, weil er nichts aufser sich hat, von dem er abhängen, das ihn bestimmen könnte. Wenn der absolute Wille nicht wollte, so wäre keine Welt und also auch nicht aller Jammer und Schmerz, den er als Welt bedeutet und bewirkt — wie im Gebiet des Relativen der einzelne Mensch, in dem Mafs, in dem er zu begehren aufhört, von unzähligen Leiden erlöst ist. Wie die Schuld immer ein Wollen ist, so das Wollen immer eine Schuld — nicht im moralistischen Sinne, sondern in einem meta-ethischen, indem das Wollen blofs dadurch, dafs es ist, sich in den Widerspruch und die Unseligkeit seines Wesens hineinbegibt. Darum vollzieht sich durch das Leiden der Welt eine ewige Gerechtigkeit, von der alle empirische und singuläre Vergeltung nur eine in die Form der Zeit auseinandergezogene und unvollkommene Spiegelung ist; denn im Ganzen der Welt ist Schuld und Strafe nicht zeitlich getrennt, sondern der Weltwille hat mit dem Akt seines Wollens, d. h. seiner Wirklichkeit, auch allen Jammer und Enttäuschung, alle Ungerechtigkeit und alle Tragödie der Wirklichkeit gesetzt. Wenn man es paradox ausdrücken darf: dafs es in der Welt sinnlos und ungerecht zugeht, ist selbst nichts Sinnloses und Ungerechtes, sondern ist der logisch unvermeidliche Ausdruck ihres Willenscharakters. Alle Schuld der Welt auf der einen Seite, all ihr Leiden auf der andern, je in einen Inbegriff zusammengefafst, halten sich die Wage, weil sie nur die Ausdrücke einer und derselben Tatsache sind: dafs die Welt in ihrem absoluten Grunde Wille ist. Dafs dieser absolute Wille frei ist — im Unterschiede gegen seine kausal bedingten Einzelerscheinungen — macht das Dasein überhaupt zur Schuld; das Leiden der Welt ist die Bufse für diese, die aber, weil sie die gleiche Willenswirklichkeit in der Sprache des Gefühles ausspricht, nicht gröfser und nicht kleiner sein kann als die Schuld.

Dennoch kann sich das ethische Gefühl mit diesem Ausgleich noch nicht zufrieden geben; denn die Zusammenfügung aller Schuld und alles Leidens gleichsam zu je einer Summe gelingt gerade nur durch Absehen von demjenigen, was uns die wesentlichsten Ungerechtigkeiten des Daseins zu tragen scheint: von der Verteilung von Schuld und Leiden. Mögen im Ganzen der Welt oder ihrer metaphysischen Bedeutung nach diese beiden sich genau entsprechen — so kann noch immer eine Schuld von einer Persönlichkeit, das ihr entsprechende Leiden aber von einer andern getragen werden, wie überall, wo der Quäler und der Gequälte, der Betrüger und der Betrogene, der Egoist und sein Opfer sich gegenüberstehen. Und diese Ungerechtigkeit, so sehr sie nur an Erscheinungen von räumlicher Getrenntheit möglich ist, mufs doch schliefslich in der Gesamtbeschaffenheit der Welt begründet sein, und sie wird durch jene abstrakte oder metaphysische Gerechtigkeit auch in keiner Weise aufgehoben: eine solche gibt zwar dem Ganzen einen Sinn, den sie aber nicht in das Verhältnis seiner Teile zu übertragen weifs. Schopenhauer gewinnt diesen, wie ich oben andeutete, durch die stärkste, ja gewalttätige Akzentuierung der metaphysischen Einheit des Weltwillens, denn weil diese besteht, ist nun im letzten Grunde der Quäler und der Gequälte, der Verfolger und der Verfolgte ein ungeschiedenes Eines, das nur durch die räumliche Zerspaltung der Erscheinungswelt in solche Zweiheit auseinandergerissen wird. Nur in jenem Bereich der Täuschung, das unsere subjektiven Anschauungsformen dem wahren Wesen der Dinge überbauen, kann es getrennte Individuen geben, nur in ihm also kann die Frage der Verteilung überhaupt auftauchen, die gegenüber dem, was wir wirklich sind, also dem Sein in seiner absoluten Einheit gegenüber, ganz leer und bedeutungslos ist. Der Grausame, der über die Qual eines andern hinweg seine Interessen verfolgt oder an ihr unmittelbar seine Lust findet, glaubt dies wegen des absoluten Gegensatzes zwischen sich und jenem zu können. Aber diese Individuation ist nicht nur eine Täuschung, sondern in der tiefsten Schicht seines Wesens weifs er das auch, wenngleich nicht in bewufsten Begriffen. Dieses fundamentale Wissen, dieses Innewerden u n s e r e s Seins in seiner Ungeschiedenheit von a l l e m Sein — dies ist die Gewissensqual; sie ist das dumpfe, aber mit unüberwindlicher Stärke die Innerlichkeit beherrschende Gefühl des Übeltäters, dafs er mit dem, den er leiden macht, in der letzten Wurzel seines Wesens identisch ist, seine Gewissensangst ist die Form, in der er die Qual seines Opfers empfindet. Daher ist, so sagt Schopenhauer, der Gesichtsausdruck sehr böser Menschen immer der eines inneren Leidens.

Soweit hier die schärfste Form des Antagonismus der Individuen in Frage steht: über die blofse Gleichgültigkeit gegen das Leiden des Anderen hinaus, die boshafte und grausame Lust an seinem Leiden — hat Schopenhauer mit jener metaphysischen Identität zwischen dem Peiniger und dem Gepeinigten an ein gefühlstheoretisches Problem tiefster Art gerührt. Freilich, wie er die Grausamkeit psychologisch ableitet: dafs im Grausamen ein übermäfsig starker Wille bestände, dessen Qualen er dadurch abzuleiten sucht, dafs er andere leiden macht — diese groteske Ausnutzung des Wertes der »Gefährten im Unglück« erscheint mir als eine in Banalität ausschlagende Künstelei. Es spielt vielmehr, wie ich glaube, jene Identität des Grausamen und des Leidenden nicht erst als Revers der Tat, sondern in ihrer unmittelbaren Erscheinung seine Rolle. Ihr tiefstes Rätsel gibt die Lust am Leide anderer nämlich dadurch auf, dafs der Grausame die Leiden, die er bereitet, in irgend einem Mafs und Art selbst fühlen mufs — da sie sonst offenbar überhaupt keinerlei Reaktion in ihm auslösen würden. Denn was er unmittelbar wahrnimmt, sind niemals die Schmerzen jenes, sondern nur seine Laute und Bewegungen, aus denen seine Empfindungen erst erschlossen werden müssen. Wie aber sollte das anders möglich sein, als daſs aus der eigenen Empfindungsmöglichkeit etwas anklänge, was uns das ewig unwahrnehmbare Bewuſstseinsereignis im Andern interpretierte? Nur ein eignes Fühlen, wie umgebildet und umgestimmt auch immer, kann uns aus dem sich verzerrenden und schreienden Automaten einen Qual fühlenden Menschen machen, an dem der Grausame erst seine Lust hat. Die Form, in der ein vom Subjekt irgendwie gefühlter Schmerz, durch ein äuſseres Bild angeregt, in dieses als das seinige — nicht mehr jenem Subjekt angehörige — hineingelegt, hineinempfunden wird — diese Form zu beschreiben und herzuleiten, ist der Psychologie bisher nur sehr unvollkommen gelungen. Aber auf welche Weise und wie plausibel auch immer sie rein psychologisch erklärt würde, es bliebe immer die Frage nach dem metaphysischen Grunde bestehen, der jene psychologischen Zusammenhänge und Erklärungen möglich machte, wie alle Beschreibungen und Gesetzlichkeiten chemischer Vorgänge die Frage nach der tieferen Struktur der Materie offen lassen, auf Grund deren jene erscheinenden Tatsächlichkeiten und Beziehungen überhaupt stattfinden. Daſs es überhaupt die Tatsache gibt: die Gefühle eines andern zu fühlen und also notwendig als eigne Gefühle — das geht, so sehr die Psychologie auch gleichsam die Technik dieses Vorganges zergliedern mag, auf eine tiefste Struktur von Seele und Welt zurück; und dies hat Schopenhauer offenbar mit Klarheit gefühlt, als er verkündete, daſs mit der Grausamkeit, der schärfsten Zerspaltung der Individuationen, deren Identität im letzten Weltgrunde verbunden sei. Nur daſs er diese als die gerechte und gleichzeitige S ü h n e jener ansprach, während sie doch schon in dem Akt der Grausamkeit selber, in seiner rätselhaften Verschmelzung des eignen und des fremden Fühlens, wirksam wird. Daſs aber gerade die Lust am Leide des andern, die das Gegenüber zwischen Mensch und Mensch am unbedingtesten zu setzen scheint, um ihrer eignen Möglichkeit willen dieses Gegenüber aufhebt, weist auf die Aufhebung der Grenze zwischen dem Ich und dem Du vielleicht um so bedeutsamer hin, als mit der Lust am Leide des andern die Lust am eignen Leide tief verflochten ist. Auch dieses Paradoxon des Gefühles hat seine volle psychologische Begreiflichkeit noch nicht gefunden. Man könnte davon sprechen, daſs die Lust des Leides eine polare Spannweite der Gefühlsmöglichkeiten in uns lebendig macht und damit eine unerhörte Expansion des Ich entsteht, weil kein andres Zugleich von Gefühlen solche Gegensätze einschlieſst. Es ist merkwürdig, zu wieviel unkeuscher Arroganz oft das Leiden — nicht nur das eingebildete, sondern auch das wirkliche — verführt; nicht viele mögen leichthin glauben: so viel wie ich leistet kein anderer! — aber viele sind anmaſsend genug, zu glauben und auszusprechen: so viel wie ich leidet kein anderer! Dieses Gefühl einer gesteigerten, an sich selbst mächtigeren Persönlichkeit würde eine psychologische Brücke zu der Grausamkeitslust schlagen, zu deren Motiven — während wir bisher von ihrem Inhalte und dessen Fundamenten sprachen — in erster Reihe die Lust an der Macht gehört, die den Andern zu unserm Eigentum macht; denn Eigentum ist, woran unser Wille sich, ohne Widerstand zu finden, ausprägen kann, und das tut er psychologisch um so wirkungsvoller, je mehr dies gegen den Willen oder die Eigenrichtung des so Besessenen ist. Darum ist Grausamkeitslust Naturen eigen, die nach Macht, nach Expansion der Persönlichkeit dürsten, ohne sie durch das eigentlich Positive von Kraft oder Verdienst gewinnen zu können. Die Ausdehnung des Ichgefühles wäre dann der tiefere Zweck, dem die Grausamkeit gegen andere wie die gegen sich selbst, trotz ihrer unmittelbaren Entgegengesetztheit, gemeinsam als Mittel dienten. Tatsächlich findet sich die Lust am fremden und die am eignen Leide — deren pathologische, sexuell vereinseitigte Extreme wir als Sadismus und Masochismus bezeichnen — bei vielen Persönlichkeiten zusammen, wenn auch in unendlich verschiedenen Mischungsmaſsen. Ganz irrig erscheint mir die Theorie, nach der die Grausamkeit gegen sich selbst eine rein sekundäre Erscheinung sei, eine Ableitung nach innen, gleichsam eine Verirrung des ursprünglichen Triebes der Grausamkeit gegen Andere, etwa infolge der rechtlichen und moralischen Absperrungen dieses letzteren. Eher umgekehrt: die Lust am eigenen Leid liegt, wenn auch in sehr dunkler, unkenntlicher, latenter Form schon zum Grunde, wenn es zu Grausamkeit gegen andere kommen soll, weil das Gefühl von den Schmerzen dieser sich uns als die Bedingung zeigte, unter denen sie überhaupt zum Gegenstand eines Bewuſstseins, eines Willens von uns werden können. Und noch in ihren Erstreckungen in die Abstraktion hinein verschlingen sich beide Triebe: nämlich gerade in der Erscheinung des Pessimismus selbst. Eine sublime Grausamkeitslust liegt in der Zerstörung, mit der er sonst anerkannte Werte trifft, in der Leidenschaft, mit der er sonst unbewuſst oder unberechnet gebliebene Leiden ins Bewuſstsein hebt, in der Abschätzung unseres Seins, das nichts Besseres als dieses Leben und diese Welt verdiente. Aber die allgemeine pessimistische Anschauung ist keineswegs nur mit subjektivem Leide, sondern oft mit einem gewissen Genuſs gerade an diesem verknüpft. Das Schwelgen in den eignen Schmerzen, das wollüstige Sich-Verbohren in jeden Kummer, die Sucht, von seinen Miſsgeschicken auch vor sich selbst möglichst viel »herzumachen« — dies äuſsert sich durchgehends in den Formen, mit dem Hintergrunde oder dem Vordergrunde einer pessimistischen Auffassung der ganzen Welt. Indem die Lust am eignen und die am fremden Leide hier zusammenwirkend ein einheitliches Phänomen erzeugen, rechtfertigen sie von neuem die Frage nach der metaphysischen Einheit, in deren Tiefe das Leiden des Ich mit dem Leiden des Du solidarisch ist und die sich in dem Wiederzusammenschlagen ihrer zunächst diametral gespaltenen Erscheinungen verrät. In dem Instinkt für diese

Frage hat die Schopenhauersche Lehre von der ewigen Gerechtigkeit vermittels der Identität des Ich und des Du ihre bleibende Bedeutung.

Als Antwort aber auf das Verteilungsproblem genügt die metaphysische Einheit nicht, durch die Schopenhauer nicht nur den Quäler an der Qual seiner Opfer, sondern auch dieses an der Schuld seines Quälers, mit paradoxer, aber tiefsinniger Konsequenz teil haben läfst. Es handelt sich nicht nur um die Ausgleichung praktisch-ethisch bewirkter Verschiebungen zwischen Lust und Leid, sondern um die Frage, die den Pessimismus in seinem letzten Fundamente angreift: ob denn der Wert des Lebens — auch der von Glück und Leid bestimmte — überhaupt von dem Gesamtmafs dieser beiden, von dem durchschnittlichen eudämonistischen Menschenlose abhängt. Für Schopenhauer ist dies ganz unfraglich. Denn jeden Anspruch der Glücksverteilung auf selbständigen Wert würde er sofort durch die metaphysische Einheit abschneiden, die keine individuelle Sonderung der Träger von Lust und Leid in den Regionen der definitiven Werte zuläfst. Hier liegt die dogmatische Begrenztheit Schopenhauers. Jenes Einheitsmotiv würde ihn überhaupt auch nur zu begreifen verhindern, dafs in dem Mehr oder Minder von eudämonistischen Werten, das der eine dem andern gegenüber besitzt, oder in der Gleichheit, mit der sie sich auf Individuen verteilen, ein besonderer, von ihrem Quantum und Durchschnitt unabhängiger, definitiver Wert liegen kann; dafs die Existenz einer Mehrzahl von Menschen wertvoller oder wertloser werden kann — in dem ganz objektiven, irgendwie auf ein Letztes hinweisenden Sinn — nicht nur wenn ihr gesamter Glücksbesitz steigt oder fällt, sondern rein durch die Verhältnisse von Gleichheit und Ungleichheit, in denen das ungeänderte Gesamtmafs solchen Besitzes verteilt ist; wobei Gleichheit und Ungleichheit natürlich nicht nur in mechanischem Sinne, sondern in Abhängigkeit von Normen der Gerechtigkeit, der Zweckmäfsigkeit, der Organisation verstanden werden soll. Tatsächlich stehen sich hier zwei Wertüberzeugungen mit der ganzen Unversöhnlichkeit und logischen Unwiderleglichkeit letztinstanzlicher Charakterentscheidungen gegenüber. Wenn überhaupt Lust und Leid nebst ihren äußerlichen und innerlichen Annexen metaphysische Bedeutung besitzen, so kann logischerweise ihre Verteilungsart unter Individuen, sozusagen ihre Form, diese Bedeutung ebenso tragen, wie ihre Quantitäten es können, über deren Verhältnis Optimismus und Pessimismus streiten. Freilich hat dies zur Voraussetzung, daß die Individualität absolute Realität und Bedeutung besitzt — sonst könnten die Relationen der individuellen Zustände keine definitiven Werte tragen; auch wo die Gleichheit als Ideal herrscht, wird diese Fundamentalbedeutung der Individuen erfordert, weil sonst die Gleichheit oder Ungleichheit ihrer relativen Lage im letzten Grunde nicht wichtig wäre. Wo die Einheit jenseits aller Individuen der Träger aller Werte und Interessen ist, kann nur die von ihr umfaßte eudämonistische Summe — die von allen Individuen her gleichsam formlos zusammenrinnt — von Bedeutung sein. Wo aber die Differenzierung der Individuen in derselben fundamentalen Schicht liegt wie dort ihre Identität, wird die Verteilungsfrage völlig über die Quantitätsfrage Herr werden können. Es gibt genug Anhänger des Sozialismus, die überzeugt sind, daß er unsere Durchschnittsmaße von Glück und Leid nicht ändern wird, die vielmehr seinen Wert in der Gleichheit oder Gerechtigkeit sehen, mit der jenes eudämonistische Gesamtmaß ausgeteilt ist. Ja, Fanatiker der Gleichheit, aber auch der Gerechtigkeit, der aristokratischen Ordnung, des Stufenbaues der Gesellschaftsform, würden wohl ein herabgesetztes Wertquantum des Gesamtlebens in den Kauf nehmen, wenn dieses Quantum nur in der Form verteilt wäre, die ihnen allein dem Leben einen Sinn zu geben scheint. An diesem Gegensatz tritt klar hervor, wie eng die Wertberechnung des Menschheitslebens nach den Maßen von Lust und Leid mit der metaphysischen Einheitslehre zusammenhängt: von dem Augenblick an, wo die Individuen zu definitiven Realitäten werden, muſs allmählig die Frage nach dem Mehr oder Weniger des einen, verglichen mit dem andern, ein Schwergewicht gegenüber der Frage nach dem absoluten Quantum dieser Werte bekommen, da es für dieses jetzt sozusagen kein einheitliches Subjekt mehr gibt, sondern es als Ganzes nur in der Abstraktion und Addition eines Beobachters existiert. In der Unfähigkeit Schopenhauers, in den Individualitäten und ihren Relationen ein Erstes oder Letztes zu sehen — wovon der bloſse Erscheinungscharakter der Individuation viel mehr Folge als Grund ist — liegt dieselbe eigentümliche Starrheit seines Denkens, die ihm auch jeden Entwicklungsgedanken innerlich fremd macht. Ich werde später noch zu zeigen haben, wie eben diese intellektuelle Stimmung ihn bewegt, auch die Einzelpersönlichkeit in eine absolute Unveränderlichkeit ihres angeborenen Charakters festzulegen. Auf diesem Zuge von Starrheit, von hypnotischer Gebanntheit des Blickes auf den Einheitspunkt in allem Dasein, ruht der Willenspessimismus, weil das absolut Eine keine Erlösung in der Entwicklung von Einem zu Anderem kennt; ruht der eben angedeutete dunkle Fatalismus in Hinsicht des Charakterwertes des Individuums, der kein Anderswerden, keinen inneren Umschlag der Lebensrichtung kennt, sondern nur verschiedene Reaktionen einer trostlos unwandelbaren Einheit unseres Wesens auf die Verschiedenheit äuſserer Lagen; eben darauf ruht endlich die Abschätzung des Lebenswertes nach der Gesamtsumme von Lust und Leid, deren Träger nur die metaphysische Einheit des Seins überhaupt sein kann und die den tiefen und autonomen Werten keinen Platz läſst, die in der Verteilung jener Summe ruht, wie groſs oder klein sie sei, in den wechselnden Relationen der an ihr teilhabenden Individuen, nicht in der Absolutheit ihrer beharrenden Höhe. Es ist sozusagen die besondere Bedeutung des Nebeneinander der Individuen, die ihm hier durch eben dasselbe Element seiner Geistigkeit verborgen wird, das ihm die Bedeutung des Nacheinander der Entwicklung verborgen hatte.

Es muſs paradox klingen, daſs die Starrheit ein Charakterzug der Geistigkeit Schopenhauers sei — da ihm doch das Wesen der Welt die absolute Rastlosigkeit ist, nicht nur so, daſs diese eine wesentliche Eigenschaft der Welt wäre, sondern ihre Substanz selbst; er hat der Welt doch selbst denjenigen ideellen Ruhepunkt genommen, der in einem, wenn auch im Unendlichen liegenden Zielpunkt ihrer Bewegungen läge. Was dennoch an den betonten Erscheinungen als seine Starrheit hervortrat, ist vielleicht die innere Ausgleichung seiner geistigen Natur, ohne die jenes Mitfühlen mit der Rast- und Ziellosigkeit, mit dem Jagen und dem unstillbaren Dürsten alles Daseienden ihn zerstört hätte. Gewiſs ist es das Wesen des Philosophen, daſs von den mannigfaltigen, in der Wirklichkeit immer fragmentarischen, unterbrochenen, abbiegenden Strömungen der menschlichen Gesamtnatur je eine in ihm den reinsten, unabgelenkten, geradlinig ins Unendliche flieſsenden Lauf nimmt. Er lebt unter einer einseitig orientierten, aber dafür den Rudimentcharakter des empirischen Lebens überwindenden Voraussetzung. Allein nun gehört es zu den diffizilsten, aber unerlässlichen Aufgaben der psychologischen und sachlichen Analyse, zu entdecken, wo diese Einseitigkeit — die zur philosophischen wird, indem sie das Ganze der Welt in ihre Form zwingt — dennoch Abbruch leidet und durch den Ansatz, durch die oft gleichsam unterirdische Wirksamkeit der entgegengesetzten ergänzt wird. Die logischen »Inkonsequenzen« der Philosophen sind oft nichts als das intellektuelle Phänomen dieser viel tiefer gelegenen seelischen Komplikation. Jede einseitig differenzierte Ausbildung und Betätigung des Individuums findet die Grenze ihrer Ausschlieſslichkeit darin, daſs die für sie erforderte Kraft doch nur von dem gesamten Organismus, aus dem sie sich erhebt, geliefert werden kann; von einem gewissen Maſse der Vereinseitigung an aber werden die normalen, auf einem Gleichgewicht der Energien beruhenden Funktionen jenes Ganzen derartig alteriert, daſs es nicht mehr die auch nur für jene Einseitigkeit selbst nötige Kraft aufzubringen imstande ist. Darum fordert jede sehr differenzierte Lebensäuſserung um ihrer selbst willen ihre Einschränkung und Ausgleichung. Mit so leidenschaftlichem Radikalismus jeder Denker die Weltsymphonie in der Tonart einer charakterologischen Stimmung sich abspielen läſst, so wirken plötzlich doch Töne wie von einer andern Himmelsrichtung der Seele hinein; sie verraten die typische Basis auch des differenziertesten intellektuellen Charakters, in der er neben seiner Sonderrichtung, sie nährend und balancierend, auch ihre Gegensätze und Ausgleichungen innerhalb der Menschheit überhaupt in irgend welchen Maſsen und Anklängen repräsentiert.

Fünfter Vortrag.
Die Metaphysik der Kunst.

Die moderne Entwicklungslehre hat die Tendenz, die verschiedenen Funktionen der Seele, die ein selbständiges Leben nebeneinander zu führen schienen, dem Gesamtlebensprozeſs einzuordnen. Die Inhalte oder Resultate freilich, die sich aus der ästhetischen oder der intellektuellen, der praktischen oder der religiösen Tätigkeit herstellen, bilden gesonderte, nach je eigenen Gesetzen verwaltete Reiche, jede produziert in ihrer Art, in ihrer Sprache die Welt oder eine Welt; dennoch betrifft diese Souveränität unserer einzelnen Welten nur ihren von ihrer Produktion und ihrem Erleben unabhängig gedachten Inhalt. Und nur indem dieser Inhalt in verselbständigter Abstraktion gedacht und von den realen Energien des seelischen Lebens getrennt wurde, schienen in dem Bilde des letzteren all jene mannigfaltigen Strömungen wie berührungslos nebeneinander zu verlaufen; und demgegenüber ist ihre Zusammenfassung in ein einheitliches System von Herrschen und Dienen ein unzweifelhafter Fortschritt. Freilich wird dieser zum groſsen Teil wieder dadurch hinfällig, daſs diese umfassende Teleologie ausschlieſslich auf die primitivsten und äuſserlichsten Lebensnotwendigkeiten hin orientiert zu werden pflegt: die physiologische Lebenserhaltung und -fürsorge, die Arterhaltung, die ökonomischen Bedingungen pflegen als die »von der Natur selbst« uns gesetzten Zwecke, alle sittlichen, geistigen, ästhetischen

Betätigungen als die Mittel für diese zu gelten. Gerade die psychologische Tatsächlichkeit zeigt ein ganz anderes Bild; hier stellt sich die Einheit gerade durch eine Wechselseitigkeit der Verursachung her: gewiſs dient die intellektuelle Funktion der ökonomischen, aber dann auch die ökonomische der intellektuellen, gewiſs haben die erotischen Triebe unzählige Male ästhetische Bemühungen hervorgerufen, aber ebenso hat der künstlerische Trieb die Kräfte der Erotik sich dienstbar gemacht. Das fremde Nebeneinander dieser Welten, solange sie nach ihrer sachlichen Form, sozusagen nach ihrer Idee betrachtet werden, macht dem Füreinander der Funktionen Platz, in denen die Seele sie erlebt, dem gegenseitigen Zweck- und Mittel-Werden, mit dem sie zu der Einheit des Lebens verwachsen. Diese funktionelle Einheit der Wechselwirkung nun kann zu einem gleichsam substanziellen Begriff kristallisieren, der die Einheit trägt oder ausdrückt, ungefähr wie »der Staat« die politischen Wechselwirkungen seiner Elemente bedeutet, daraufhin aber nun als ein besonderes, jenseits der Einzelnen stehendes, ihre Beziehungen bewirkendes Gebilde auftritt. Eine solche Zusammenfassung der inneren Vorgänge in einen Gesamtzweck, dem nun jeder einzelne untergeordnet ist, zeigt etwa der Begriff des Lebens bei Nietzsche. Hier erscheint das Leben als ein absoluter Wert, der das schlechthin Bedeutsame in den Manifestationen des Daseins ist. Der Wille — und ebenso das Denken oder das Fühlen — ist nur ein Mittel der Steigerung des Lebens, dieses umfaſst in seinem reinen unauflösbaren Begriffe alle unsere benennbaren Einzelfunktionen. Es ist nun für die Struktur des metaphysischen Denkens bezeichnend, daſs, wie hier der Lebensprozeſs den Willen als sein Organ und Mittel ergreift, so bei Schopenhauer umgekehrt der Wille zu jener absoluten Bedeutung gesteigert ist, in der auch das Leben selbst nur eine seiner Offenbarungen wird, nur ein Mittel, sich zum Ausdruck zu bringen und seinen Weg zu finden.

Für Nietzsche wollen wir, weil wir leben, für Schopenhauer leben wir, weil wir wollen. Und bei beiden ordnet sich die intellektuelle Funktion diesen definitiven Bestimmungen unter. Gleichviel welche Selbständigkeit, welchen ideellen Wert die Wahrheit etwa als autonom gewordene Wissenschaft besitze — dafs wir sie ergreifen, ist Sache jener praktischen Impulse des Lebens und des Wollens, diese erst durchströmen die Inhalte des Verstandes mit Blut und Wärme; damit freilich verlieren diese ihre Selbstgenugsamkeit, ihren Eigenwert, und werden — bei Schopenhauer — zu Untertanen des Willens; die Willensform unserer Existenz: das Hasten und Drängen, das Ergreifen, um loszulassen, Loslassen, um zu ergreifen, bemächtigt sich unseres Intellekts, um sich mittels seiner zu Einzelzwecken zu gestalten, um sich von ihm die einzelnen Wege jenes formlosen Dranges vorzeichnen zu lassen.

Neben diesem aber lehrt Schopenhauer, dafs der Intellekt die Möglichkeit hätte, sich zeitweilig von dem Frondienst des Willens zu befreien; wobei er unter Intellekt keineswegs das logische, verbindende Denken versteht, sondern die Bewufstseinssphäre, in der sich überhaupt das gegenständliche Anschauungsbild der Welt formt. Als eine Tatsache, die er nicht weiter zu begründen versucht, schildert er, wie wir uns in die Anschauung, in die blofse Vorstellung eines Objekts so völlig zu versenken imstande wären, dafs alle Regungen, die sich sonst in uns geltend machen und die immer offene oder verhülltere Willensimpulse sind, völlig zum Schweigen kommen. Wir sind in solchem Augenblick der absoluten Kontemplation ganz und gar von dem Bilde des Dinges ausgefüllt, so dafs die Bedingung des Willens und seiner Qual: dafs das Ich und sein Gegenstand sich noch gegenüberstehen, durch die eigentlich unüberbrückbaren Klüfte räumlicher und zeitlicher Art von einander getrennt sind — dafs diese Bedingung verschwindet. Vielmehr, wir fühlen, der Betrachtung einer Erscheinung völlig hingegeben, kein Ich mehr, das von seinem Inhalt gesondert wäre, wir haben uns in diesen »verloren«. Damit fällt aller Egoismus hinweg, denn das Ich, das ihn tragen könnte, ist versunken, alles Haben-Wollen, denn in solcher vollendeten Anschauung **haben** wir alles von dem Ding, was wir jetzt wollen und wollen können. Glück und Unglück, die Attribute des Willens, bleiben jenseits der Grenze, an der die reine Anschauung beginnt, wo die Dinge nur noch als Vorstellungen, nicht mehr als Reize unseres Begehrens für uns bestehen.

Dies ist der Kern der **ästhetischen** Verfassung: dafs sich in uns, kurz gesagt, die Welt als Vorstellung gänzlich von der Welt als Wille ablöst, von der sie sonst getragen, durchblutet, getrieben ist; das Dasein der Dinge in unserm Intellekt, sonst den **Zwecken** des Lebens dienend, reifst sich von dieser Wurzel im Willen los und schwebt als reines Bild in eignem Raume, ohne auch nur dem Ich eine Sonderexistenz zu lassen; auch dieses mufs völlig in dem Bilde, in der Vorstellung aufgehen. Dies ist die radikale Wendung des inneren Menschen, die Erlösung durch den ästhetischen Zustand, der sich jedem beliebigen Objekt gegenüber einstellen kann, sobald dessen reiner, vorstellungsmäfsiger Inhalt, keinem Willensinteresse mehr dienend, uns erfüllt: was wir schön nennen, sind nur solche Objekte, die uns die von dem Willensgrunde in uns gelöste Betrachtung erleichtern, das künstlerische Genie ist ein Mensch, dem diese vollständiger und umfassender gelingt, als allen andern, das Kunstwerk ist ein Gebilde, das uns gewissermafsen zu ihr zwingt; mit ihm ist der aus allen Verflechtungen mit dem Begehren und dem blos Praktischen heraus gewonnene Vorstellungsinhalt der Dinge und Geschicke zu einem eignen Dasein geronnen — die Kunst, so drückt er es einmal wundervoll aus, »ist überall am Ziele«. Zwischen dem schöpferischen Genie und dem aufnehmenden Individuum stehend, ist sie die Wirkung wie die Ursache jener Emanzipation des reinen Intellekts vom Willen, aus der sich nun ihre ganze Bedeutung innerhalb der Metaphysik Schopenhauers entfaltet.

Die Wandelung, die sie zunächst im Subjekt erzeugt, habe ich schon angedeutet: die Individualität, die qualitative und raum-zeitliche Besonderheit des Menschen sinkt vor ihr unter. Wie der ästhetische Zustand vor einem Sonnenuntergang der gleiche ist, ob man ihn aus dem Fenster eines Kerkers oder eines Palastes erblickt, so schwebt das Auge, das ein Bild genießt, das Ohr, das sich den Tönen der Musik ergibt, in einem Reiche, in dem es gleichgültig ist, ob dieses Auge, dieses Ohr einem Könige oder einem Bettler angehört. Alles, was der Mensch noch außerdem ist, daß er jetzt dies Objekt sieht und hört, alle seine Qualitäten und Beziehungen, die ihm eine bestimmte, individualisierende Rolle in den zeitlichen, räumlichen, kausalen, gesellschaftlichen Reihen anweisen, kommen jetzt nicht in Betracht; er ist den Verknüpfungen enthoben, die ihn sonst zum Glied oder Durchgangspunkt jener ziel- und endlosen, vom Willen getriebenen Weltreihe machten; alle Relationen, die ihn betreffen und betreffen können, insoweit er als Individuum in Wechselwirkung mit andern individuellen Gebilden steht, sind verschwunden. So bemerkt Schopenhauer sehr schön, daß eben derselbe Vorgang, der, vom Willen getragen und getrieben, Geschlechtsliebe ist, sich durch das Überwiegen des Vorstellungslebens vom Willen lösen kann und damit zum rein objektiven Sinn für den ästhetischen Wert der Menschengestalt wird. Dies also sind die, innerlichst miteinander verbundenen Bestimmungen des Menschen, der nur anschaut, sich nur dem Bilde des Objekts hingibt, wie es zuhöchst dem Kunstwerk, der zum Sondergebilde gewordenen bloßen Vorstellungsseite der Welt, gegenüber möglich ist: daß er seine Bestimmtheit als dieses einzelne, zufällige Individuum verliert und, als Ursache wie als Folge hiervon, aus den Relationen heraustritt, die ihn mit der realen Welt und den Weltelementen aufserhalb seiner momentanen Anschauung zusammenknüpfen. Dieser Momentcharakter hindert nicht, dafs die ästhetische Anschauung ihrem inneren Wesen nach zeitlos ist: denn auch die zeitliche Relation ist ihr fremd, die den Augenblick durch sein Vorher und Nachher bestimmt, die seine zeitliche Fixiertheit jenseits seines reinen Inhalts für ihn wesentlich sein läfst — während die ästhetische Erhebung von allem Jetzt oder Sonst so unberührt ist wie von dem Hier oder Dort.

Dies alles ist nun zunächst psychologisches Ereignis und gewinnt seine Bedeutung für das metaphysische Weltbild erst durch die Besonderheit des Gegenstandes solcher subjektiv ästhetischen Anschauung, durch die Antwort auf die Frage, was wir denn eigentlich von dem Gegenstande wahrnehmen, wenn wir ihn ästhetisch betrachten, im Unterschiede gegen die Wahrnehmung eben desselben innerhalb des gewöhnlichen, praktisch-empirischen Zusammenhanges. Hier ist nun das entscheidende Motiv Schopenhauers dieses: dafs eben dieselbe Erlösung aus der Individualität, der raumzeitlichen Bestimmtheit, den ursächlichen und dem Flufs der Lebenselemente eigenen Relationen, die das Subjekt der ästhetischen Anschauung gewinnt, auch dem Objekt derselben zukommt; in ihr heben wir den Gegenstand aus seinen Verflechtungen mit seinen Umgebungen, die nicht in eben diese ästhetische Anschauung mit eintreten, absolut heraus und wie er so seine Relativität verliert, so auch seine Individualität, die auch ihm nur vermöge der beziehenden Unterscheidung gegen andere, nur vermöge des Bestimmtwerdens durch Elemente aufserhalb seiner zukommt. Was aber so übrigbleibt oder entsteht, nennt Schopenhauer, mit Berufung auf Plato, die Idee des Dinges, die den eigentlichen Gegenstand der Kunst (auf die wir uns hier, als auf das gesteigertste Phänomen des Ästhetischen beschränken) ausmacht und deren Verdeutlichung die zentrale Schwierigkeit dieser Theorie ist.

Alle in Zeit und Raum wirklichen Einzeldinge besitzen

außer ihren kausalen und sonstigen, ihre Realitäten verbindenden Relationen noch eine Beziehung völlig anderer Art: wir empfinden oft, daß unzählige Individualerscheinungen nur ein Beispiel eines Allgemeinen sind, welches von dem Auftauchen und Verschwinden, dem Oft und Selten, dem Hier und Dort jener Wirklichkeiten nicht angetastet wird, sondern jenseits all dieses eine eigentümliche Bedeutung bewahrt, freilich aber von keiner einzelnen Wirklichkeit in voller, ungetrübter Reinheit dargestellt wird. Am entschiedensten — obgleich keineswegs ausschließlich — tritt dieser Gedanke den Organismen gegenüber hervor, deren Veränderlichkeiten und Entwicklungsmöglichkeiten es besonders nahe legen, daß sie einer vollendeten Form zustreben, die wie mit ideellen Linien in ihnen präformiert liegt. Dies ist keineswegs etwa der »allgemeine Begriff« der Dinge; ein solcher vielmehr ist nur die nachträgliche Zusammenfassung der Einzelerscheinungen, höchstens die intellektuelle Ausgestaltung jenes Ideales oder Urbildes; indem wir dieses aber mit einer besonderen Art von Anschauung in jedem einzelnen Dinge erblicken, erschöpft es sich in diesem einzelnen nicht, sondern bleibt in seiner eigentümlichen Bedeutsamkeit davon ganz unberührt, in welcher Vollständigkeit oder Gebrochenheit es durch die zufällige Verwirklichung hindurchleuchtet, wie häufig oder wie spärlich, wo und wann es zu einer solchen kommt. Indem wir in dem betreffenden Gegenstand nicht nur sein sinnlich unmittelbares Dasein, sondern die Idee wahrnehmen, die seinen Sinn und Bedeutung ausmacht, obgleich es sich ihr nur mehr oder weniger annähert — sehen wir in dem Gegenstand nicht mehr seine bloße Individualität, sondern ein und sein überindividuelles Wesen, dasjenige, was einer unbegrenzten, durch Raum und Zeit verbreiteten Anzahl von Einzeldingen gemeinsam ist, was in jeder ihrer differenzierten Gestaltungen, im Gegensatz zu dem nachträglich gebildeten, bloß logischen Allgemeinbegriff, als die immer gleiche, einheitlich-ideelle

Form versteckt und doch für den darauf eingestellten Blick anschaulich ist. Es gibt also Vorstellungsobjekte, welche, sozusagen formal, genau dem Subjekte der ästhetischen Vorstellung entsprechen. Dadurch, daſs wir den Gegenstand auf seine »Idee« hin ansehen, die zugleich sein innerstes Wesen und sein nie völlig realisiertes Ideal ist, entheben wir ihn ebenso seiner Einzelheit, der bloſsen Relativität seiner zeiträumlichen Stellung, der Verflochtenheit in das physische Sein — wie wir selbst, ästhetisch betrachtend, all diesem enthoben sind. Dies nun begründet für Schopenhauer den Schluſs — freilich nur durch eine Art von Indizienbeweis — daſs der Gegenstand unserer »ästhetischen Anschauung« eben diese »Idee« ist, dieses durch sie hindurchschimmernde Allgemeine, das wir zwar in dem Einzelnen schauen, das aber seinem Wesen nach gegen diese einzelne Konfiguration ganz indifferent ist. Ästhetisch betrachtend s e h e n wir in dem individuellen Ding sein Allgemeines — während wir es in dem logischen Allgemeinbegriff nur d e n k e n. Das Kunstwerk bedeutet: daſs der ideelle Kern, den die ästhetische Betrachtung in jedem Objekt erblickt, wie in einer Kristallisierung dargestellt wird, sich gleichsam seinen eigenen keinen fremden Bestandteil mehr tragenden Körper baut. Indem das Objekt durch das geniale Subjekt hindurchgeht und nur seinem Ideenwerte nach aus ihm wieder heraustritt, wird dieser Wert für alle anderen Subjekte um so greifbarer, begreifbarer; was dem Leib die animalische Nahrung leistet, indem sie nämlich schon assimilierte vegetabilische ist, das leistet, nach Schopenhauers Ausdruck, dem Geiste das Kunstwerk. Es müssen sich die gleichen Bestimmungen am Subjekt und am Objekt begegnen, damit es zu einer inhalterfüllten ästhetischen Anschauung komme, Bestimmungen, die in beiden Fällen sich zu widersprechen scheinen, aber — wie es sich noch weiterhin als der eigentliche Nerv der Schopenhauerschen Kunstlehre zeigen wird — gerade durch das Zusammentreffen des scheinbar Sich-Ausschlieſsenden

den entscheidenden Punkt festlegen. Es ist nämlich auf der einen Seite der Mensch wie der Gegenstand, wie sie beide zu und in der ästhetischen Anschauung zusammentreffen, von allem gelöst, was nicht sie selbst sind, aus allen natürlichen und historischen Zusammenhängen herausgehoben, die sie aus ihrem reinen, nur sich selbst ausdrückenden Wesen entfernen könnten. Diese Isolierung gegenüber dem Strom des Daseins, der das Subjekt wie das Objekt in ihrer sonstigen Wirklichkeit mit sich reißt, scheint die reine Individualität beider übrig zu lassen; die schlechthin unverwechselbare, auf sich allein ruhende Bestimmtheit jener beiden. Statt dessen aber läßt Schopenhauer diese Wandlung gerade ihre Individualität vernichten, läßt mit ihr gerade das singuläre Wesen in ein allgemeingültiges übergehen, läßt in diesem Prozeß ein Typisches, Generelles auftauchen, das unzählige Einzelwesen vertritt, von welchen letzteren jedes, insofern es auf seine **Wirklichkeit** hin angesehen wird, nur jetzt und nie wieder dasein kann. Es ist die höchste Zuspitzung des Fürsichseins und zugleich dessen vollkommenste Ablehnung, die den ästhetisch Anschauenden und seinen Gegenstand ergreifen — eine Antinomie, deren tiefe Wahrheit freilich jeder Augenblick eines vollkommenen ästhetischen Genießens uns fühlbar macht.

Ihre eigentliche Begründung hat Schopenhauer auf die Seite des Objekts beschränkt, für das er den Widerspruch durch eine besondere metaphysische Kategorie aufhebt. Das bisher dargestellte Weltbild enthielt zwei Elemente: die metaphysische Einheit des Willens, das Absolute des Seins auf der einen Seite, die einzelnen Erscheinungen auf der anderen, die durch unsere Bewußtseinsformen bestimmt und in gegenseitige Verbindungen durch Raum, Zeit und Kausalität gebracht sind. Allein innerhalb dieses fundamentalen Gegensatzes findet eine Tatsache noch keinen Platz: daß nämlich jene Einzelerscheinungen Gruppen mit wesentlich identischem Inhalt bilden, so daß sie intellektuell zu Begriffen zusammenzufassen sind, und, tiefer und weniger willkürlich, in ihrer Individualität als Beispiele jener »Ideen« erscheinen; die Natur bietet den Eindruck, als bestände eine gewisse Zahl von Grundformen oder Schöpfungsgedanken, die die Typen für die unzähligen, den Naturgesetzen gemäſs entstehenden und vergehenden Einzelphänomene bilden. Diese sind die schematischen oder prinzipiellen Möglichkeiten, die der metaphysische, das Dasein tragende Wille sozusagen vorfindet, um die singulären Wirklichkeiten der Dinge zu formen. Wenn in diesen letzteren überhaupt der Weltwille sich »objektiviert«, so sind jene typischen idealen Gestalten, in denen sie sich zusammenfassen, nach Schopenhauers Ausdruck, die Stufen dieser Objektivation, — Provinzen eines ideellen Reiches, deren jede für sich eigenartig charakterisiert und in der Realität durch unendlich viele Einzelwesen erfüllt ist, die jenen Grundcharakter ihres Typus deutlicher oder verhüllter, reiner oder gemischter tragen. Diese Objektivationsstufen des Willens bilden eine aufsteigende Reihe, — was übrigens mangels jedes Entwicklungsgedankens bei Schopenhauer keine wichtigeren Folgen hat — von der dumpfesten Art des Willens, sich in der den Erscheinungen zugängigen Sprache auszusprechen, der Materialität und der Schwere, über alle besonderen Stoff- und Formklassen der Natur hin bis zur Menschengattung; diese ist so mannigfaltig, daſs sich kaum die Ganzheit eines Menschen mit der eines anderen einer gemeinsamen Idee einordnet, sondern die Idee, zu deren Verwirklichung eine individuelle Persönlichkeit bestimmt ist, eigentlich nur von dieser einen einzigen erfüllt werden kann.

Die Ideen bilden so ein gewisses Mittleres zwischen dem transszendenten Willen und den empirischen Gegenständen, ein drittes Reich, dessen Realitätsgrad Schopenhauer undeutlich läſst — wie überhaupt erkenntnistheoretische Klarheit nicht seine Stärke ist. Vielleicht aber ist der geistige Ort, den er für dieses Reich meinen kann, durch einen Hinblick auf Plato einigermaſsen festzulegen. Die platonische Ideenlehre ging von der Entdeckung des Sokrates aus, daſs die Wahrheit, weil sie eine dauernde und objektiv gültige sein müsse, ebendeshalb nicht in den flüchtigen, unzuverlässigen, von Subjekt zu Subjekt wechselnden Sinnesbildern der Dinge gefunden werden könne, sondern in den Begriffen des Verstandes, die immer wieder auffindbar sind, und mit denen man wie mit festen Gröſsen rechnen kann. Und nun schloſs Plato weiter: Wahrheit einer Vorstellung bedeutet, daſs sie mit ihrem Gegenstand übereinstimmt. Der Gegenstand des Begriffs kann aber nicht das sinnlich wahrnehmbare Einzelding sein, da es wegen seiner oben angedeuteten Eigenschaften, die denen des Begriffs ganz entgegengesetzt sind, sich nicht zum Gegenbild für diesen eignet. Folglich muſs er ein anderes Objekt haben, ein unsinnliches, dem Zufall der Einzelexistenz enthobenes, in unveränderlicher Gültigkeit über den Dingen schwebend, wie der Begriff über den bloſsen Wahrnehmungen der Dinge. Dieses Objekt nennt Plato die Idee, welche also, auf ihren Ursprung angesehen, nicht eine metaphysische Wesenheit wäre, die dann zum Gegenstand unserer Begriffe würde, sondern deren Annahme nur der Forderung entspringt, daſs der Begriff, da er nun einmal das Wahre ist, einen Gegenstand haben müsse, der ihm durch seine Übereinstimmung mit ihm eben die Würde der Wahrheit verschaffe. Die Idee des Baumes oder der Schönheit entsteht ihm als metaphysische Realität, weil nicht in der sinnlichen Vorstellung eines Baumes oder eines schönen Menschen die wahre Erkenntnis ihres Wesens ruht, sondern in dem Allgemeinbegriff des Baumes und der Schönheit, und weil, damit dies möglich sei, doch ein ihnen entsprechendes, sie als Wahrheit legitimierendes Objekt vorausgesetzt werden muſs. Wie nun Plato ein Objekt für die Begriffe suchte, so Schopenhauer ein Objekt für die ästhetische Anschauung. Er empfand sehr wohl, daſs, wenn wir uns einem Gegenstand gegenüber ästhetisch verhalten,

8*

wir etwas anderes vorstellen, als wenn wir ihn wissenschaftlich oder praktisch ansehen. Er empfand es als das unvergleichliche Wesen des ästhetischen Objekts, daſs es einerseits ein völliges Fürsichsein bewahrt, gelöst von allen Verknüpfungen, Vermischungen, Bedingtheiten, mit denen die Wirklichkeit das Eigenleben der Dinge affiziert — daſs es aber andrerseits über die Einzelheit, das bloſse Für-Sich-Gelten des Individuellen hinausgreift; es erstreckt sich herrschend, normierend über eine Vielheit, aber innerhalb einer anderen Dimension, als das Neben- und Nacheinander, als die kausalen Reihen der Wirklichkeiten. Was wir also ästhetisch anschauen — indem äuſserlich ein bloſs Wirkliches vor uns steht — und dessen so charakterisierte Anschauung im Kunstwerk einen selbständigen Körper gewonnen hat, nennt Schopenhauer die Idee des Dinges, d. h. den als Anschauung lebenden Typus, die Formstufe, in deren Umrisse die Wirklichkeit, ihren Gesetzen des raum-zeitlichen Geschehens gemäſs, eine Unendlichkeit ihrer Geschöpfe gieſst. Diese Stufe selbst, — der Inhalt des ästhetischen Schauens, das Produkt des künstlerischen Bildens — ist schlechthin einzig, für sich bestehend, in ihrem Sinne gegen alles Vorher und Nachher und Daneben gleichgültig. Es mag eine endlose Zahl solcher Stufen geben, endlose Möglichkeiten, sie durch die Kunst zu deuten — aber jede kann es nur einmal geben, dieselbe zum zweiten Male würde mit dem ersten Male zusammenfallen; während die einzelnen realen Dinge, die gleichsam nach diesem Muster gebildet sind, in denen als ihre Wesensform jene Stufe der Willensobjektivierung lebt, in unermeſslicher Vielheit nebeneinander und nacheinander existieren. Die Forderung des ästhetischen Gebildes: selbstherrliche Einheit und Einzigkeit, verbunden mit überindividueller Gültigkeit und Normierungskraft für eine Unendlichkeit von Einzelnem — wird durch die metaphysische Konstruktion der Stufen eingelöst, in denen der Wille zu sichtbaren Gestalten wird, so daſs der ideale Sinn und Inhalt jeder Stufe nur einmal und in völliger Autonomie existiert, aber durch jedes der zahlreichen Gebilde, durch die die Natur diese Stufen verwirklicht, als ihr nur unvollkommen erreichtes Urbild für den ästhetischen — geniefsenden oder schöpferischen — Blick hindurchleuchtet.

Dafs die Idee, der Gegenstand der ästhetischen Anschauung, nicht in Zeit und Raum ist, könnte angesichts des Zeitverlaufs in Drama und Erzählung, angesichts der Raumdarstellung in der bildenden Kunst, ganz unbegreiflich erscheinen. Wenn Schopenhauer in Bezug auf die Unräumlichkeit des Ästhetischen sagt: »Nicht die mir vorschwebende räumliche Gestalt, sondern der Ausdruck, die reine Bedeutung derselben, ihr innerstes Wesen — ist die Idee und kann ganz dasselbe sein, bei grofsem Unterschied der räumlichen Verhältnisse der Gestalt« — so offenbart sich darin allerdings sein Abstand von der modernen Auffassung der Kunst, die er sonst vielfach antizipiert. Gewifs hat er für seine Kunstphilosophie ein intimeres Verhältnis zur Anschaulichkeit mitgebracht, als vielleicht irgend ein Philosoph vor ihm; allein der goethesche Klassizismus auf der einen Seite, die — trotz aller prinzipiellen Klarheit über den Gegensatz von Begriff und Idee — noch bestehende abstrakt-intellektuelle Färbung der Idee auf der anderen hinderten ihn an der rein artistischen Auffassung der Kunst, welche zwar eine weitere und metaphysische Ausdeutung durchaus zuläfst, aber nicht das Eingreifen dieser in den immanenten Zusammenhang des Ästhetischen, so wenig wie in den der Naturwissenschaft. Dennoch handelt es sich zwischen ihm und uns nur noch um eine genauere Differenzierung. Dafs die Räumlichkeit ein absolut **wesentlicher** Inhalt des Bildwerkes ist, läfst sich mit seiner Erhebung aus der realen räumlichen Bestimmtheit durchaus vereinen. Denn wenn auch der Raum im Kunstwerk ist, so ist doch das Kunstwerk nicht im Raume. Die Leinwand mit ihrem Farbenauftrag oder das Stück Marmor steht zwar im Raume. Aber der Raum, den das Bild darstellt, die räumliche Konfiguration der Gestalt, die den Inhalt der Plastik bildet — diese sind durchaus nicht realer Raum, sind durchaus nicht von den Grenzen umfaſst, die die Leinewand und den Marmor als Materienstücke im realen Raum umfassen und bestimmen. Mit dem Zeitbegriff steht es ersichtlich ebenso: die Zeit, in der das Drama verläuft, ist eine rein ideelle, und völlig damit verträglich, daſs es der Zeit als einer Form des realen Erlebens gänzlich entrückt ist. Der Raum und die Zeit, in denen wir l e b e n, umgeben jedes Ding und jedes Schicksal, machen es dadurch zu einer bloſs individuellen Existenz, geben ihm Grenzen von auſsen her. Das Kunstwerk aber hebt nur den reinen Inhalt jener heraus und stellt diesen ganz jenseits jeder Stelle, die ihm von einer Begrenzung durch Anderes kommen könnte. D e r Raum und d i e Zeit, die in einem Kunstwerk in die Erscheinung treten, werden also tatsächlich gar nicht von anderen Räumen und Zeiten begrenzt, sondern ein jedes von ihnen bildet seine Welt — die des betreffenden Kunstwerkes — für sich allein. Vom Standpunkt der Realität aus gesehen bleibt also das Kunstwerk völlig unräumlich und unzeitlich, auch wenn es selbst zeitliche und räumliche Bestimmungen einschlieſst, die aber nicht weniger als alle seine sonstigen in der Sphäre der Idee leben. Daſs Schopenhauer diese beiden Räume nicht unterscheidet: den Raum i n n e r h a l b des Kunstwerkes, der seiner Idee als Element zugehört, und den Raum um das Kunstwerk herum, von dem jener überhaupt nicht berührt wird — läſst ihn zu dem aussichtslosen Versuche greifen, den Raum aus dem Kunstwerk als etwas dafür Irrelevantes hinwegzudeuten.

Hier bedarf es also nur einer graduellen Ausdehnung seines Prinzips: der Einbeziehung von Zeit und Raum, jenseits ihrer Realitätsbedeutung, in jene ideale Welt — um Schopenhauers Diskrepanz gegen die moderne Kunstauffassung zu lösen. Eine tiefere aber besteht zwischen beiden in Hinsicht des allgemeinen G e g e n s t a n d e s der

Kunst. Mit großer Entschiedenheit lehnt er ab, was wir heute Naturalismus und Impressionismus nennen. Alle Nachahmung der Wirklichkeit habe mit Kunst nichts zu schaffen; man kann seine Argumente dafür so zusammenfassen, daß die bloße Nachahmung uns nur das gäbe, was wir ja so wie so schon haben, und daß ihr deshalb die Erlösung und der Übergang zu einer anderen Welt, die uns die Kunst schafft, nicht gelingen kann. Ebensowenig aber wie ein herausgeschnittenes Stück Natur könne eine Zusammensetzung natürlicher Elemente — die in der Wirklichkeit an viele individuelle Erscheinungen verteilt sind — den eigentlichen Gegenstand der Kunst ausmachen. Denn ein solcher Empirismus der Kunst würde seine eigene Voraussetzung unerklärt lassen: das Kriterium nämlich, nach dem unter den einzelnen, von der Natur dargebotenen Erscheinungen, die Auswahl der Teile getroffen werde, aus denen das Kunstwerk erwachsen soll. Auf den Wegen des Naturalismus und des Empirismus ist also das Wesen der Kunst nicht zu finden, weil sie nicht ein Gegebenes aufzunehmen und weiterzugeben hat, sondern einerseits durch das Gegebene gleichsam hindurchgreifend, von der Idee lebt, andrerseits die tieferen Schichten unseres Seins jenseits der bloß rezeptiven und erfahrungbildenden in Tätigkeit setzt.

So sehr nun mit alledem abgelehnt ist, daß die Kunst die Schleppenträgerin der Wirklichkeit sei, so ist dennoch ihre Autonomie im Sinne der modernen Auffassung damit noch nicht erreicht; denn es erhebt sich ihr Verhältnis zur »Idee« zu den vor aller Kunst gegebenen und bestehenden Objektivationsstufen des Willens doch als eine vielleicht nicht geringere Abhängigkeit. Niemand wehrt sich mehr als Schopenhauer dagegen, daß die Kunst einen »Zweck« habe. Und nun hat sie doch einen Zweck: die Idee darzustellen, von der ihr Reiz und Bedeutung kommt; denn solange wir im rein Ästhetischen bleiben, mag die Idee nur ein Name für den Gegenstand der Kunst sein; innerhalb des metaphysischen

Weltbildes Schopenhauers aber ist sie eine selbständige Wirklichkeit und die Kunst nur ein Mittel, sie darzustellen. Hätte die Menschheit etwa Formen zur Verfügung, die Idee adäquater auszudrücken, als durch die Kunst, so müſste Schopenhauer diese konsequenterweise für überflüssig erklären. Mag Kunst nicht anders denkbar sein, als indem die Ideen ihren Inhalt bilden — die eigentümliche Art, in der gerade die Kunst ihn formt, besitzt für das moderne Gefühl einen Wert und einen Sinn, der von dem Wert und dem Sinn dieses Inhalts unabhängig ist; wie vielleicht der Reiz des menschlichen Körpers ein ganz anderer oder minderer wäre, wenn er nicht der Träger einer Seele wäre, aber nun doch als dieses eigentümliche Gebilde einen Wert für uns hat, der bestehen bliebe, auch wenn die Seele sich etwa in anderen Gestaltungen viel adäquater ausdrücken könnte. Es ist sehr schwierig, bei zwei in der Tatsächlichkeit unbedingt verbundenen Elementen das Sonderrecht des einen herauszustellen, das er freilich nur in der Verbindung mit dem andern realisieren kann; aber es bleibt das Verdienst der Formel des l'art pour l'art, die Eigenbedeutung der Kunstform als solcher zu pointieren, gleichviel ob sie historisch, psychologisch, metaphysisch nur mit, vielleicht nur an andersartigen Bedeutsamkeiten besteht. Man mag mit Recht subjektiv ein l'art pour le sentiment, objektiv ein l'art pour l'idée fordern; jene erste Formel aber bezeichnet ein Drittes, das der Kunst erst ihr eigenes Reich zuweist, wie die Erkenntnis, wie die Religion, wie die Moral solche besitzen, so sehr jedes tatsächlich nur in der Verflechtung mit Werten auſserhalb seiner spezifischen Domäne in die Erscheinung treten mag. Die Idee hat ihre metaphysische Wirklichkeit, ohne Rücksicht darauf, ob sie ästhetisch erscheint, künstlerisch verkörpert wird; ruht nun der Wert der Kunst ausschlieſslich auf der Idee, die in ihr zum Ausdruck gelangt, ist sie, wie Schopenhauer will, in eben dem Maſse vollkommen, in dem sich die Idee in ihr reiner und vollständiger darstellt — so bleibt sie ein bloſses an sich indifferentes Mittel, und die Trennung ihrer Eigenbedeutung von allem, was nicht Kunst ist, ist trotz allem nicht gelungen. Auch nicht dadurch, daſs Schopenhauer ihr Wesen in die Form setzt, da alle Materie das schlechthin Einzelne, nur einmal Vorhandene sei, während die Form für eine Unendlichkeit von Wesen als die immer identische gelten kann. Denn nach dieser Ablösung der künstlerisch indifferenten Stofflichkeit der Dinge bleibt keineswegs die Form als der alleinige Bestand der Kunst übrig: sondern es gibt noch ein Drittes auſser Materie und Form; das, was man den Inhalt nennen kann. An einer menschlichen Erscheinung z. B. fällt für den Sinn der Kunst zunächst die Materialität fort; was dann noch besteht, ist freilich ihre Form, aber noch nicht die Kunstform ihrer, sondern die Form ihrer bloſsen Wirklichkeit, welche erst ihrerseits in die nun spezifischen Kunstformen der Malerei, der Plastik, bezw. der verschiedenen Stilisierungsarten zu gestalten ist. So liefert die Wirklichkeit, nach Abzug ihrer Materialität, dem Kunstwerk ihre Form, die für dieses und seine Gestaltungskräfte zum Inhalt wird. Und nun erst erhebt sich die eigentlich entscheidende Frage: ob die Darstellung dieses Inhaltes oder die Darstellung dieses Inhaltes den Sinn und Wert des Kunstwerkes ausmacht; ob die Umformung, die der Inhalt der Wirklichkeit erfährt, um Inhalt des Kunstwerkes zu sein, nur an der ihr gelingenden Verdeutlichung dieses an sich interessierenden Inhaltes ihren Zweck hat, oder ob sich an sie selbst ein Interesse heftet, das, obgleich nur an einen Inhalt anknüpfbar, doch von sich aus allein die Existenz der Kunst rechtfertigt. Diese Frage hat Schopenhauer nicht in solcher Schärfe aufgeworfen, aber er hat sie entschieden: so, daſs das Kunstwerk um seines Inhaltes — nämlich der Idee — willen besteht, daſs alles, was man das Funktionelle der Kunst nennen könnte: die Stilgebung, die Verwendung der technischen Mittel, der Ausdruck der künstlerischen Individualität, die Lösung der spezifischen, nur der einen und keiner anderen Kunst zufallenden Aufgaben — daſs alles dies sein Interesse nur von dem Interesse an der Idee zu Lehen trägt, die den jeweiligen Inhalt des Werkes bildet. Ich will eine Stelle anführen, die die ganze Unversöhnlichkeit seines Gesichtspunktes mit dem eigentlich artistischen kraſs beleuchtet. Der »eigentliche« Zweck der Malerei, sagt er, wäre die Auffassung der Ideen, wobei wir geistig in den Zustand des willensfreien Erkennens versetzt würden; auſserdem aber komme ihr noch eine »davon unabhängige und für sich gehende Schönheit zu, durch die bloſse Harmonie der Farben, das Wohlgefällige der Gruppierung, die günstige Verteilung des Lichts und Schattens und den Ton des ganzen Bildes. Diese untergeordnete Art der Schönheit befördert den Zustand des reinen Erkennens und ist in der Malerei das, was in der Poesie die Diktion, das Metrum und der Reim ist: nämlich nicht das Wesentliche, aber das zuerst Wirkende.« Es ist leider kein Zweifel: er hat damit einen erheblichen, vielleicht den erheblichsten Teil jener reinen, nur ihren inneren Gesetzen gehorsamen Kunstform als ein nur subjektiv wirksames Reizmittel denunziert; wogegen, wenn die Kunst wirklich als Kunst, als eine besondere Gestaltung der Daseinsinhalte, Selbstzweck ist, all diese »untergeordneten« Elemente gerade einen objektiven Wert haben und mit den nicht im gleichen Maſse sinnlichen Elementen zu der absoluten Einheit der künstlerischen Formgestaltung zusammengehen, aber keineswegs als deren Schrittmacher »für sich gehen«. Nachdem Schopenhauer die Selbstherrlichkeit der Kunst siegreich aller Unmittelbarkeit des Erlebens und allem begrifflich ausdrückbaren Inhalt abgerungen hat, beugt er sie nun doch zur Dienerin, wenn auch nur eines metaphysisch bedeutsamen Inhaltes herab.

Um diesen unversöhnlich auseinanderstrebenden Auffassungen der Kunst dennoch eine Einheit unterzubauen, ohne eine von ihnen aus ihrer Richtung zu biegen, müſste man zu einem Motiv greifen, das bei Schopenhauer allerdings anklingt, dessen volle Entfaltung sich aber durch seinen Pessimismus unterbunden zeigen wird. Vielleicht besteht nämlich doch zwischen den rein inneren artistischen Normen des Kunstwerkes und seiner Fähigkeit, einen Weltinhalt zu offenbaren, eine Harmonie; derart, daſs man nur jener immanenten Gesetzlichkeit des bloſs künstlerischen Interesses ohne jede andere Rücksicht und unabgelenkt nachzugehen brauchte, um schlieſslich auch den nicht-anschaulichen Sinn des dargestellten Inhaltes auf das Vollkommenste zu offenbaren, daſs beide Bestrebungen sich von einem gewissen Vollendungsmaſse an treffen, ohne daſs eine um der anderen willen ihrer eigenen Richtung untreu geworden wäre. An diesem Punkte kreuzen sich die letzten Probleme der verschiedenen Künste: die Aufgabe der Porträtkunst, ein malerisch wertvolles Ganzes zu schaffen, das doch zugleich das Modell völlig getreu darstellt — während es doch rein zufällig erscheint, ob die Wirklichkeit des Modells den Reizen und inneren Forderungen des malerischen Kunstwerks Raum gibt; der Doppelanspruch an das Gedicht, die Bedeutsamkeit, Anschaulichkeit und Gefühlswert seines Inhaltes vermöge der für sich lebenden Reize seiner Form und seines Klanges herauszuholen; die Aufgabe der Architektur und der Gerätkunst, die inneren Verhältnisse des Materials: Schwere und Biegsamkeit, Spannung und Starrheit, organische Struktur und Tragfähigkeit durch den Bau des Ganzen zur entschiedensten Nachfühlung und beruhigenden Ausgleichung zu bringen und dies nun in Formen, die rein als Oberflächengestaltung, als Licht und Farbenverteilung, als geometrische Struktur bedeutsam und für sich befriedigend sind, usf. Das tiefste Glück, das die Kunst bereitet, liegt in diesem überraschenden und sozusagen unverdienten Zusammenklang von Werten, die in der sonstigen Gestaltung und Auffassung der Welt beziehungslos auseinanderliegen; gegenüber der Zufälligkeit, mit der das unmittelbare Dasein die Wertreihen bald harmonisch, bald dissonierend verlaufen läfst, gewährt die Kunst die Ahnung und das Pfand dafür, dafs eine Notwendigkeit, freilich nur von diesem Blickpunkt aus sichtbar, sie dennoch in ihrer letzten Tiefe zusammenbindet. Diese äufserste Gefühlsbedeutung der Kunst, die ihren artistischen und ihren auf den Inhalt gegründeten Wert nicht nur vereint, sondern gerade in solche Vereinigung den ganzen Sinn der Kunst verlegt — zu dieser hat Schopenhauer sich nicht entschliefsen können, weil sie ein Moment positiven — sozusagen: synthetischen — Glückes an der Kunst enthält und dies mit dem radikalen Pessimismus nicht verträglich wäre. Das Glück, das uns von der Kunst kommen kann, darf ihm, wie alles andere Glück, nur negativen Sinn haben: es besteht ausschliefslich in der Befreiung vom Willen und seiner Qual. Infolgedessen mufs die blofse Konzentration des Interesses auf die reine Vorstellungsseite der Welt den ganzen Sinn der Kunst ausmachen, die Flucht in die einzige Welt, in die die Wirklichkeit, d. h. der Wille und das Leiden, nicht hineinreicht; indem wir uns von diesem letzteren abwenden, besteht in solcher Negation, solchem Frei-Werden, solchem Nicht-Mehr-Leiden das ganze Glück, das uns die an die Stelle der Willenswelt tretende Kunst gewähren kann. Dadurch wird verständlich, dafs Schopenhauer der Kunst kein synthetisches Grundmotiv zusprechen kann, aus der eine positive, von jener blofsen Abwendung vom Willen unabhängige Beglückung quellen müfste; ganz allein die Tatsache, dafs im ästhetischen Zustand der Inhalt der Dinge — im Unterschied gegen ihr Sein, das immer unser Willensinteresse engagiert — uns erfüllt, kann der Träger des ästhetischen Glückes sein, wenn es, als Glück, im blofsen Nicht-Wollen bestehen soll. Wie der pessimistische Absolutismus ihm die Gefühlsbedeutung des Wollens gefälscht hatte, indem er ihm den eudämonistischen Wert der Annäherungen an das definitive Ziel verbarg, so hat er ihm auch die spezifischen Bedeutungen der Kunst verborgen, die einen eudämonistischen Wert ganz über das bloße Verstummen des Willens hinaus entfalten.

Dennoch wäre es unrecht, in Schopenhauers Ästhetik, weil sie subjektiv auf die Alleinherrschaft des vorstellenden Bewußtseins, objektiv auf den reinen Ideengehalt der Dinge gegründet ist, einen Intellektualismus zu sehen. Es ist vielmehr von seinem Begriff der Kunst — dem vieldeutigsten Element dieser sonst so eindeutigen Philosophie — noch eine Auffassung möglich, die die Degradierung der Kunst zum bloßen Vortragsmittel für die Idee, als für das allein Wertvolle und Interessierende, doch einigermaßen mildert. Man kann dies so formulieren: das Wesentliche und Beglückende an der Kunst sei nicht nur, daß sie die Ideen ausdrückt, sondern daß sie die Idee ausdrückt. Diese beiden Motive gehen bei Schopenhauer nebeneinander her. In der Hauptsache klingt es so, als ob es nur auf das Bewußtwerden der Ideen ankäme, gleichviel auf welche Weise wir dazu gelangen; dann aber hört man doch heraus, es komme eben doch darauf an, daß die Ideen sich an sinnlichem Stoff, an einer Einzelerscheinung offenbaren. Er müßte zugeben, daß die Idee an und für sich nicht »schön« ist; schön vielmehr ist das Ding, das die Idee in einer gewissen Deutlichkeit und Vollständigkeit sichtbar macht, und zwar mehr oder weniger schön in dem Maße, in dem es diese Funktion besser oder schlechter ausübt, uns mehr oder weniger sicher zur Auffassung der Ideen veranlaßt. Was wir häßlich oder unkünstlerisch nennen, wäre dann ein Wesen oder ein Werk, dessen sich darbietende Erscheinung uns keinen klaren Blick in ihre Idee gestatten, in die Seinsstufe, zu deren Darstellung diese Erscheinung bestimmt ist. Diese negative Instanz des Häßlichen interpretiert vielleicht die fragliche Auffassung des Ästhetischen am klarsten. Daß die Schönheit doch nicht an der Idee haftet und die sinnliche Form der an sich indifferente Träger für sie ist, zeigt sich daran, daß umgekehrt das bloße Nicht-Dasein der Idee doch nichts

Häfsliches sein kann — häfslich ist nur das Sinnending, insoweit es der Idee entbehrt oder vielmehr insoweit es nach seiner Struktur und der unserer Seele es uns erschwert, die in ihm so gut wie in dem »Schönen« lebendige Idee wahrzunehmen. An und für sich müfste jeder Gegenstand genau so »schön« sein wie jeder andere, da es keinen gibt, der nicht das Beispiel einer Idee wäre; für einen Intellekt, der sich dieser objektiven Beschaffenheit der Dinge genau anpafste, wäre Kunst nicht nötig, ja, nicht möglich. Da nun aber unser menschlicher Geist ein unvollkommenes, zufälliges, variables Verhältnis zu den Ideen hat, so ersteht für ihn die Erscheinung des Schönen durch die Verschiedenheit des Mafses, in dem die Erscheinungen gerade ihm ihre Ideen offenbaren — denn für jenen absoluten Geist, dem alles gleichmäfsig schön ist, wäre ersichtlich nichts schön, weil Schönheit ihren Sinn verliert und unempfindbar wird, wenn sie an jedem Punkte des Daseins in absolut gleicher Höhe haftet. Wenn gewisse Tiere uns immer häfslich erscheinen, so beweist dies nicht den objektiven Mangel der Idee in ihrer Erscheinung, sondern meistens nur, dafs sie durch unvermeidliche Gedankenassoziationen uns Ähnlichkeit mit andern Gebilden aufdrängen — z. B. der Affe mit dem Menschen, die Kröte mit Kot und Schlamm — die uns an der reinen Auffassung des an sich auch ihnen zukommenden ideellen Wesens hindern. Es ist also ein eigentlich unvollständiger, äufserst leicht mifszuverstehender Ausdruck Schopenhauers, dafs die Kunst nur der Offenbarung der Ideen diene. Denn wäre das genau richtig, so würde das erreichte Ziel sich selbst illusorisch machen: wären uns alle Ideen der Dinge gleichmäfsig und restlos zugängig gemacht, und bedeutete dies die Schönheit, so würde es keine ästhetischen Wertunterschiede und also überhaupt keine ästhetischen Werte mehr geben. Was die Kunst leistet, ist konsequenterweise dies, dafs sie die Idee an einer Materialität, in einer Sondergestalt ausdrückt, die ihr noch einen gewissen Widerstand entgegensetzen, an denen das, was nicht Idee ist, nicht ganz verschwunden ist. Die Idee würde dann für die Kunst in demselben Sinne und derselben Bedingtheit bedeutsam sein, wie die seelische Beschaffenheit eines Menschen es für die geschlechtliche Liebe ist, die auf Grund jener entstanden ist. Diese Liebe mag ihre Wärme, ihren Sinn, ihre ganze Substanz von der Sympathie für jene Seele zu Lehen tragen, von der geheimnisvollen, erlösenden, beglückenden Reaktion auf ihr Dasein — dennoch würde sie als Liebe nicht oder nicht so bestehen, wenn die Seele nicht mit einem Körper verbunden wäre. Dieser Körper mag für sich allein durchaus keine erotische Anregung gegeben haben, ja er mag dem tiefsten seelischen Bedürfnis als ein Hemmnis, als ein eigentlich zu Überwindendes erscheinen, das den reinen Strahl der Seele bricht und überschattet — so scheint die Seele doch nur, indem sie sich in dieser trübenden Herabsetzung offenbart und die Durchseelung ihrer Hülle nie völlig erreicht, die spezifische Energie des Geliebtwerdens zu entfalten. Vielleicht ist dies ein sehr allgemeiner Typus des menschlichen Verhaltens: daſs das Interesse für ein Objekt ausschließlich einer bestimmten Seite oder Bedeutung desselben gilt, aber einer rein abgelösten, abzugslosen Darstellung dieser dennoch nicht gelten würde; vielmehr nur dem ganzen Objekt, in dem jener Wert sich in bloſser Mischung und nie ganz gelingender Durchdringung einer Materie, einer an sich interesselosen Realität darstellt. Auf diese Weise wäre es allerdings durchaus kein Widerspruch, daſs die Kunst ihren Wert und Sinn nur von den Ideen entlehnt, die sie an den Erscheinungen sichtbar macht, und dennoch dieser Wert nicht an den Ideen haftet, sondern nur daran, daſs eine Einzelerscheinung, deren greifbare Materialität an sich der Idee völlig fremd ist, von ihr durchdrungen ist. Dadurch erst wird die Kategorie des Schönen in der Kunst eine völlig originäre, auf keine Komponenten zurückführbare: denn sobald die Idee und die Einzelerscheinung auseinandertreten, ist an keiner von ihnen der ästhetische Wert auffindbar, den die erstere der andern mitteilt und den sie nur geben, aber nicht haben kann.

Es lohnte, das Schopenhauersche Prinzip zu dieser Formulierung zu bringen, weil es sich mit ihr als ein sehr reines Beispiel des eigentlich metaphysischen Denkens darbietet. Hier ist nicht mehr die Rede von einer tatsächlichen Beschreibung oder von einer psychologischen Analyse der Kunst, sondern von einer Deutung ihrer, die mit jeder solchen Behandlungsweise, so besonders oder so korrigierbar sie sei, zu vereinigen ist, weil die Kategorie, innerhalb deren die Metaphysik sich abspielt, sich mit denen der Wirklichkeit oder des seelischen Vorgangs oder der gesetzmäfsigen Geltung überhaupt nicht berührt. Wenn man von der Metaphysik gesagt hat, dafs sie Kunst sei, weil sie aus den Elementen des gegebenen Daseins Gebäude aufführe, die nicht mehr der Struktur dieses Daseins selbst, sondern den spontanen Forderungen eines blos idealen wirklichkeitsfremden Triebes entsprechen — so ist daran nur das Negative richtig, dafs sie wie die Kunst in einer ganz anderen Ebene liegt, als in der der Berechnung und der Analyse des Objekts; aber sie hat auch der Kunst gegenüber ihre Ebene für sich. So arm an selbständigen Kategorien ist unsere Seele nicht, dafs jedes Bild der Dinge, das nicht Wissenschaft ist, nur noch Kunst sein könnte. In der Metaphysik handelt es sich um die Reaktion einer individuell charakterisierten Intellektualität auf die Totalität des Lebens (die sich natürlich, wie hier, auch an Sonderproblemen ausdrücken kann). Solche Reaktion wird, weil sie dem Ganzen gilt, sich nur in der Form sehr allgemeiner Begriffe vollziehen: eine Hauptattraktion aller bedeutenden Philosopheme liegt gerade in der Spannung zwischen der persönlichen Leidenschaft, mit der das Leben, das Verhältnis der Seele zum Grunde der Dinge, der Wert des Wirklichen und des Unwirklichen gefühlt wird — und der kühlen Begriffsmäſsigkeit, der sublimierten Abstraktion, in der dieses Gefühl sich ausgestaltet. Die exakte Wissenschaft wie die Kunst fügen diese Elemente in anderen Kombinationen zusammen; jene ist zwar abstrakt-allgemein, aber nicht individuell; diese zwar individuell, aber nicht abstrakt-allgemein. Die Metaphysik allein sucht für eine individuelle — aber darum noch nicht subjektive — Stimmung die Ausgestaltung in begrifflichen Abstraktionen. Dahin gehört z. B. die Zurückdeutung alles Daseins auf Stoff und Form und die Ordnung aller Erscheinungen in eine ideelle Reihe, an deren einem Pole der bloſse Stoff ohne Form, am andern die reine Form ohne Stoff steht; dahin die Vorstellung einer absoluten inneren Einheit der Welt, derart, daſs der unversöhnliche Dualismus zwischen Räumlichkeit und Vorstellen nur jene Einheit wie in zwei Sprachen ausdrückt; dahin die Idee, der ganze Weltinhalt müsse sich sachlich und historisch an der logischen Selbstentwicklung der Begriffe darstellen lassen, da es doch derselbe Weltgeist sei, der in uns und in den Dingen auſser uns lebt und sich entfaltet. Dieser spezifisch metaphysischen Provinz gehört jene Deutung der Kunst zu: daſs ihr Wert ausschlieſslich in den Ideen, den zeitlos-typischen Schöpfungsgedanken liegt, die sie offenbart — daſs aber die Idee diesen ästhetischen Wert dennoch nicht in sich trägt, sondern ihn nur gewinnt, indem sie sich an einer einzelnen, gegenständlich anschaulichen und deshalb dem Wesen der Idee an sich heterogenen Existenz darstellt. Damit ist die Kunst weder vom Standpunkt des Künstlers noch von dem des Genieſsenden aus beschrieben oder erklärt, sondern ausschlieſslich von dem des Metaphysikers; es ist nur eine besondere Seite der Antwort, die eine Seele von besonderer Färbung und Empfindlichkeit auf den Gesamteindruck des Daseins gibt; sie drückt damit nur in den Begriffen ihrer allgemeinen Weltauffassung den Sinn und Wert aus, den diese besondere Art, in der das Sein sich darstellt, für sie besitzt.

Alle Motive dieser Kunstphilosophie erreichen ihre eigentliche Aufgipfelung gegenüber den Problemen der Musik. Es gibt für die Musik nicht das Gegenbild einzelner Dinge, deren tragende, wesenbildende Ideen durch die Werke der anderen Künste offenbart werden. Durch die Beziehung auf die Ideen behalten diese Werke immerhin noch einen Charakter von Einzelheit, weil die Idee, so sehr sie Form und Wesen einer unendlichen Zahl von realen Erscheinungen vorbildet, doch der Einheit des Seins gegenüber nur ein Einzelnes ist: in einer ganz endlosen Fülle von Darstellungsstufen bricht sich der einheitliche Strahl des Seins in dem menschlichen Intellekt. Und so sehr jedes Gedicht, jedes Gemälde, jedes Drama von der Vereinzelung eines Hier und Jetzt frei ist, so sehr es in der Form der Anschauung dieselbe Allgemeinheit besitzt, wie der Begriff in der Form des Denkens, so sehr es mehr ist, als die Umgrenztheit seiner Erscheinung — so bleibt es doch sozusagen von oben her gesehen ein Einzelnes, bleibt die Verkörperung **einer** Art, in der die metaphysische Unbedingtheit sich ausdrückt. Vermöge der Musik aber fühlen wir uns ganz unmittelbar dieser völligen Allgemeinheit eine Stufe näher gerückt, erlöster von der Besonderheit, in der die Einzelbedeutung der Worte, der Raumformen, der Ereignisse uns in jenen Künsten festhalten und die diese als eine nur **mittelbare** — nämlich durch die einzelnen Ideen vermittelte — Darstellung der Willenseinheit dokumentieren. Die Musik aber übergeht die Ideen, sie bringt die innerliche Absolutheit des Lebens nicht mehr in eine Sonderform, **sondern stellt sie unmittelbar dar.** Sie ist ein Abbild des Willens selbst, der das Sein ist, seiner Flutungen und seiner Ebben, seiner Abirrungen und Sich-Zurückfindens, seiner Dissonanzen und seines rastlosen Strebens zur Lösung und Erlösung. Sie drückt in ihrer Sprache ganz vollständig aus, was die ganze übrige Welt vermittels der in die Form der Ideen gegossenen Erscheinungen ausdrückt: das innere Wesen des Willens, und zwar hier, bevor es zu Einzelgestaltungen erstarrt ist; nicht diese oder jene Freude, dieses oder jenes Leid, dieses oder jenes Entzücken oder Grauen; sondern die Freude oder das Leid, den Jubel oder das Entsetzen, den Kampf oder die Ruhe schlechthin, das Wesentliche des Seins, das Wille ist, ohne alles Beiwerk, daher auch gelöst von den einzelnen Motiven, die diese oder jene Äußerung des Willens veranlassen. Daher denn auch, wenn zu irgend welchen Worten oder Szenen, Handlungen oder Umgebungen eine passende Musik ertönt, sie uns den geheimsten Sinn jener aufzuschließen scheint, das Unbedingte und Allgemeine, das sich in jenen nur einseitig besondert hat. Aber freilich ist auch sie nur ein Bild jener innerlichsten Wirklichkeit, in der der Rhythmus des metaphysischen Seins überhaupt auch durch uns pulsiert; sie ist das Vollständigste, Fundamentalste, Allgemeinste aller Wirklichkeit, aber fern von dieser Wirklichkeit selbst — der Sinn und die Lebensform des Seins, aber ohne das Sein selbst und darum ganz fern von seiner Qual. Darum bleibt sie auch in ihren schmerzlichsten Dissonanzen und melancholischsten Melodien noch erfreulich; weil sie nur das Allgemeinste, das unbedingt Tiefe ausdrückt, entfernt sie den Geist mehr als irgend eine andere Kunst von allem Kleinlichen, Engen, Trüben. Weil sie das Absolute bietet, in das Jeder nur nach dem Maß seines eigenen Seins hinuntertaucht, kann Schopenhauer sagen, daß während des Anhörens einer großen Musik ein Jeder deutlich fühlt, was er wert ist und was er wert sein könnte. Wenn die Musik aus ihrem eigensten Gebiet alles Lächerliche ausschließt, ihr vielmehr auch in ihrer Heiterkeit der Ernst wesentlich ist — so ist dies, weil ihr Reich nicht mehr die Vorstellung ist, in Hinsicht auf die Täuschung und Lächerlichkeit möglich ist; sondern ihr Gebiet, das nicht mehr gebrochene Urbild des Bildes, das sie ist — ist unmittelbar der Wille selbst, der das Allerernsteste ist, weil von ihm das ganze Leben abhängt.

Vielleicht ist dies die tiefsinnigste Deutung, die die
Musik je gefunden hat. Was man an den einzelnen psychologischen Wirkungen der Musik ansatzweise, fragmentarisch
empfindet: daſs hier ein seiner Art nach einziges Gebilde
vorliegt, gegen das alle andere Kunst, auf den letzten Zweck
und Sinn aller Kunst überhaupt angesehen, als ein Versuch
mit untauglichen Mitteln erscheint — das hat hier seinen
reinsten, typisch metaphysischen Ausdruck gefunden. Denn
die psychologische Wirklichkeit der Musik wird
hiermit durchaus nicht beschrieben. In dieser vielmehr
ist die Einzigkeit der Musik den anderen Künsten gegenüber doch wohl nur etwas Relatives, durch Übergänge
Vermitteltes. Vor den altfranzösischen Kathedralen und
Giorgiones Madonna von Castelfranco, vor Hamlet und
Fausts Verklärung empfinden wir kaum weniger, daſs alle
Einzelheiten der Mittel, in denen das letzte Geheimnis des
Daseins sich gestaltet, von der Unmittelbarkeit seines Sich-
Gebens überwunden sind, als wir es vor einer Kantate von
Bach oder dem Fis-moll-Quartett oder dem Tristanvorspiel
empfinden. Aber hier, wo es sich um den Sinn der Musik
handelt, ist es ganz gleichgültig, ob deren einzelne Wirklichkeiten ihren spezifischen Wirkungen nach sich mit denen der
anderen Künste treffen — wie etwa die Religion ihrer metaphysischen Bedeutung nach ihren Abstand gegen alle anderen
Stufen des Seins und der Seele darum nicht weniger wahrt,
weil Bruchstücke dieser Bedeutung auch in die psychologischen
Erscheinungen der Liebe und des Patriotismus, der Kunst
und der Moral eingewebt sind.

Daſs die Musik die Ideen »übergeht«, d. h. nicht durch
Darstellung eines einzelnen Dinges oder Geschehens die in
ihm verborgene Idee zur ästhetischen Offenbarung bringt,
sondern unmittelbar das Ganze des Seins in die Kunstform
bildet — erscheint mir durchaus nicht unbestreitbar. Es
lohnt sich, darauf im prinzipiellen Interesse einzugehen, um
den Wert der metaphysischen Deutung selbst für den Fall

zu wahren, daſs ihr Inhalt vom Standpunkt der Empirie aus geleugnet wird. Den Ansatzpunkt der Musik sehe ich in den melodischen und rhythmischen Elementen der Sprache, die, wie namentlich die Beobachtung an unkultivierteren Stämmen zeigt, durch gewisse Affekte — religiöse, kriegerische, erotische — gesteigert werden, so daſs vermöge dieser die Sprache in Gesang übergeht. Der so entstandene Gesang ist nicht Kunst, sondern eine rein naturhafte Äuſserung, wie der Schrei, er gehört dem unmittelbaren Sein des Menschen an und ist noch nicht die gelöste, zu einem besonderen Gebilde kristallisierte Form des Seins, die Kunst ist. Aber er reicht aus, um bestimmte Gefühle, ihre Entwicklungen und ihren Wechsel an die Tonvorstellungen zu knüpfen, an absolute und relative Höhen derselben, an ihre Rhythmik, ihre Dynamik, ihre Färbung. Wie nun das Werk der bildenden Kunst sich zu dem Stück der anschaulichen Wirklichkeit verhält, das sie, wie man sich ausdrückte, »nachahmt«, d. h. aus dem sie seine bedeutungbildende Form herausgestaltet — so verhält sich die Musik als Kunst zu jenem bloſs wirklichen, bloſs natürlichen Gesang, in den der Affekt ausströmt. Sie ergreift die formal-sinnliche Seite dieses Vorganges und gestaltet aus ihr, nach immanenter Gesetzlichkeit, in unendlichen Verfeinerungen, Komplikationen, Steigerungen das musikalische Kunstwerk, derart, daſs der eigentliche Sinn, die typische Bedeutung der bloſs tatsächlichen Verknüpfung von seelischem Vorgang und Tonäuſserung rein und von jeder Zufälligkeit der einzelnen Veranlassung gelöst hervortritt. Diese Verknüpfung, auf unberechenbare Zeiten ferner und ganz tief gelegener physisch-psychischer Korrelationen zurückgehend, vermittelt die Gefühlsreaktion auf das musikalische Kunstwerk, die dessen »Verstehen« bedeutet. Freilich ist die Realität solcher Verknüpfung zwischen Gefühl und Laut wegen ihrer Dunkelheit, ihres fragmentarischen Wesens, ihres Zurücktretens in höherer, differenzierter Kultur nicht so ohne weiteres aufzeigbar, wie das Modell einer Statue oder der erotische Vorgang, dessen Erschütterungen in einem Liebesgedicht ausklingen. Aber darum ist sie nicht weniger die natürliche Wirklichkeit, deren »Idee«, in der inneren Logik und der Bedeutsamkeit der Gefühlsabfolgen und ihrer hörbaren Versinnlichung bestehend, in der Musik als Kunst herausgehoben und durch deren Selbstgenugsamkeit und Formenreinheit eindringlich offenbart wird. Mag man der Musik diese hier ganz flüchtig skizzierte oder eine andere psychologische Genesis geben und sie solcher gemäfs in die Reihe aller anderen Künste einstellen, so ist damit der metaphysischen Dimension noch nicht der Raum genommen, in die jene garnicht eingreift. Sollte die Musik auch eine »nachahmende« Kunst sein und an der »Idee« einer einzelnen Wirklichkeitsverknüpfung ihren Inhalt haben, — sie kann aufserdem das Ganze des Lebens in der Art, die Schopenhauer will, zu ihrem Objekt machen — wie wir manchmal einem Menschen, den wir lieben, gegenüber das Gefühl haben, dafs unsere ganze Seele seine ganze Seele umfafst, obgleich es aussprechbarer Weise immer nur einzelne Beziehungen sind, die uns ihm verknüpfen und aufserhalb deren noch eine grofse Zahl anderer Interessen, Gedanken, Empfindungen steht, die doch auch zu »unserer Seele« gehören. Oder wie die religiöse Metaphysik dadurch nicht irritiert wird, dafs eine heilige Persönlichkeit nicht auf exzeptionelle Weise erzeugt ist oder ihre Taten nicht als Wunder den Naturlauf durchbrechen; jene kann darum doch, auf den metaphysischen Sinn ihrer Existenz angesehen, als Sohn Gottes gelten und der Sinn ihrer Taten kann alle Naturverkettung ebenso überragen, wie der Sinn eines Satzes die psychologischen Ursachen seines Auftauchens. Den Reichtum der Struktur in den Bewegtheiten unseres Geistes begreift man erst, wenn man die Autonomie dieser mannigfaltigen Schichten statuieren lernt, deren jede dem gleichen Inhalt eine andere Bedeutung, einen anderen Wahrheitswert, eine andere Verknüpfungsart gewährt. Jenseits aller der vielfachen Arten, die Musik psychologisch herzuleiten und ästhetisch einzuordnen, bleibt das Recht bestehen, sie in der metaphysischen Ordnung — die eben den Eindruck des Seins auf eine ganz individuelle Seele in den allerallgemeinsten Begriffen formuliert — als das Bild des absoluten Weltschicksals anzusehen, von dem sie in jenen Ordnungen nur einen relativen Teil ausmacht.

Um so gewichtiger aber erhebt sich nicht nur der Philosophie der Musik, sondern der gesamten Schopenhauerschen Ästhetik gegenüber die Frage, wie weit sie sich mit dem Pessimismus seiner allgemeinen Weltanschauung verträgt. Wie kann die reine und tiefe Erkenntnis der Dinge die das Wesen der Kunst ist, uns beglücken, wenn das Erkannte selbst nichts als Qual ist? Denn ihr Objekt ist doch nicht nur das Seelenlose der bloſs räumlichen Anschauung, von dessen Verselbständigung und Herauslösung aus allen Verflechtungen des bewegten Lebens allerdings die Befreiung von allem Willen und Leiden am entschiedensten zu erwarten wäre; so daſs die moderne Deutung aller bildenden Kunst als Darstellung und Klärung der Raumgebilde uns tatsächlich vor allem Hineingezogenwerden in das Dunkle und Fragwürdige der Innerlichkeit der Dinge am entschiedensten sichert und der ästhetisch gestaltenden Seele die gröſste Freiheit ihren Objekten gegenüber, weil keine eigene Seelenhaftigkeit ihrer unser Schalten mit ihnen präjudiziert. Allein die Künste haben doch jenseits der bloſs optischen und akustischen Anschauung auch noch das Ganze und Innere des Lebens zu ihrem Gegenstande und Schopenhauer zieht daraus so vorbehaltlos den für ihn konsequenten Schluſs, daſs er aus der Tragödie das optimistische Moment der »poetischen Gerechtigkeit« völlig streicht und in ihr ausschlieſslich den Schmerz und den Jammer der Menschheit, den Triumph der Bosheit und den Fall des Groſsen und Gerechten dargestellt sieht. Tatsächlich klafft bei dieser Auffassung zwischen dem

Charakter des Inhalts und dem Genuſs an seiner Darstellung
ein Spalt, den Schopenhauer nicht überbrücken kann und der
ihn bewegt, diesen Genuſs zu streichen und die Wirkung
der Tragödie ausschlieſslich ins Moralische zu setzen, in die
Resignation und innere Befreiung von einer Welt und einem
Lebenswillen, die derartige Früchte zeitigen. Wo nun aber
die Darstellung der Szenen und der Empfindungen des Lebens
tatsächlich zu ästhetischem Genuſs wird, bleibt der psychologische Widerspruch bestehen, daſs jene Inhalte für uns um
so furchtbarer sind, je tiefer und wahrer sie erkannt sind —
und daſs diese Erkenntnis gerade in demselben Maſse ästhetisch genuſsreicher ist. Man kann diese Schwierigkeit in
Schopenhauers Sinne wirklich nur so lösen, daſs die reinen
Inhalte der Dinge, als solche vorgestellt, nichts von der Qual
enthalten, die von eben denselben, wenn sie sind und als
seiend vorgestellt werden, unabtrennbar ist. Die Logik würde
sich hiergegen sträuben. Das seiende Ding kann qualitativ
absolut nichts anderes, nichts mehr enthalten, als das bloſs
vorgestellte, denn sonst würde nicht dasjenige, was man vorgestellt hat, sondern ein anderes existieren; nach dem bekannten
Beispiel Kants: hundert wirkliche Taler enthalten nicht einen
Groschen mehr als hundert gedachte Taler. Dennoch hat jener
Schopenhauersche Standpunkt eine psychologische Wahrheit
und Tiefe, die durch diese logische Überlegung nicht berührt
wird. In Wirklichkeit erregt ein Gedankeninhalt, dinglicher,
schicksalsmäſsiger, personaler, naturhafter Art, in den man
sich versenkt, eine gewisse Gefühlsreaktion, die sich sogleich
qualitativ ändert, wenn man eben diesen Inhalt als real vor-
stellt. Dies ist nicht nur eine graduelle Verstärkung jener
Reaktion auf das reine ideelle Bild des Inhalts; die Kategorie
des Seins, der einfachste und, wenn man will, rätselhafteste
von allen Aspekten, unter denen sich uns Inhalte darstellen,
ändert zwar logisch an solchen Inhalten nichts, psychologisch
aber sehr viel, und zwar nicht nur entsprechend dem nach
Kant allein vorhandenen Unterschiede zwischen hundert

möglichen und hundert wirklichen Talern, nämlich dem Unterschied »in meinem Vermögenszustande«, sondern als etwas Objektives, ganz abgesehen von dem Einfluſs, den eine Wirklichkeit — aber nicht der bloſse Gedanke ihres Inhalts — auf meinen Zustand ausüben mag. Gewiſs erschüttert uns Grausiges und Trauriges, das durch unser Bewuſstsein geht, auch wenn wir zugleich wissen, daſs es bloſs gedacht und unwirklich ist. Aber es ist eine Erschütterung ganz anderer Art — nicht immer eine stärkere — die uns von eben demselben kommt, wenn wir zugleich wissen, daſs es wirklich ist. Und an die Differenz zwischen diesen beiden knüpft sich der Pessimismus. Jene Kategorie des Seins, die logisch den Inhalt der Dinge um nichts verändert, läſst diesem Inhalt die absolute Negativität des Wertes zuwachsen. Denn daſs die Welt ist, das ist eben der metaphysische Wille, der, weil er frei ist — denn er hat nichts auſser sich, das ihn bestimmen könnte — alles Sinnlose und Verderbliche der Welt zur Schuld macht. Es wäre ein plumpes Miſsverständnis dieser Lehre, wollte man sie für etwas ganz selbstverständliches erklären, da wir ja freilich nur das Seiende fühlen können, also ein Leiden natürlich nur an einer Wirklichkeit stattfinden kann, nicht aber an dem bloſsen Bild der Dinge, das sozusagen nicht an uns rühren kann. Denn dies letztere ist nicht richtig. Auch die erdichtete Geschichte »rührt« uns, mit einer Gefühlsreaktion, in der auch das Leiden anklingt, antworten wir auch auf die Vorstellung des bloſsen Inhaltes der Dinge. Nur daſs dieser Reaktion der Ton von — sozusagen — Unversöhnlichkeit fehlt, der eigentlich über aller Wirklichkeit liegt, das schmerzhaft Unwiderrufliche des Seins. Die Kunstform mag nun aus dem rein vorgestellten Inhalt der Dinge noch das hinwegläutern, was auch ihm noch an Leidensreaktionen zukommt, und so kann die logische Bedeutungslosigkeit der bloſsen Seinsform es Schopenhauer nicht verwehren, in der Kunst die Befreiung von den Leiden zu erblicken, die ihrem Inhalt, sobald er ist, unvermeidlich sind. Nur darüber wird Streit sein können, ob diese reine Negativität, dieses Nicht-Fühlen des Leidens am Sein wirklich den psychologisch unbestrittenen positiven Genuſs an der Kunst ausmachen kann — selbst auf dem Boden der Schopenhauerschen Auffassung vom Glücke als dem bloſsen Aufhören eines Leidens, dem bloſsen Ausfüllen einer Lücke, dem bloſsen Nicht-Mehr-Sein eines Begehrens.

Es gibt eine einzige Zeile bei Schopenhauer, die die empirisch unleugbare Positivität des ästhetischen Glücksgefühles allerdings aus der bloſsen Negativität der verschwundenen Qual herzuleiten gestattete. Er sagt einmal, im Reiche der Kunst wären wir nicht nur dem wirklichen Leiden, sondern sogar der »Möglichkeit« eines solchen enthoben. Denn dieses Reich freilich kann, seinem Grundgesetz nach, keinem wirklichen Leiden — höchstens dem bildartigen Reflex desselben — Raum geben, weil es den Willen, den Sitz jeglicher Qual mit logischer Notwendigkeit ausschlieſst. Und solche Unmöglichkeit des Leidens ist allerdings etwas anderes, ist von qualitativ anderer Gefühlsbedeutung, als seine bloſse Unwirklichkeit. Wenn das Leben in der Realität uns auch Ruhepausen seiner Schmerzen gewährt, so steht hinter ihnen immer die Gefahr, daſs die Qual von neuem hervorbricht, wir empfinden in dem dunkeln Fundamente dieser momentanen Erlösungen ihre Zufälligkeit und daſs dieselbe gleichgültige Gesetzlichkeit, die sie herbeiführt, im nächsten Augenblick, sozusagen ohne einer prinzipiellen Wendung zu bedürfen, uns wieder mit dem vollen Maſs der Schmerzen überschütten kann. Daſs keinerlei Verkettung innerhalb der ästhetischen Welt ein solches Glied enthalten kann, daſs wir jener Zufälligkeit prinzipiell in ihr nicht preisgegeben sind, mag allerdings ein Gefühl von Ruhe und Erlöstheit geben, das, obgleich es inhaltlich sich doch auch nur in der Negativität des Leidens hält, der Seele eine viel tiefere, überhaupt anders gerichtete

Reaktion entlockt, wie das bloſs tatsächliche Freisein von Schmerzen. Was auf dem Gebiete der Intellektualität die Kausalität, als die innerlich notwendige Verknüpfung der Ereignisse, noch von der bloſs regelmäſsigen, zeitlich tatsächlichen Folge ihrer unterscheidet, obgleich jene praktisch auch nichts anders kann, als diese garantieren — dieser Unterschied herrscht hier auf dem Gebiet der eudämonistischen Gefühle.

Allein Schopenhauer scheint das prinzipiell Neue und fruchtbar Tiefsinnige seines eigenen Gedankens hier garnicht bemerkt zu haben. Er verflicht das Glück der Kunst gerade wieder in die Reihe der gelebten Wirklichkeit, der er es mit jener Bemerkung enthoben hatte, indem er es mit dem Glück des Schlafes vergleicht. Dabei aber bleibt die unableugbare qualitative Differenz dieser beiden Glücksformen völlig dunkel und ist aus dem Prinzip selbst nicht zu erklären. Alles Glück mag seinem inneren Wesen nach etwas nur Negatives sein: die Unterschiede innerhalb seiner, die nicht nur quantitative sind, nicht nur als Mischungsformen mit dem Leiden entstehen, bedürfen positiver Ursachen — für die das pessimistische System keinen Raum gibt. Und, wie typischer Weise die Versagung einer relativen Konzession zur Folge hat, daſs diese nachher in viel höherem, ja, in absolutem Maſse gemacht werden muſs — so enthält jene Leugnung einer spezifischen und positiven Beglückung durch die Kunst eigentlich einen nach zwei Seiten hin höchst gesteigerten Optimismus. Zunächst diesen: daſs es schon genügt, nicht unglücklich zu sein, um glücklich zu sein. Es ist oft das Verhängnis radikaler Deduktionen, daſs sie das positive wie das negative Vorzeichen gleichmäſsig vertragen. Daſs das Glück nichts anderes ist als das Aufhören des Leidens ist der tiefste Pessimismus; daſs das Aufhören des Leidens schon Glück ist, ist der höchste Optimismus. Welche dieser Stimmungen also durch jene Behauptungen legitimiert wird, hängt ersichtlich nicht von der Behauptung selbst, sondern von der von vornherein mitgebrachten Stimmung ab. Und zweitens: dafs die Welt ihrem Inhalte, ihrer reinen Vorstellungsseite nach absolut befriedigend, beglückend, ästhetisch vollkommen ist — das scheint mir ein Optimismus zu sein, der dem Pessimismus über ihr Sein die Wage hält. Wenn die als unwirklich gedachte Welt nicht mehr die Sinnlosigkeit, den Widerspruch, die Verzweiflung der wirklichen in sich trüge, sondern völlig freudlos und leidlos wäre, für unser Schicksal so gleichgültig, wie für den Lauf eines Stromes die Bilder der Wolken, die durch seinen Spiegel ziehn — so wäre dies mit dem radikalen Pessimismus verträglich; dafs aber die Weltinhalte über die Indifferenz hinaus uns beseligen, und um so tiefer, je wahrer der Spiegel der Kunst sie zeigt — das ist eine schlechthin beglückende Struktur der Welt, und zwar ein Reichtum an Glück, gegen den der Pessimismus des Weltseins, selbst in seinem ganzen Radikalismus zugegeben, als etwas Armes und sozusagen Dimensionsloses erscheint.

In solchen Optimismus schlägt der Schopenhauersche Pessimismus allenthalben um; an einer entscheidenden Stelle formuliert er eines seiner Grundmotive so: »Ohne Ruhe ist kein wahres Wohlsein möglich.« Es kann kein Zweifel bestehen, dafs er dies auch positiv meint: Ruhe wäre Wohlsein. Man braucht nicht allzutief zu graben, um auf die Fehlerquelle für diese Behauptung zu stofsen. Allerdings gibt es kein Wohlsein, das nicht eine »Ruhe« zur Voraussetzung hätte: nämlich die Ruhe von bestimmten Dingen und die Ruhe zu bestimmten Dingen. Die Strafse des Glücks läuft zwischen Mauern, mit deren Einsturz es tausend störenden und zerstörenden Angriffen von allen Seiten ausgesetzt wäre. Allein indem jene Behauptung aus der relativen und als Schutz wirkenden Ruhe die absolute, die Ruhe schlechthin macht, nimmt sie dieser gerade diejenigen Bestimmungen, auf die hin sie zur Bedingung des Glücks wurde. Wenn die Ruhe nicht das blofse Fernhalten von Störungen des Glücks bedeuten, sondern selbst schon dessen Substanz ausmachen soll, so ist dies ein empirischer Irrtum, den im Kleinen die enttäuschende Lebensleere und Langeweile so vieler Rentiers zeigt, die von der Befreiung von den Geschäften mit ihrer Arbeit und Sorge das vollkommene und positive Glück erhofft hatten. Soll nun aber dennoch unter Ablehnung solcher empirischen Instanzen der Satz von dem Glück der reinen Ruhe gelten, so basiert er auf einem absoluten Optimismus: wir müssen dann nämlich von selbst, ohne jede Zutat und Anregung von aufsen, glücklich sein — denn sonst würde das blofse Wegfallen der Störungen uns nimmermehr zu einem Glücksgefühl verhelfen; das Glück erscheint hier mit dem Wesen unserer Existenz solidarisch verbunden, aus den eignen Tiefen dieses gleichsam parthenogenetisch aufsteigend, das Produkt oder die Daseinsform der Seele selbst, die unmittelbar in die Erscheinung tritt und von unserem Bewufstsein Besitz ergreift, sobald dieses nur nicht von anderen Einflüssen gestört und abgelenkt ist — genau wie die Weltinhalte nur ihrem wahrsten Inhalte nach, nämlich ästhetisch, erkannt zu werden brauchen, um uns zu beglücken. Dafs die Ruhe als solche Glück ist, bedeutet einen radikalen Optimismus, in den der Pessimismus übergeht und von dem die Lehre vom Glück der Kunst vermittels der blofsen Befreiung vom Willen nur einen speziellen Fall darstellt.

Ja, nicht nur einem Optimismus, sondern auch dem von ihm verpönten Realismus, der die Kunst der blofsen Wirklichkeit untertan sein läfst, gibt sein Prinzip Raum. Denn indem die ganze subjektive, eudämonistische Bedeutsamkeit der Kunst in das Freisein von der Wirklichkeit gesetzt wird, wird sie von dieser dennoch abhängig, wenn auch mit negativem Vorzeichen. Sie wird hier, wie beim Realismus, von der Wirklichkeit aus gesehen. Die Kunst lebt hier sozusagen auf dem Verschwindepunkt des Wirklichen, aber nicht jenseits seiner, die Realität ist in unseren ästhetischen Zustand hineingezogen, wie unsere Feinde und Diejenigen, denen wir zu begegnen vermeiden, in unser Leben hineingezogen sind. Solange er die Kunst nur von ihr selbst aus betrachtet, gibt er ihr die Reinheit und Selbstgenügsamkeit einer in sich geschlossenen Welt, die ihre Werte und Bedeutsamkeit ausschliefslich in ihrem eignen positiven Sinne und Normiertheit findet; sobald nun aber sein Pessimismus die Kunst zwingt, ihre Reize ausschliefslich aus der Abkehr von der Wirklichkeit zu schöpfen, verliert sie jene Souveränetät, verdankt sie sich nicht mehr sich selbst. Die blofse Nichtwirklichkeit im negativen Sinne, in der sie lebt, und die ein Jenseits der ganzen Frage vom Sein und Nichtsein bedeutet, wird durch eine typische Denkirrung zu einer Nichtwirklichkeit, als einem positiven Verhältnis der Abkehr, einem wissenden Nicht-Wissen-Wollen, wird zu dem Verhältnis der Befreiung von einer Welt, zu der sie doch ursprünglich jedes Verhältnis überhaupt abgelehnt hatte.

Es bleibt immer die gleiche Schwierigkeit auf dem Grunde des Schopenhauerschen Denkzusammenhanges: dafs er das Prinzip des Pessimismus um jeden Preis mit anderen Denkmotiven verschmilzt, die einer anders gerichteten Einsicht oder Instinkt in ihm entstammen. Aus dem wesentlich stimmungsmäfsigen Element des Pessimismus steigen in seine mehr intellektuellen Ideengänge Motive auf, die diese verhindern, sich zu ihren reinen und vollständigen Konsequenzen zu entwickeln. Und dies wird schliefslich noch an einer Möglichkeit der Kunstausdeutung bemerklich, die an sich geeignet wäre, über die oben erörterte Schwierigkeit hinauszuführen, und die bei ihm an verschiedenen Stellen, aber nur in der Form der Andeutung, auftritt. Wenn es die subjektive Bedeutung der Kunst ist, uns des Wollens zu entheben und uns statt dessen in das Gebiet der in ihrer Reinheit erfafsten Idee zu versetzen — so verschwindet damit nicht nur das Leiden, sondern auch das Glück, das nicht weniger als jenes in der Domäne des Willens wurzelt. Dieser Konsequenz entzieht sich Schopenhauer auch nicht: »Weder Glück noch Jammer wird über jene Grenze mit hinübergenommen.« Aber nicht nur weiſs er nicht mit Klarheit zu bezeichnen, was nun noch an subjektivem Werte der Kunst verbleibt, noch vermeidet er es, unzählige Male von den Beglückungen durch die Kunst zu sprechen. Es gibt tatsächlich einen Gefühlswert des ästhetischen Zustandes, der nicht Glück ist, aber auch nicht das bloſse Befreitsein vom Leiden, sondern ein durchaus positiver und spezifischer, der sich zu dem eudämonistischen Gegensatzpaar ebenso indifferent verhält, wie die Sittlichkeit es tut. Es ist freilich schwerer, den Eigenwert der ästhetischen Situation als den der ethischen zu deutlichem Bewuſstsein zu bringen, denn der sittliche Wert erwächst in seiner Reinheit, trotzdem wir zugleich unglücklich sind, der ästhetische aber, trotzdem wir zugleich glücklich sind; und innere Bewegungen, die immerhin als Erhebungen, Begeistertheiten, Lichtpunkte der Existenz auftreten, heben sich gegen den dunklen Hintergrund des Leides natürlich schärfer und unverwechselbarer ab, als gegen das Glück. Dennoch darf die tatsächliche Zusammenwirkung der spezifisch ästhetischen Reaktion mit der eigentlichen Beglückung durch die Kunst und die Gleichheit in den psychologischen Obertönen beider die Getrenntheit ihres Wesens nicht verkennen lassen. Der Affekt gegenüber der Schönheit und der Kunst ist nicht weniger primär als der religiöse und deshalb so wenig wie dieser durch Auflösung in anderweitig vorkommende Bewuſstseinswerte zu beschreiben; obgleich, da beide den ganzen Menschen in Erregung setzen, noch alle die anderen Bewegtheiten der Seele sich auf ihren Ruf einfinden: Aufschwung und Demut, Lust und Leid, Expansion und Zusammenraffung, Verschmelzung und Distanz gegenüber ihrem Gegenstand. Eben dies hat so oft verleitet, sie auf die Bejahung und die Verneinung, auf die Mischung und den Gegensatz dieser groſsen Potenzen des sonstigen Lebens zurückzuführen. Schopenhauer, der eine der wenigen ästhetischen Naturen unter den deutschen Philosophen war, hatte ersichtlich einen ganz sicheren Instinkt für die Ursprünglichkeit und Positivität des ästhetischen Zustandes. Aber mit diesem Anerkenntnis würde er einen Wert in unser Dasein eingeführt haben, der sich der Verflechtung in die pessimistische Gedankenlinie entzieht. So fern ihm nun jede intellektuelle Unredlichkeit liegt, die um der Durchführung eines Prinzips willen eine anderweitig gewonnene Überzeugung preisgäbe, so hat die innere Notwendigkeit seiner Lebensstimmung hier doch zu dem gleichen Resultat geführt. Seine Kunstphilosophie müſste ihrer inneren Konsequenz nach zu einer positiven Werterhöhung unserer Existenz innerhalb des ästhetischen Zustandes leiten, die im System des Lebens den Glückswerten gleichsam koordiniert, auch in der psychologischen Tatsächlichkeit oft mit ihnen verbunden, aber durchaus nicht von ihnen abhängig sind. Aber diese Spitze biegt er um, weil der Pessimismus nicht gestattet, daſs das eigentliche Wertmoment irgendwelcher Lebenselemente anderswo läge als in der Erlösung vom Leiden. Unter allen Kunstlehren der groſsen Philosophen ist die Schopenhauersche sicher die interessanteste, eindringendste, mit den Tatsachen der Kunst und des Kunstgenusses vertrauteste; und daſs gerade eine solche dem Kunstgenuſs seine Positivität und Autonomie prinzipiell vorenthält, — das offenbart die usurpatorische Energie des Pessimismus deutlicher und tiefer, als seine ganze Steigerung und Übersteigerung auf seinem eigensten Gebiete, der Balancierung der Glücks- und Unglücksmaſse des Lebens, es imstande war.

Ist der Kunst hier in ihrer definitiven subjektiven Bedeutung zu wenig gegeben, so erscheint mir der letzte objektive Wert, den Schopenhauer ihr zuspricht, als ein Zuviel. Aber dieses Zuviel wird die Tiefe seines Kunstgefühles nicht weniger erhellen, wie jenes Zuwenig die Tiefe seines Pessimismus. Seine definitive Meinung vom objektiven Wesen des Kunstwerkes faſst er so zusammen: »Jedes Kunstwerk ist eigentlich bemüht, uns das Leben und die Dinge so zu zeigen, wie sie in Wahrheit sind — ist eine Antwort mehr auf die Frage: was ist das Leben?« Hiermit aber scheint allem bisherigen Sinn seiner Kunstauffassung völlig widersprochen. Denn gerade vom Leben sollte die Kunst erlösen, nur die Erscheinungsarten des Daseins in unserm Intellekt sollten sich an ihrer Wurzel und Gesetzlichkeit darstellen, aber gerade nicht die Wirklichkeit, nicht das, was das Leben ist. Denn es ist Wille, ist das endlos enttäuschende Spiel, in dem an jeden Zweck ein neues Begehren, an jeden Ruhepunkt eine weiterhastende Bewegung ansetzt. Von diesem aber reiſst die Kunst sich und uns los und wiegt sich in dem »farbigen Abglanz«, an dem für sie nicht dies, daſs er der Reflex des Seins, sondern daſs er der Reflex des Seins ist, das Wesentliche ist. Daſs nun auf einmal die Kunst das Wesen der Dinge, also nicht ihre bloſse Erscheinung, offenbaren soll, daſs sie die Antwort auf eine Frage sein soll, die die Oberfläche, das Gebiet ihrer Herrschaft, gerade durchbricht — das ist ein offenbarer Widerspruch in ihrer fundamentalen Bedeutung, ein Überschreiten der Grenze, in deren Bewahrung, dem Leben gegenüber, bis jetzt ihr Sinn und Recht lag. Aber gerade in diesem Widerspruch — obgleich oder gerade weil Schopenhauer ihn nicht als solchen markiert — offenbart sich aufs tiefsinnigste die Verknotung logisch entgegengesetzter Werte und Forderungen, die die Kunst zuwege bringt. Sie drückt freilich das Äuſserlichste aus, die reine Oberflächenerscheinung, das sinnlich Unmittelbare — und zugleich das ewig Unaussprechliche, das letzte Geheimnis der Dinge, den innerlichsten Sinn des Daseins, für den alle Anschaulichkeit bloſses Symbol ist. Sie sucht den eigengesetzlichen Zusammenhang der Elemente in dem, was erscheint und was geschieht, ohne an die verborgenen Kräfte zu appellieren, die dieses Sich-Darbietende, darunter oder daneben gelegen, hervorgetrieben haben, und ohne die es

in der wirklichen Welt, als Wirklichkeit, nicht bestehen
könnte; sie sucht damit sozusagen den Sinn der Erscheinung. Aber in dieser Dimension schreitend, senkt
sie sich zugleich in die andere, in der der Sinn der Erscheinung liegt, das Wesen des Wesenlosen, die seelische
oder transszendente Bedeutung, die alle Formen und Reize
der Oberflächen nur als ihre Zeichensprache enthüllt. Diese
Zweiheit in der Funktion der Kunst trägt das eigentlich
Erschütternde ihrer Wirkung, indem sie unsere Seele
gleichsam von oben und von unten ergreift. Dennoch ist sie,
genau angesehen, nur eine Ausdrucksart, mit der wir die
nicht mit einem unmittelbaren Begriffe zu bezeichnende Einheit des künstlerischen Eindrucks analysieren. Es würde der
Wesensbedeutung der Kunst völlig unangemessen sein, wollte
man sie aus zwei Partialbedeutungen, deren jede ihren Wert
aus einer von der andern unabhängigen Quelle bezieht, sozusagen mechanisch zusammensetzen, wäre die eine ein noch
zu der anderen glücklich hinzugewonnenes Plus. Wir
empfinden vielmehr, daſs das Kunstwerk, eine objektive
Einheit darstellend, eine subjektiv einheitliche Reaktion
hervorruft, die aber nur erlebt, nicht mit einem entsprechend
einheitlichen Begriff beschrieben werden kann. So bleibt
uns hier wie in vielen entsprechenden Fällen nichts übrig,
als sie aus zwei einander entgegenlaufenden Sonderbestim-
mungen zu konstruieren. Und daſs diese schlieſslich nichts
anderes sind, als die jene einheitliche Resultante sozusagen
nachträglich ausdrückenden Komponenten — dies wird durch
die Wechselwirkung nahegelegt, die eine vertieftere Kunstauffassung zwischen ihnen erblickt: die Klärung der Erscheinung, die Gesetzlichkeiten des bloſsen Geschehens, der
sinnliche Reiz der Farben und Töne ist nichts als ein Mittel,
das tiefste Wesen alles dieses, den unanschaulichen Sinn des
Anschaulichen zu verraten; und umgekehrt: dieser metaphysische Wert des Kunstwerkes, oft nur in dunklen
Ahnungen anklingend, oft in der religiösen, vielleicht auch

in der erotischen Rolle der Kunst verkörpert, ist nun wieder ein **Mittel** für sie, damit ihre Gestaltung der bloſsen Erscheinung deutlicher und in sich beziehungsvoller, in ihrer bloſsen, über sich nicht hinausreichenden Anschaulichkeit reizvoller und in sich geschlossener werde. Ich muſs hier freilich bemerken, daſs die Schopenhauersche Kunstlehre und diese letztere Ausdeutung ihrer an dem Übelstande fast jeder allgemeinen Philosophie der Kunst leidet: gemeinsame Bestimmungen für **alle** verschiedenen Künste treffen zu sollen. Es bleibe dahingestellt, ob es überhaupt eine derartige Bestimmung gibt; die Schwierigkeit, auch nur eine Definition der Kunst überhaupt zu finden, möchte es zweifelhaft machen und lieber glauben lassen, die Gleichheit des Namens für so diskrepante Betätigungen wie Schauspielkunst und Architektur, wie Plastik und Musik sei eine allmählich erfolgte Übertragung innerhalb einer jener typischen Reihen, in denen zwar je zwei benachbarte Glieder vielerlei Verwandtschaft besitzen, weiter voneinander abstehende aber nicht mehr; in der Reihe: A B — B C — C D ist begreiflich, daſs der gleiche Name wegen der Vermittlung durch B C von A C auf C D übergeht, das ihn durch keine qualitative Gleichheit mehr rechtfertigt. Man empfindet es manchmal als einen unbehaglichen Zwang, daſs die Metaphysik der Tragödie nun auch das Fundament der Gartenbaukunst sein soll. Schopenhauer fügt sich diesem Zwang nicht durchgehends und läſst seine metaphysischen Erklärungen der Künste manchmal nach verschiedenen Seiten verlaufen. Aber indem er dies nicht ausdrücklich markiert, sondern das Postulat einer einheitlichen Erklärung der »Kunst« schlechthin aufrecht erhält, symbolisiert diese Unvollkommenheit dennoch die tiefere Wahrheit, daſs die Kunst in der vielleicht nicht bezeichenbaren Wurzel, die ihre Nameneinheit rechtfertigt, die sonst unversöhnten Gegensätze zusammenführt: sie soll das Allgemeine sein und beschränkt sich doch auf die in sich geschlossene Einzelerscheinung, die die Äuſserung einer durchaus individuellen, ja gerade in den höchsten Fällen schlechthin unvergleichlichen Seele ist; sie soll nichts sein als Form und Idee und ist doch Anschauung, die nur an materialer Wirklichkeit stattfinden kann; sie ist reine Intellektualität, die von allem An-Sich der Dinge losgerissene Ausgestaltung der Bewuſstseinsformen und soll doch vom »Satz vom Grunde« frei sein, der das Grundgesetz dieser Formen ist. Und alles dies schieſst wie in einem Brennpunkt in dem zuletzt dargestellten Widerspruch zusammen: daſs die Kunst uns zeigen soll, was das Leben ist — indem sie doch zugleich das Leben vor unserem Blick verschwinden läſst; daſs ihr Zauber und ihr Glück darin liegt, daſs sie uns in der Anschauung festhält, als wäre dies die ganze Welt, als gäbe es auſser dem traumseligen Spiel der Erscheinungen keine dunkle, schwere, unauflösbare Wirklichkeit — und daſs doch gerade das Wirklichste der Wirklichkeit, das eigentliche und tiefste Wesen von Dingen und Leben in ihr zu Worte kommen soll. Vom bloſs logischen Standpunkt aus würde solcher Widerstreit von Ansprüchen nun erst das Problem zu stellen scheinen; vielleicht aber gehört die Kunst zu denjenigen Gebilden, denen gegenüber die letzte uns gegönnte Erkenntnis die ist, daſs wir das Problem, das sie stellen, in seiner Reinheit und der Unerlotbarkeit seiner Tiefe begreifen — gleichviel, ob es mit Schopenhauers Absicht oder gegen sie geschah, daſs seine Lehre von der Kunst in dieser Interpretation ihrer zu gipfeln scheint.

Die ästhetische Erlösung vom Sein, d. h. vom Leiden, die die Kunst vollbringt, kann ihrer Natur nach nur für die Augenblicke der ästhetischen Erhebung gelten; während sie geschieht, bleibt das Sein und das Leiden im Grunde unseres Wesens bestehen und der Intellekt, der sich von dieser Wurzel seiner selbst losgerissen hat, aber nicht dauernd in der Gelöstheit von ihr bestehen kann, fällt unvermeidlich in seinen Frondienst zurück, den er dem Willen zu leisten hat. In den Momenten des ästhetischen Genieſsens gleichen wir dem Sklaven, der seine Kette vergißt, oder dem Kämpfer, der seinen übermächtigen Gegner freilich nicht mehr vor Augen hat, aber nicht weil er ihn vernichtet hätte, sondern weil er vor ihm geflohen ist: im nächsten Augenblick wird er von ihm wieder eingeholt. Das Unzulängliche der Erlösung durch die Kunst liegt in ebendemselben, was diese Erlösung gerade zustande bringt: daß sie sich vom Willen, von dem wir b e f r e i t zu werden bedürfen, nur a b w e n d e t; wogegen die wirkliche, nicht in jedem Augenblick widerrufene Erlösung ihn selbst ergreifen muß. Und dies gelingt in den Taten der Sittlichkeit und der Askese, denen wir uns nun zuwenden, als zu der praktischen Lösung der dunklen Problematik, in die die Schopenhauersche Betrachtung bisher das Leben gesenkt hat.

Sechster Vortrag.

Die Moral und die Selbsterlösung des Willens.

Die Motivierungen Schopenhauers für das Übel und das Böse in der Welt lassen sich sämtlich auf einen Fundamentalgedanken zurückführen. Denkt man den metaphysischen Willen in seiner absoluten Einheit, ehe er, durch den menschlichen Intellekt gebrochen, zu irgend einer individuellen Form besondert ist, so ist er zwar sozusagen die M ö g l i c h k e i t alles Leidens und Unheils, aber noch nicht dessen Wirklichkeit; denn diese kommt ihm erst dadurch, daſs die Einzelformen ihm irgendwelche scheinbaren Ziele setzen, daſs diese Formen untereinander kämpfen und das individuelle Gehirn zum Bewuſstsein all dieses und zum Leiden an ihm erwacht. Denkt man andrerseits diese Individualformen, die in Raum und Zeit vereinzelten Gebilde des Vorstellens, rein für sich, bevor sie vom Willen durchströmt und in das Sein gerufen sind, so sind auch sie jenseits des Übels und des Bösen, die Ästhetik hat diese willensfreie Vorstellungsseite der Welt als die unschuldige und allein erfreuliche erkannt. Leid und Schuld und innerer Widerspruch kann also erst entstehen, wo der Wille die Form der Einzelexistenz annimmt, oder, anders ausgedrückt, in die Form der Vorstellung eingeht: weder an dem Willen für sich allein noch an der Vorstellung für sich allein haftet dies alles. Erst ihr Zusammenschlag erzeugt die sinnlose, weil notwendig enttäuschte Begierde des Relativen nach einer absoluten

Befriedigung, den Kampf der Einzelerscheinungen, in deren jeder der ganze Wille lebt, die Qual des Daseins, die erst in individualisierten Subjekten zum Bewufstsein wird. Daraus folgt, dafs es drei Wege geben mufs, um dem Leiden und dem Grauen des Daseins zu entgehen: einmal, indem die Vorstellung sich von dem Willen, der sie in Begier und Leiden verstrickt, losreifst — wie es im ästhetischen Schaffen und Geniefsen geschieht; zweitens, indem der Wille die individuelle Zerspaltung überwindet, das Einzelsubjekt sich mit allen andern identifiziert, und damit all der Kampf und Widerspruch samt seinen Schmerzreflexen verschwindet, die das Eingehen des Willens in die Individualform erzeugte; den dritten endlich, indem der Wille sich überhaupt selbst aufhebt, das Subjekt den in ihm lebenden Willen gleichsam dazu benutzt, dessen eigne Verneinung zu wollen, damit die Möglichkeit von Kampf und Leiden, von Habsucht und Enttäuschung mit der Wurzel ausreifst und die Welt, die er aus sich entlassen hat, in das Nichts zurücknimmt. Den ersten Weg haben wir als den der ästhetischen Erlösung kennen gelernt; der zweite bedeutet das, was man Sittlichkeit nennt; der dritte ist die Heiligung des Menschen, der entsagt, der das Wesen der Welt erkannt hat — wenn auch nicht in bewufsten Begriffen — und sich daraufhin dem verderblichen Zirkeltanz des Wollens entzogen hat, der über alle Enttäuschung, alle Vergeblichkeit, alles Böse hinaus ist, weil er nichts und nicht mehr will. Diese beiden Wege: der Erlösung in der Sittlichkeit und der Erlösung in der Entsagung und Willensverneinung gilt es nun endlich zu schildern.

Die Erscheinungen der Moral charakterisieren sich zunächst an ihrem Gegenteil. Der blofs natürliche, sozusagen logische Erfolg der Individualisierung des Willens zu einem besonderen Ich ist, dafs dieses Ich, den ganzen Willen in der Form seiner Person besitzend, »Alles für sich will«. Da es nun aber mehr als ein Ich gibt, so folgt daraus weiter, daſs das eine will, was das andere auch will und daſs das kräftigere Ich in die Willenssphäre des andern eingreift; dies ist der böse Charakter: er befriedigt seinen Willen — oder glaubt zum Mindesten, daſs er ihn befriedigen könnte — auf Kosten des andern und gleichgültig gegen die Leiden, die dieser Andere dadurch erfährt. Demgegenüber erhebt sich zuerst das Phänomen der Gerechtigkeit, die die Sphäre des Willens durch die Grenzen der Persönlichkeiten gegeneinander bestimmen läſst. Jenen täuschenden Schein, der die Individuen radikal von einander trennt, den Einen zum natürlichen Feinde des Andern macht, dessen Schädigung mit dem eigenen Vorteil zusammenfällt — diesen Schein hat der Gerechte soweit durchschaut, daſs er sich selbst und das Wesen auſser sich unter dem gleichen Gesetze stehend ansieht und darum den Andern nicht verletzen mag. Die Grenze zwischen den Individuen wird inne gehalten, der Egoismus durchbricht sie nicht mehr, weil er jenseits ihrer eine ihm nicht absolut entgegengesetzte, sondern ihm im letzten Grunde wesensgleiche Existenz bestehen fühlt.

Die Gerechtigkeit verbleibt damit im Negativen, sie ist ein bloſses Sich-Enthalten, eine Einschränkung des in all seinen Individuationen grenzenlosen Willensdranges durch die Tatsache, daſs es eben mehr als eine Individuation gibt. Das Positive an ihr ist nur ihr metaphysisch gefühlsmäſsiges, an und für sich über die Gerechtigkeit weit hinausreichendes Motiv: das Mitleid, das vor der Schädigung, der Vergewaltigung des Andern zurückschreckt; das Subjekt überwindet die, mit der Tatsache der Individuation eigentlich logisch gegebene Rücksichtslosigkeit durch das Sich-Hineinversetzen in den Andern, das Mitfühlen mit ihm, das seinerseits durch die tiefere Tatsache der Wesensidentität mit jenem ebenso logisch gegeben ist. Die Tragik des tiefsten Lebens: der Kampf zwischen der Logik der Erscheinung und der Logik des Dinges-an-sich ist zu Gunsten der letzteren gelöst. Sogleich aber zeigt sich hier, was den ganzen Verlauf der

Schopenhauerschen Ethik charakterisiert und diese mit voller Entschiedenheit auf eine Parteiseite unter den grofsen moralphilosophischen Möglichkeiten stellt: für ihn besteht niemals die objektive, schlechthin gültige, imperativische Notwendigkeit der sittlichen Normen; sondern diese sind schlechthin nichts als Äufserungen oder Durchgangspunkte der einen Tatsache: dafs der Wille in allen Wesen einer und derselbe und zugleich dasjenige ist, was schlechthin nicht sein soll. So hat die Gerechtigkeit, das suum cuique, für ihn nicht den von Anderen daran empfundenen Sinn: dafs der so bezeichnete Zustand an und für sich wertvoll ist, an und für sich sein soll, völlig gleichgültig, ob er jemandem zu Lust oder Leide gereicht, gleichgültig, ob er sich auf einer metaphysischen Identität oder etwa gerade auf dem unbedingten Fürsichsein der Persönlichkeiten aufbaut. Darum kann Schopenhauer auch für die strafende Gerechtigkeit durchaus keine andere Rechtfertigung finden, als den Zweck der gesellschaftlichen Sicherung vermittels Abschreckung. Die Strafe um der »Vergeltung« willen sei nichts als sinnlose Grausamkeit und Rache. Man mag nun die Vergeltung als Strafprinzip aus vielerlei Gründen verwerfen; aber man soll nicht verkennen, dafs sie ein, wie auch unvollkommen ausgestaltetes, objektives Prinzip enthält, das durchaus ethisch selbstgenugsam ist und keiner Berufung auf Nützlichkeiten oder höhere metaphysische Instanzen bedarf. Dafs das geschehene Böse in einem dem Täter zugefügten Leid eine ethische Balanzierung findet, dafs die Logik der Moral es ebenso ohne jeden sozialen, historischen, teleologischen Hintergedanken fordert, wie die Logik der Intelligenz aus gegebenen Prämissen einen bestimmten Schlufs fordert, ohne einer über diese innere Notwendigkeit hinausgehenden Legitimirung zu bedürfen — dies ist mindestens eine mögliche Vorstellung. In dem nicht seltenen Verlangen des Verbrechers nach seiner Strafe, in dem Gefühl von Entsühnung und Reinigung nach erlittenem Strafschmerz mag man den seelischen Reflex jener ideellen Bedeutung der Strafe sehen. Dafs Taten und Zustände in dieser Weise rein um' ihres eigenen Sinnes willen erfordert werden können, liegt ganz aufserhalb der Schopenhauerschen Denkweise. Die ethische Notwendigkeit ruht ihm entweder in den Zwecken des Handelns oder in der metaphysischen Struktur des allgemeinen Seins. Die Legitimität dieser beiden Begründungsarten hindert nicht, dafs neben ihnen jene dritte bestehe, die die sittliche Notwendigkeit der Tat nicht von etwas anderem herleitet, sondern sie als etwas Unmittelbares, durch sich selbst Legitimiertes erkennt. Welches nun freilich der anzuerkennende Inhalt solcher Imperative ist, darüber wird genug Streit sein (wenn auch vielleicht kaum mehr als über die teleologischen und metaphysischen Instanzen); dafs Gerechtigkeit sei oder dafs der Wille Gottes herrsche; dafs die Persönlichkeiten in die gesellschaftliche oder in die mystisch-transszendente Einheit verschmelzen oder dafs sie umgekehrt sich zu äufserstem Selbstsein und Sonderwert gestalten; dafs alle Wesensseiten des Menschen zu möglichst gleichmäfsiger Höhe ausgebildet werden oder dafs etwa das Sinnliche in uns zu gunsten des Vernünftigen bekämpft und unterdrückt werde — alles dies, in prinzipieller Allgemeinheit oder zu konkreten Handlungen und Zuständlichkeiten vereinzelt, wird unzählige Male als eine mit sich abschliefsende, um ihrer selbst willen gerechtfertigte Aufforderung empfunden, ein Sollen, dessen Wert sich mit seiner Verwirklichung, ohne auf ein Vorwärts oder Rückwärts hinzusehen, befriedigend ausgelebt hat. Es kommt, wie gesagt, nicht darauf an, dafs die Individuen, die Zeiten, die Gruppen, über diese Sollensinhalte sich nicht vereinigen können und erbittert um ihr Recht streiten. Für uns ist nur die ethische Möglichkeit wichtig, dafs jeder Inhalt, der überhaupt anerkannt wird, es in dieser Form des Nicht-Übersichhinausfragens werde, als definitive Beruhigung eines treibenden Wertgefühles. Diese Solidarität des Sollens überhaupt mit irgend einem positiven Zustand ist für Schopenhauer auf Grund seines Pessimismus ausgeschlossen: denn er müfste anerkennen, dafs es einen positiven Wert gibt. Die ganze Opposition gegen die Kantische und Fichtesche Moral, in der sich Schopenhauer mit den mannigfaltigsten Argumenten bewegt, geht schliefslich darauf zurück, dafs diese beiden gewisse Verhaltungsweisen als ethisch schlechthin notwendig, also auch schlechthin wertvoll behaupten. Kann aber der Wert des Daseins niemals über den Nullpunkt steigen, so kann kein Tun und kein Zustand an und für sich und mit sich selbst abschliefsend wertvoll sein: dies würde der Welt von neuem die Bedeutung geben, auf deren Verneinung gerade der Pessimismus sich gründet. Für ihn bleibt nur übrig, die ethischen Werte entweder in die endlose Kette relativer Mittel und Zwecke hineinzuziehen — wie Schopenhauer es mit der Strafe tut, indem sie ihm nichts als ein soziales Abschreckungsmittel ist, — oder sie, ihres unmittelbaren Wertes gleichfalls entkleidet, aus der metaphysischen Grundlage des Daseins zu entwickeln, die ihrerseits dafür sorgt, dafs sie so wenig eine positive Bedeutung gewinne, wie Schopenhauer sie dem Glücksgefühl, wie er sie der ästhetischen Befriedigung lassen konnte. In dem gleichen Sinn lehrt Schopenhauer, dafs man, wenn man die Moral — die selbst Altruismus ist — begründen wolle, es nur durch Berufung auf den Egoismus könnte. Diese Einsperrung der menschlichen Triebfedern in egoistische und altruistische — was nicht auf die eine zurückgeht, müsse es auf die andere — übersieht gänzlich, dafs es noch eine dritte, von ganz prinzipieller Koordination zu jenen beiden, gibt. Tatsächlich wollen wir vieles — wollen es aus unmittelbarem Impuls oder als sittliche Nötigung — was weder dem eignen Ich noch einem Du von Nutzen ist; und wenn es das etwa ist, so bildet dies jetzt doch nicht das Motiv des Tuns. Sondern wir tun es, weil wir schlechthin wollen, dafs dieser und jener Erfolg einträte, dieser und jener Zustand herrsche, dies und jenes geschaffen, gewußt, geglaubt werde. Diese Willensinhalte schweben uns in reiner Objektivität vor, als etwas, was an und für sich sein soll, unabhängig von den daran sich etwa knüpfenden Gefühlsreflexen lustvoller oder schmerzlicher, egoistischer oder altruistischer Art. Der Forscher fühlt, daß mit der gewonnenen Erkenntnis, der Künstler, daß mit dem geschaffenen Werk, der Politiker, daß mit dem Siege seiner politischen Überzeugung, der Religiöse, daß mit der Realisierung des göttlichen Willens ein Wert geschaffen ist, an dem Befriedigungen und Folgen für den Handelnden selbst, für die umgebenden und zukünftigen Menschen hängen mögen; aber diese Ausstrahlungen und Reaktionen von fühlenden Subjekten erschöpfen den Kreis der Motivierungen nicht. Vielmehr, jene Ziele werden als objektiv wertvolle vorgestellt, ihr Wert besteht in derselben Unabhängigkeit von allem Gefühltwerden, wie die Wahrheit eines Satzes unabhängig ist von seinem Vorgestelltwerden. Schopenhauer, dessen radikale Entwertung des Daseins durch eine derartige Wertkategorie bedroht wäre, erklärt freilich, daß jeder Wert relativ wäre, d. h. nur Wert für jemanden sein könnte. Allein, wenn der Wert auch wirklich in demselben Sinne eines subjektiven Bewußtseins bedürfte, wie für den Idealismus die Welt der Tatsachen eines solchen bedarf — so ist es doch ein Trugschluß, daß der Wert darum nur in Zuständen des Subjekts oder anderer Subjekte bestehen müßte. Es bleibt die — vielleicht wunderbare, nicht weiter zurückzuführende — Tatsache, daß unser Fühlen sich von seiner subjektiven Grundlage losreißen und ein Dasein, einen Zustand, ein Handeln als wertvoll, als gesollt fühlen kann, völlig objektiv, ohne Frage nach seinen weiteren Erfolgen für das Ich oder ein Du. Daß Schopenhauer innerhalb des ästhetischen Ideals uns der Befreiung von der willensmäßigen Subjektivität für fähig hält, auf dem Gebiet der praktischen Ideale aber nicht, liegt daran, daß wir uns dort im Reiche des Scheines, des flüchtigen Traumes von den bloſsen Formen der Dinge befinden, an dem von vornherein kein positiver Wert des Daseins, sondern nur ein kurzes Fliehen und Vergessen eben dieses Daseins zu gewinnen ist. Innerhalb der ethischen Werte aber handelt es sich durchaus um die Wirklichkeit des Lebens und darum muſs hier die Möglichkeit geleugnet werden, sich der Verflechtung in das nur Relative, die Subjektivität, die bloſse Negation zu entziehen. Denn das Anerkenntnis, daſs auch nur ein einziges Positives — eine Norm, eine Handlung, ein Zustand — gut ist, schlechthin gut, ohne dies Prädikat aus jenen Verflechtungen zu beziehen, würde ein neues Weltelement, eine neue Dimension von Werten einführen, die die Beschaffenheit der Welt, wie sie den absoluten Pessimismus rechtfertigt, im Prinzip durchbrechen. Es darf keinen Seinswert geben auſser Lust und Leid, sowie ihren Bedingungen und Folgen, weil deren Aufrechnung allein des pessimistischen Resultates sicher ist.

Die fundamentale Tatsache der Sittlichkeit nun deutet Schopenhauer als die Steigerung des Phänomens der Gerechtigkeit. Wie diese die metaphysische Identität zwischen dem Ich und dem Du soweit anerkennt, daſs es die Grenze zwischen ihnen respektiert, die natürliche Tendenz des Ich, diese Grenze zu durchbrechen, hemmt — so kann jene Identität nun gerade dazu wirken, daſs eben diese Grenze niedergerissen wird. Schopenhauer glaubt das Wesen des sittlich edlen Menschen darin zusammenzufassen, daſs ein solcher »weniger als sonst geschieht einen Unterschied zwischen« sich und den Andern macht«. Er hat das Täuschende der Individuation durchschaut, er weiſs — wenn auch nicht in der Form von Begriffen und Reflexionen —, daſs das Leiden Anderer im letzten Grunde sein eignes ist und er tut, was er kann, zu seiner Linderung — da eben alles, was der Mensch für andere und deshalb schlieſslich für sich selbst tun kann, Linderung des Leidens, als unseres allgemeinen und unentrinnbaren Schicksals, ist. Die metaphysische

Bedeutung aller Sittlichkeit ist, daſs die absolute, überempirische Einheit alles Seienden, also auch die des Ich und des Du, sich in der Erscheinung realisiere — was nur so geschehen kann, daſs die eigne Natur der Erscheinung, die individuelle Gespaltenheit zwischen den einzelnen Wesen, aufgehoben wird. Die Sittlichkeit verneint nicht den Willen, sondern nur das an der Erscheinung, was der wesentlichen Bestimmtheit dieses Willens: Einheit zu sein — widerspricht. Es wäre deshalb ein durchaus flacher Einwand gegen die Ethik der Wesensidentität, wenn man sie als einen Egoismus bezeichnen wollte, der den Umweg über das Transszendente gemacht hat und sich auf der Rückkehr von diesem selbst nicht mehr erkennt. Wenn ich meine Kräfte, mein Wohl, meinen Besitz für den Andern hingebe, nur weil dieser Andere im Grunde ich selbst bin — wo liegt, so könnte man fragen, der Unterschied gegen jedes andere selbstsüchtige Verfahren, das ein gewisses Maſs von Opfern, von Sich-Abgeben mit dem Nicht-Ich nötig macht, ohne dadurch das Geringste von seiner Selbstsucht zu verlieren, für die alles dies nur ein unvermeidliches Mittel ist? Jenes entschiedenste Schema der Unsittlichkeit: den Andern ausschlieſslich als Mittel zu benutzen — könnte gar nicht radikaler durchgeführt werden, als auf der Basis, daſs alles, was ich dem Andern zugute kommen lasse, mir selbst zugute kommt; und zwar gerade die **Ausschlieſslichkeit** dieses Mittelcharakters des Du für das Ich tritt hier mehr wie bei jedem andern Verhältnis zwischen beiden hervor, weil es nun gar keine **Möglichkeit** gibt, das Du als Endzweck anzusehen, sondern **unvermeidlich** alle auf ihn gerichtete Aktion durch die gemeinsame Wurzel, die metaphysische Einheit, hindurch auf das Ich zurückströmt. Diese naheliegende Deutung halte ich nun, wie gesagt, für durchaus irrig. Denn jene absolute Wesenseinheit hebt allerdings das Du in seinem Eigenbestande auf, **aber ebenso das Ich.** Sicherlich ist es nicht der Sinn der Schopenhauerschen Lehre, daſs ich mit der Schädigung des Du ja mich selbst schädigen würde, mit seiner Förderung mich selbst fördere, sondern daſs die altruistische Handlung den Unterschied zwischen dem Ich und Du überhaupt aufhebt und sozusagen dem ganz unpersönlichen, absoluten Sein, das ungeschieden hinter den Erscheinungen unser beider steht, zugute kommt. Indem Schopenhauer als die umfassendste Formel der Sittlichkeit ausspricht: Beschädige niemanden, sondern hilf jedem, soviel du kannst — lehrt er zwar scheinbar nur den ganz banalen Moralismus des guten und hülfreichen Menschen. Allein er beschreibt damit in Wirklichkeit nur die praktisch-äuſserliche Erscheinung des sittlichen Verhaltens. In der Tiefe und dem Wesen kommt es gar nicht auf diese Aktion zwischen dem Ich und dem Du an, die noch die erscheinende Getrenntheit ihrer voraussetzt, sondern darauf, daſs ihre Nicht-Getrenntheit ausgedrückt werde, daſs die Aktion auf diese Weise ihre eigene Voraussetzung aufhebe. Indem diese eigentliche Bedeutung der Schopenhauerschen Identitätsethik sich nach einer ganz andern Dimension wendet, als die empiristisch-wohlwollende Gutmütigkeitsmoral ihrer Oberfläche, geht doch auch sie auf das schon mehrere Male hervorzuhebende, die Ethik von ihrem Beginne an durchziehende Motiv zurück, das sich am kürzesten so ausdrückt: Sei was du bist. Es schien uns dort zu den dauernden und typischen Gefühlen oder Vorstellungen der Menschheit zu gehören, daſs alles das, was wir sein sollen, doch schon in irgend einer Form, in irgend einer Verstecktheit oder Unentwickeltheit in uns als eine Wirklichkeit vorhanden ist, ja als unsere eigentliche, sicherste Wirklichkeit. Nur daſs sie auch die oberflächlicheren, blos erscheinenden, sozusagen irrealeren Teile unser selbst durchdringe und beherrsche, daſs wir alles Trübe, Äuſserliche, Zufällige unseres Daseins zum Ausdruck unseres wahrhaften Seins machen — das ist die sittliche Aufgabe, die einen logischen Widerspruch zu enthalten scheint, indem sie uns zu werden befiehlt, was wir ja gerade schon in unserer wirklichsten Wirklichkeit sind; aber dieser Widerspruch hängt offenbar nur dem begrifflichen Ausdruck einer durchaus einheitlichen und starken seelischen Idealbildung an. Dies ist etwa das Schema der Vernunftmoral, die die Wesenssubstanz des Menschen in seine Vernunft setzt und nun doch seine sittlichen Notwendigkeiten erst dahin zusammenfaſst, daſs die Vernunft auch wirklich sein Leben leite, daſs dasjenige daraus verschwinde, was er ja eigentlich gar nicht selbst ist: die sinnlichen Elemente. Es ist aber nicht weniger, nur nicht ganz so auf der Hand liegend, auch das Schema der Schopenhauerschen Moral, für die die sittliche Forderung des Altruismus, der Liebe, des Mitleids, der Hülfsbereitschaft nichts anderes bedeutet, als daſs diejenige Einheit, welche die Individuen schon sind, die von vornherein ihr Wesen bildet, auch in den äuſseren Aktionen von Mensch zu Mensch, in den Verhältnissen zwischen ihren nur erscheinenden, ihrer tiefsten Realität gar nicht angehörenden Individualgestalten zum Durchbruch komme; auch seine Moral folgt jener formalen Idealbildung: daſs die Menschheit werden soll, was sie ist. Ist diese Auffassung richtig, so zeigt das Schopenhauersche Moralprinzip eine Groſsartigkeit, über die nur das etwas feminin Karitative, das mitleidig Passivistische der erscheinenden, diese Moral ausprägenden Aktionen leicht täuschen kann. Es ist ein erhabener Gedanke, daſs der Mensch in seinem Handeln, soweit es sittlich wertvoll ist, zwar sein tiefstes und eigentliches Wesen zum Ausdruck bringt, aber doch auch damit noch nicht das Letzte ausgesprochen ist, sondern daſs dieses Wesen erst dann das definitive und eigentliche ist, wenn es sich als identisch mit dem Wesen Aller, mit der Struktur der metaphysischen Welteinheit offenbart, wenn es diese in sich bezeugt und bewährt. Freilich ist dies metaphysisches Dogma, dem in fundamental-charakterologischem Gegensatz, ohne Möglichkeit der Versöhnung oder der Entscheidung nach

Recht und Unrecht, das entgegengesetzte gegenübersteht: daſs von unserm Handeln die Ausprägung einer unverwechselbaren Individualität gefordert wird, weil diese, und keine über- oder unterpersönliche All-Einheit, das letzte Element des Seins wäre; daſs jenes: sei was du bist — nicht wie bei Schopenhauer bedeute: sei was auch der Andere ist —, sondern: sei, was der Andere nicht ist, was ausschlieſslich du sein kannst, weil die absolute, reale wie ideelle Struktur des Seins auf dem Fürsichsein und der Einzigkeit individueller Wesen, auf ihrer Grenzsetzung und ihrem Gegensatz beruhe. Dieser Gedanke der in den Weltgrund hinunterreichenden Individualität, die sich zugleich im erscheinenden Handeln als dessen sittlicher Wert ausprägt, ist für Schopenhauer deshalb von vornherein unzugängig, weil mit dem definitiven, irreduzibeln Wert der Persönlichkeit als solcher ein mit dem Pessimismus nicht zu vereinigendes Wertmoment in das Weltbild eingetreten wäre; denn es steht jenseit der Lust-Leid-Rechnung, ja, es entzieht sich seinem Begriffe nach überhaupt der Aufrechnung in eine Werttotalität des Daseins, sondern bleibt in seiner eigentümlich positiven Bedeutung bestehen, in welche Abgründe von Leiden, Negativitäten, Unwerten auch die Welt im übrigen versinken mag.

Über den Verdacht, mit der Identitätsethik nur einen sublimen Egoismus zu begründen, ist Schopenhauer also erhaben, da die altruistische Handlung nicht wieder in das Ich, sondern in eine Instanz einmündet, die von dem Ich und dem Du im Sondersinn beider überhaupt nicht mehr berührt wird. Aber gerade daraus erhebt sich gegen sein Prinzip ein sehr viel ernsteres Bedenken vom Standpunkt des sittlichen Gefühles aus; und dies um so mehr, als er durchaus ablehnt, eine neue Sittlichkeit reformatorisch zu begründen, sondern ausschlieſslich den Grund und Sinn der tatsächlichen Moralvorstellungen zu deuten beansprucht. Sieht man nicht wie bisher von den erscheinenden Handlungen der Sittlichkeit zu ihrem metaphysischen Grunde herab, sondern nun umgekehrt von diesem Grunde zu den tatsächlichen Aktionen hinauf, so verliert der Altruismus seinen Sinn ebenso, wie vorher der des Egoismus verschwunden war. Denn wie es die Bedeutung des Sittlichen war, die metaphysische Einheit der Wesen, die von deren Individualisation eigentlich verneint wird, dennoch an dem Verhältnis der inviduellen Erscheinungen zu realisieren, so kann die inhaltliche Bedeutung der Moral nur sein, daſs die Qual jenes absoluten Weltgrundes durch sie irgendwie aufgehoben werde. Gewiſs ist der Altruismus — der für Schopenhauer nur Mitleidstat, nur Leidlinderung sein kann — ein Geschehen in der Welt der individuellen Erscheinungen. Allein das Leiden der Erscheinung ist nicht nur Erscheinung des Leidens, sondern absolute Wirklichkeit, weil es unser Willensleben ist. Schmerzsteigerung und Schmerzstillung reicht also gleichsam von dem peripheren Punkt des Daseins, an dem unsere Persönlichkeit steht, in seinen Kern hinein, in das Ding-ansich, in dessen Einheit alle von jenen Punkten her laufenden Linien zusammentreffen. Ist dies aber der Fall, so gibt es zwar keinen Grund mehr, das Wohl des Andern meinem eignen nachzusetzen — **aber auch keinen, das meinige dem seinen nachzusetzen.** Mündet Lust und Leid der Wirklichkeit so — etwas grob ausgedrückt — an eine Zentral- und Ausgleichungsstelle, werden alle eudämonistischen Werte so gleichsam in einen Topf geworfen, so ist es ganz gleichgültig, ob die Stelle Ich oder Du heiſst, an der innerhalb der Erscheinung die bestimmten Quantitäten des einen und des andern haften und von der aus sie, an jenes Zentrum gelangend, erst ihre wahrhafte Bedeutung gewinnen, aber auch ihre Provenienzen völlig auslöschen. Wenn, von der metaphysisch entscheidenden Instanz aus, das Du so gut ist wie das Ich, so ist das Ich auch so gut wie das Du, und man wüſste nicht, weſshalb eine Handlung, die dem Handelnden ein gewisses Glücksmaſs einträgt, weniger wertvoll sein sollte, als eine, die seinem Nebenmenschen eben dasselbe verschafft. Dies ist der tiefere Anlaß der Schopenhauerschen Behauptung, die Moral verlange nur, daß man den Nächsten »wie sich selbst« liebe, ihn sich praktisch gleichstelle; ein Mehr, eine Aufopferung über das in der Selbstliebe gegebene Maß hinaus erscheint ihm sinnlos und muß bei seinen Voraussetzungen so erscheinen. Denn dies würde doch bedeuten, daß ich unter Umständen ein relativ großes eigenes Glücksquantum aufopfere, wenn für den anderen selbst nur ein relativ kleines dadurch gewonnen wird. Da mit solcher Handlung aber die Gesamtsumme überhaupt gewinnbaren Glückes herabgesetzt wäre, jene Gesamtsumme, die von der metaphysischen Seinseinheit, unter völliger Auslöschung der Subjekte ihrer Einzelbeiträge aufgenommen wird — so wäre eine derartige Handlung unsinnig und verwerflich.

Es ist sehr merkwürdig, wie die systematische Konsequenz Schopenhauer gegen den Widerspruch taub gemacht hat, in den er sich hier gerade mit der Tatsächlichkeit des sittlichen Empfindens setzt; denn: soweit dieses überhaupt auf Altruismus eingestellt ist, urteilt es zweifellos durchgehends, daß der sittliche Wert eines Tuns keineswegs an der Äquivalenz zwischen eigenem Opfer und fremdem Gewinn Halt mache, sondern eher noch steige, wenn sich das Verhältnis beider zu ungunsten des Ich verschiebt. Hätte Schopenhauer dies aber anerkennen wollen, so wäre damit ein selbständiger Wert des ethischen Verhaltens gesetzt gewesen, der von der Aufrechnung seiner eudämonistischen Bedeutung, wie der Pessimismus sie braucht, unabhängig ist. Indem Schopenhauer zwar jedes egoistische Glücksinteresse von der Moral fernhält, heftet er sie doch an Glück und Leid überhaupt, an das Verhältnis ihrer Maße, deren einheitlicher Träger das überindividuelle Sein ist. In dem Augenblicke also, in dem eine Handlung sittlich wertvoll ist, obgleich sie, bewußt und gewollt, ein **geringes** Glück des Du mit einem **überwiegenden** Leiden des Ich erkauft — in diesem Augenblick enthielte die Welt eine Wertkategorie, die nicht in die dem Pessimismus beherrschbaren Maſsstäbe einzugliedern ist und die damit seine Weltbilanz illusorisch machen würde. — Vielleicht darf man hier einen Schluſs ziehen, der die allergröſste Vorsicht fordert, weil er prinzipiell zu den ärgsten Miſsbräuchen und Irrtümern verführt: Schopenhauer hätte vielleicht jene Vergewaltigung einer verhältnismäſsig trivialen, wenn auch sehr tief gegründeten ethischen Bewuſstseinstatsache nicht begangen, wenn er subjektiv eine ethische Natur gewesen wäre. Damit ist selbstverständlich kein moralisierendes Werturteil gefällt; schon weil für die Höhenentwicklung des Geistes die Schopenhauerschen Naturen, die ästhetisch-intellektuell orientiert sind, ebenso bedeutsam sind wie die ethisch gerichteten; und weil man sich gegenüber so absolut elementaren Gegensätzen, von denen keiner fehlen darf, ohne das Leben unserer Art in völlig unausdenkbarer Weise zu ändern, überhaupt nicht auf den Stuhl des Richters setzen soll. Der eigentliche Gegensatz der ethischen Natur ist nicht die künstlerische, sondern die ästhetische. Nietzsche war künstlerisch und ethisch disponiert, Schopenhauer ästhetisch und unethisch. Man spürt, wo er Kunst- und Naturerkenntnis behandelt, ein unmittelbares, spontanes Erleben, während, wo er von dem moralischen Ideal und seiner Vollendung in der asketischen Selbstaufhebung des Willens spricht, viel eher ein Gegenüber fühlbar wird, als wäre dies sein Anderes und seine Sehnsucht, über deren Unerfüllbarkeit er sich nicht täuscht. Dies ist wohl auch der Grund, weshalb er für die Tatsächlichkeiten der Selbstlosigkeit und Askese keinen rechten Maſsstab hat und auch ihren offenbar unreinen und pathologischen Ausartungen eine kritiklose Anerkennung zollt. Dies ist ein typisches Verhalten gegenüber Erscheinungskreisen, die wir sehr hoch werten und bewundern, ohne doch ein wahrhaft inneres Verhältnis zu ihnen zu besitzen. Wer in einem Wertgebiete von innen her zu Hause ist, ursprünglich irgendwie Teil daran hat, mag dessen höhere Erscheinungen noch so bestaunen und verehren, er wird doch immer ein Maſs dafür in sich tragen, wird nicht so leicht alle Schätzungsgrenzen verlieren, und wird vor allem einen reinen Instinkt für das nicht absolut Echte besitzen, der dem outsider dieses Gebietes fehlt. — Der Dualismus, der die Existenzform der menschlichen Seele überhaupt und den Rhythmus bildet, in dem sich alle Mannigfaltigkeiten ihrer Melodik abspielen, äuſsert sich unter anderem in einem sehr prinzipiellen Gegensatz, durch den der Dualismus sich gleichsam unter sein eigenes Gesetz beugt: als die Parteiung zwischen der Einheit und der Vielheit. Dieser Gegensatz lebt in den theoretischen Problemen, wo die Reduktion der Erscheinungen auf eine Einheit oder eine Mehrheit letzter Elemente in Frage steht; er lebt nicht weniger im Praktischen, wo das Ideal der Verschmelzung und Einswerdung dem der Selbständigkeit und Sonderung der Persönlichkeiten gegenübersteht. Indem die Ethik sich metaphysisch begründet, kombinieren sich beide Arten des Gegensatzes aufs Mannigfaltigste. Vor der metaphysischen Differenzierung und tiefsten letztinstanzlichen Unversöhnlichkeit der Wesen weicht die ideale Forderung, daſs sie dennoch zur Einheit und Ineinanderaufgehen gelangen sollen, keineswegs zurück; umgekehrt, aller absoluten metaphysischen Einheit zum Trotz kann das wie auch unerfüllbare Verlangen bestehen, daſs jeder Mensch eine geschlossene Totalität, ein in sich zentrierender Mikrokosmos sei. Schopenhauer deutet, wie wir sahen, alle Sittlichkeit als die praktische Wiederherstellung der absoluten Einheit des Dinges-an-sich, unter Überwindung der wesenlosen vorläufigen Zersplitterung in gesonderte Individuen. Allein den metaphysischen Tiefsinn dieses Ideals völlig anerkennend glaube ich doch, daſs er damit an der Tiefe des eigentlich moralischen Problems vorbeigeht. Denn wenn ich mich nicht ganz täusche, reicht die Zweiheit zwischen dem Ich und dem Du, wenn man der Tatsächlichkeit jenes Problems ganz gerecht werden will, unendlich viel tiefer in den Grund des Seins hinunter, als die Schopenhauersche metaphysische Deutung zugeben kann. Es mag einmal angenommen werden, daſs die Überwindung der Zweiheit die Aufgabe der Sittlichkeit sei; aber die Lösung dieser Aufgabe liegt dann nicht nur für die Erscheinung, sondern für die letzte Realität der Menschen im Unendlichen und kann auch für diese nicht durch den Sprung in eine transszendente Einheit abgeschnitten werden, ohne daſs die Forderung ihren Ernst und ihre Fundamentalbedeutung für das Dasein verlöre. Mir erscheint freilich für diese Aufgabe die Formulierung durch die in die Einheit aufzuhebende Zweiheit eine viel zu einfache, sie zwingt die unermeſslich vielfältigen funktionellen Verhältnisse, die in das ethische Problemgebiet gehören, in ein substanzielles Schema, das jenem Reichtum absolut nicht gewachsen ist. Die zahllosen sittlichen Forderungen, die der Mensch in seinen Beziehungen zu einem anderen zu erfüllen hat, sind durchaus nicht damit umschrieben, daſs aus Zweien annähernd eine Einheit wird. Vielmehr, auch in dem Höchsten und Wertvollsten der Sittlichkeit bleibt die Zweiheit durchaus bestehen; gerade unter der Voraussetzung des vollen Fürsichseins, des festesten Aufsichruhens, des individuellsten Eigenwertes der Persönlichkeiten erheben sich erst in Aktionen und Verhältnissen, Gefühlen und Hingaben die reichsten und tiefsten Sittlichkeitswerte zwischen zwei Menschen. Vielleicht ist es nicht unmöglich, Zweiheit und Einheit als die Pole unseres sittlichen Verhaltens und in jedem einzelnen sittlichen Vorkommnis irgendwelche Maſse beider, gleichsam als seine Form, zu erkennen. Dann aber ist das Vorkommnis keineswegs in dem Grade vollkommener und wertvoller, in dem es weniger Zweiheit und mehr Einheit zeigt; sondern das scheint mir die eigentliche Höhe der Sittlichkeit zu sein, daſs die Beziehungen der Menschen die volle Zweiheit und zugleich die volle Einheit enthalten;

das sittlich genannte Geschehen zwischen Menschen ist eben dasjenige, dem die Lösung dieser — in ihrem begrifflichen Ausdruck anscheinend widerspruchsvollen — Aufgabe gelingt, es ist diejenige Relation, in der, in ihren höchsten Formen, die Zweiheit nicht zu verschwinden braucht, damit es zu der Einheit komme. Ich kann nicht leugnen, daſs alle Schopenhauerschen Vorstellungen vom Wesen des Sittlichen: die Einheit des Ich und des Du, die Aufhebung des Unterschiedes zwischen sich und den Andern, die Gleichheit der Liebe zu Andern mit der Selbstliebe — daſs alle diese ungenau und schief sind. Jene metaphysische Einheit, die die Unterschiede der Individualisation wieder in sich zurücknehmen soll, läſst die lebendigen, höchst mannigfachen Relationen der Sittlichkeit wie in eine Substanz erstarren, nicht anders wie wenn man die unzähligen Funktionen und Wechselwirkungen unter den Organen eines Lebewesens als den substanziell einheitlichen »Lebensgeist« ansprach; Liebe zu einem Andern und Selbstliebe läſst sich überhaupt nicht in dem Sinn vergleichen, als ob eben dasselbe innere Ereignis nur das Objekt wechselte: einmal wäre dieses ein Du, ein andermal das Ich. Diese durch die Jahrhunderte fortgeschleppte und von Schopenhauer zu metaphysischer Höhe gesteigerte Vorstellung ist von der gröſsten Rohheit und psychologischen Unwahrheit. Nur in einem völlig übertragenen Sinne kann man den Egoismus so beschreiben, daſs wir uns selbst in Subjekt und Objekt zerteilen und dieses Subjekt nun für sich selbst als Objekt eben dasselbe empfindet, was, auf andere Wesen gerichtet, Liebe heiſst. Sicher ist das eine vom andern nicht nur dem Gegenstande, sondern dem Vorgange nach völlig und fundamental unterschieden, und nur daſs derselbe äuſsere Gegenstand dem andern gegeben oder von mir zurückbehalten, ihm gegönnt oder geraubt werden kann, hat zu der Vorstellung verführt, als wäre es auch innerlich eben dasselbe Tun, das als Liebe und Selbstliebe nur seinen Zielpunkt wechselte, wie der

Revolver nur die Richtung wechselt, je nachdem er Mord oder Selbstmord vollbringen soll. Psychologische Fragen über Gefühlstatsachen sind natürlich nicht anders als durch subjektives Nacherleben zu entscheiden; indem ich mich darauf berufe, möchte ich behaupten, daſs wer sich wirklich in seinen inneren Zustand bei egoistischem Verhalten und den bei hingebender Liebe zu einem Du versenkt, einen völlig qualitativen, funktionellen Unterschied zwischen beiden bemerken muſs, ein bis zum letzten Fundamente hinab anderes Leben, zwei Grundstimmungen, die überhaupt nicht auf einen Generalnenner zu bringen sind. — Diese Kritiken würden nicht lohnen, da es an sich völlig gleichgültig ist, ob Schopenhauer da und dort geirrt hat, und da man sich dem Gebenden gegenüber an das halten soll, was man von ihm annehmen kann und nicht an das, was man von ihm ablehnen muſs. Allein das positiv Belehrende — weil für das menschliche Denken Typische — an diesen Irrungen Schopenhauers ist, daſs sie alle auf einen einzigen Punkt konvergieren: auf die Bemühung, alle Bewegungen des Daseins auf zwei Strömungen, die des positiven und die des negativen Wertes zu reduzieren, welche vermöge der metaphysischen Fundierung der Welt in eine zusammenflieſsen und, weil es keine qualitativen Unterschiede zwischen ihnen gibt, keine bis auf ihren Grund hinabreichende Unvergleichbarkeit, keine gegenseitig unberührbaren Wertdimensionen — jenes absolut einheitliche und eindeutige Resultat ergeben müssen, das den Pessimismus begründet. D a r u m muſste das Wesen des Altruismus so tief hinuntergeführt werden, bis er seinen spezifischen Sinn verlor und nur nach seinem allgemeinen eudämonistischen Resultat galt, das bei ausgelöschtem Unterschiede zwischen Mir und Dir auch auf dem Wege des Egoismus erreichbar war; d a r u m durfte die sittliche Handlung kein ihren Glückserfolg für den Anderen überragendes Opfer fordern, da sie dann einen Wert jenseits jener quantitativen Abmessung gehabt hätte; d a r u m konnte alle Moral nur in der Aufhebung der personalen Unterschiedlichkeit, in der Verschmelzung des Ich mit dem Du bestehen, weil, wenn es bei dem Fürsichsein beider als unaufhebbarer Bedingung der sittlichen Werte verblieb, jene metaphysische All-Einheit bedroht war, in die das sittliche Tun seine Wertbedeutungen strömen ließ, um dort die absolut einheitliche Weltbilanz bilden zu helfen.

Diese Umbildung aller Eigenwerte bis zur Einmündung in die metaphysische Instanz, die prinzipiell nur Lust und Leid überhaupt, tatsächlich nur Leid kennt — diese Umbildung markiert sich endlich am vollkommensten in der Behauptung: alle Liebe ist Mitleid. Denn da jedes Wesen die Substanz seines Lebens am Leiden hat, so könne keine Tat der Liebe etwas anderes sein, als Linderung der Leiden des Anderen. Die Erkenntnis des fremden Leidens, unmittelbar durch die gefühlte Wesensidentität dem eigenen gleichgesetzt, mitgelitten, sei so das Motiv aller Aufopferungen und Hingaben, das Motiv, für das Liebe nur ein besonderer Name sei. Die Vergewaltigung der logischen und psychologischen Tatsachen durch die Tendenz der Reduktion auf die unindividuelle Leidenseinheit, liegt hier auf der Hand. Denn wenn Liebe nichts als Mitleid wäre, — wo liegt ihre Unterscheidung gegen alles Mitleid, das wir nicht als Liebe bezeichnen? Denn es würde zwar eines tieferen Sinnes vielleicht nicht entbehren, wenn man den Schopenhauerschen Satz noch dahin umkehrte: alles Mitleid ist Liebe — es würde damit das Mysterium der Liebe, nicht fern ihrem christlichen Sinne, sogar in das Verhältnis zum Feinde, zum Gleichgültigen, zum Verachteten hineinwachsen können und sich so als das mögliche Einheitselement aller menschlichen Beziehungen überhaupt offenbaren, da keine von diesen das Mitleid schlechthin ausschließt; allein Schopenhauer mußte dies unbedingt ablehnen, weil damit ein auf sein Weltmotiv nicht reduzierbarer Wert geschaffen wäre. Und so bleibt die Frage bestehen, wie er denn die Liebe, die Mitleid ist, von dem Mitleid scheiden will, das nicht Liebe ist. Notwendig also tritt zu jenem ersten Phänomen eine spezifische Differenz, die es von dem andern trennt, eben die Liebe als Liebe und als weiter nichts, als ein letztes Welt- und Wertelement. Indem Schopenhauer dies aus dem soeben berührten Grunde nicht anerkennen kann, steigert er doch nur einen Irrtum, den ich an der gewöhnlichen Vorstellung von der Liebe fast durchgehends zu erblicken glaube, bis ins Metaphysische. Wenn Liebe erwidert wird, und damit zu derjenigen Vollendung zu gelangen scheint, auf die sie ihrem Wesen und Sinn nach angelegt ist, so bezeichnet der Sprachgebrauch sie als »glücklich«; er deutet damit an, daſs sie ihrer inneren Direktive nach bestimmt sei, im Glücksgefühl zu münden; erst indem sie sozusagen zu Glück wird, hat sie ihre Idee erfüllt, während sie »unglücklich« ist, wo der Mangel an Erwiderung sie in ihrer Entwicklung abschneidet, sie nicht ganz zu sich selbst, zur Verwirklichung ihrer inneren Möglichkeiten kommen läſst. Damit aber scheint mir doch die eigenste Bedeutung der Liebe, auch nur als eines subjektiven Erlebnisses, zugunsten einer Begleiterscheinung entthront. In der Reihe der inneren Schicksale tritt die Liebe als ein an sich wertvolles, bedeutsames, groſses Ereignis auf und ob sie als solches zu ihrer Vollendung und höchsten Entfaltung kommt, hängt keineswegs davon ab, ob sie glücklich oder unglücklich ist, sondern von der individuellen Verfassung der Subjekte, die ihr dies äuſserste Bedeutungsmaſs manchmal in dem einen, manchmal in dem anderen Falle zukommen läſst. Der Doppelsinn des »Glücks« rückt die Liebe in eine ganz irrige Abhängigkeit von ihrem eudämonistischen Reflex und indem beides sozusagen falsch miteinander verwächst, erscheint die Liebe auch ihrer eignen Bedeutung und Entwicklung nach als Rudiment, als etwas nicht zu seinem eigentlichen Sinne Gelangtes, wenn sie nicht »glücklich« ist. Der Wert, den sie für die Seele besitzt und zu dem sie der Seele verhilft, mag durch das Echo, das sie findet, und dessen Rückwirkungen auf sie selbst nach Maſs und Art bestimmt und mit äuſserst differenten Glücksempfindungen ausgestattet werden — jenseits aller dieser besteht jener Wert als etwas schlechthin Einziges und Unabhängiges, als eine Funktion des Lebens, mit der dieses eine neue und unvergleichliche Bedeutung gewonnen hat und die sich mit allen möglichen Modifikationen, mit Glück und Unglück verbinden kann, aber durch alle solche Verbindungen das Fürsichsein dieser Bedeutung nicht einbüſst. So wenig nun die so gerügte Konfusion des populären Bewuſstseins samt ihrem Erfolge der Veroberflächlichung inhaltlich mit der Schopenhauerschen Liebestheorie zu tun hat, so kommen sie doch in dem entscheidenden Punkte überein: in der Verkennung der nicht auflösbaren, auf kein Allgemeines zurückführbaren Bedeutung der Liebe innerhalb der Totalität des Lebens und seiner Werte — eine Verkennung, die das gewöhnliche Bewuſstsein in relativem Maſse und undeutlich, Schopenhauer aber absolut und klar vollzieht. Von der Liebe her, in ihrer völligen Personalität und ihrer für Glück und Unglück unberührbaren Weihe drohte die letzte Gefahr für die Reduktion aller Lebenswerte auf eine absolut einheitliche, nur nach eudämonistischen Quanten abwägende Instanz. So ersann er in der Mitleidstheorie das geniale Mittel, das der Liebe einerseits ihre Bindung an den Gegensatz der Individuen nahm, ja sie überhaupt in der Aufhebung eben dieses bestehen lieſs, andrerseits den Punkt dieser Verschmelzung in das Leiden setzte, in das schlechthin eudämonistische Moment, in dem alle spezifischen Werte des Lebens zu rein quantitativer Ausgleichung zusammenrinnen. Darum darf die Liebe keine eigene Wurzel haben, so wenig wie der Genuſs an der Kunst, so wenig wie die sittlichen Beziehungen der Menschen.

In der Gesamtheit dieser Fälle hat Schopenhauer mit auſserordentlichem Instinkt den einzigen Weg eingeschlagen, auf dem sich für die heterogensten und in Wirklichkeit aus eigenem Rechte bestehenden Lebenswerte eine Einheit finden läfst: indem das Negative an ihnen zu ihrer Substanz erhoben wurde, das Aufheben des Willens, der Sonderexistenz, des Leidens. Dies ist ein sehr weittragender Typus innerhalb aller menschlichen Dinge. Persönlichkeiten, die von äufserst entgegengesetzten Tendenzen bewegt sind, gelingt es sehr oft nur auf eine einzige Art, zu einer gemeinsamen Aktion zu gelangen: durch gemeinsame Feindseligkeit, durch das Interesse an irgend einem Niederreifsen; sobald das positive Aufbauen in Frage steht, divergieren die praktischen Richtungen wieder unversöhnlich. Grofse Volksabstimmungen ergeben auffallend oft nur das negative Resultat der Ablehnung der fraglichen Vorschläge, während ihre Vereinigung zu einem einigermafsen einstimmigen Ja äufserst schwierig ist. Aus dem alten Ägypten wird für dies uns hier interessierende formale Verhalten ein höchst bezeichnendes Beispiel berichtet. Als es sich in einer bestimmten Periode um die religiöse Vereinheitlichung der bis dahin selbständigen Gaue handelte, fand es sich, dafs in dem einen Gau eine bestimmte Tierart zu essen verboten war, im zweiten eine andere, im dritten eine dritte usf. Um nun alle diese zu einem gemeinsamen religiösen Verhalten zusammenzubringen, blieb nichts übrig, als den Fleischgenufs überhaupt zu verbieten: nur die Verneinungspunkte innerhalb ihrer religiösen Sitten konnten in einem Vereinungspunkt zusammenfallen, der sich aus den positiven Erlaubtheiten logisch nicht konstruieren liefs. Nach diesem Typus also verfährt die ganze Schopenhauersche Wertlehre und ihre ethische Begründung. Er mufste alle Werte unter einen einheitlichen Gesichtspunkt rücken, damit sie so zusammenflössen und gegeneinander aufrechenbar würden, wie das Urteil des Pessimismus es voraussetzt. Aus dem ästhetischen Genufs, aus der Sittlichkeit, aus der Liebe, ja aus unserer ganzen geistigen Regsamkeit, die er als »eine fortwährend zurückgeschobene Langeweile« definiert, mufste die Positivität — und damit das Spezifische und Unvergleichbare — ihrer Inhalte verschwinden, sie mußten restlos in dem Zweck: das Leiden aufzuheben — aufgehen, um mit der so gewonnenen Vergleichbarkeit zu Faktoren einer schlechthin einheitlichen Lebensrechnung zu werden. —

Es ist nun höchst merkwürdig und führt erst in die letzten Tiefen der ethischen Stimmmung Schopenhauers, daß alle auf diese Weise gedeuteten und bis in den Weltgrund hinabgeführten sittlichen Werte bei ihm doch nicht in der Form des Sollens auftreten. Nicht nur so, daß er dem Moralphilosophen, der nur zu erkennen, aber nicht zu befehlen hat, Recht und Pflicht des Moralpredigers abspricht; sondern auch für das sittliche Leben selbst leugnet er, daß das rein moralische, unbedingt wertvolle Handeln aus einem Sollen, aus dem Bewußtsein eines verpflichtenden Imperativs hervorginge. Es gebe gar kein anderes »Sollen«, als eines, das durch Lohn oder Strafe begründet und bedingt ist; keine andere »Pflicht«, als die das Gegenstück eines »Rechtes« ist, d. h. übernommen ist, weil man sich durch ihre Übernahme einen Vorteil gesichert hat. Das absolute, von jedem »Zweck« gelöste Sollen, die kategorische, um ihrer selbst willen gültige Pflicht, wie Kant sie lehre, sei eine nirgends realisierte, in sich widerspruchsvolle Begriffskonstruktion. Ich habe schon oben angedeutet, was nach dem inzwischen Gesagten deutlicher sein wird, daß diese Ablehnung eines ideell und schlechthin geltenden Sollens von der pessimistischen Absicht bedingt ist; denn gibt es eine Pflicht im Sinne Kants, eine Pflicht, die nur, weil sie Pflicht ist, und durchaus um keines inhaltlich bestimmten Ergebnisses willen erfüllt werden soll — so ist diese Erfüllung ein Wert des Lebens, der in die Lust-Leid-Bilanz überhaupt nicht hineingezogen werden kann. Der Wert einer Handlung, die nicht um eines Zweckes, sondern um der Pflicht willen geschieht, ist ein ebenso absoluter, vor keiner höheren und ausgleichenden Instanz zu legitimierender, wie der Imperativ selbst, dem sie gehorcht, etwas Absolutes und nur durch sich selbst Legitimiertes ist. Diese Wertdimension, die die ganze Einheit des Schopenhauerschen Weltbildes zerstören würde, darf er nicht anerkennen. Aber dieses nur prophylaktische Motiv, das sozusagen ein bloſses Lokalinteresse der pessimistischen Philosophie repräsentiert, erschöpft die Bedeutung solcher Ablehnung des Kantischen Standpunkts nicht. Vielmehr handelt es sich hier um die allertiefsten und entscheidendsten Gegensätze, die die ethische Welt bis zu ihren letzten Fundamenten hinunter zwischen sich aufteilen. Es wird meine Aufgabe sein, zu zeigen, wie in der scheinbaren Plattheit jenes Schopenhauerschen Sollens- und Pflichtbegriffes, der beide sich im rein empirischen Zweckleben erschöpfen läſst, ein Gefühl und Bild des innersten Daseins sich ausspricht, das mit dem Kantischen zusammen die groſsen Möglichkeiten des ethischen Verständnisses unser selbst umschreibt.

Was hier einander entgegensteht, ist, kurz gesagt, die Überzeugung, daſs unser Handeln die Äuſserung eines fundamentalen und unabänderlichen Seins ist, und die andere, daſs wir als Träger der praktischen Werte eine unendliche Bildsamkeit besitzen, die, ohne jede Präjudizierung durch ein einmal gegebenes Sein, jeglicher sittlichen Forderung restlos genügen **kann**. Es ist nicht ganz ausreichend, dies als den Gegensatz der Determination und der Freiheit zu bezeichnen. Denn diese letztere Alternative dreht sich eigentlich nur um die **Möglichkeit** davon, wie es zu einer jener Entscheidungen kommen könne. Diese selbst erst stellen das abschlieſsende Urteil über unsere innerste Wesensbeschaffenheit dar, in ihnen formulieren sich die irreduzibeln Gefühle, mit denen wir die Entscheidungen der letzten Instanzen in uns begleiten. Die Frage, wie weit sich dies zu der Naturkausalität fügsam oder antagonistisch verhält, ist hier sekundär, denn sie setzt jenen Gegensatz erst mit den Forderungen eines ganz anderen Gebietes in Beziehung, und die Sicherheit oder Schwierigkeit, mit der diese Beziehung herstellbar ist, darf jene Entscheidung, die einfach eine Tatsache des inneren Lebens begrifflich feststellt, zunächst nicht alterieren. — Weil das Sein des Menschen sein Wille ist, ist Schopenhauer davon durchdrungen, daſs die moralische Qualität des Individuums ihm von vornherein mitgegeben, angeboren ist, daſs diese Qualität ein unveränderliches Sein ist, dem er, eben weil sie sein Sein ist, nicht entfliehen kann. Unser Tun ist mit und in diesem Sein bestimmt und ist nur das Mittel, durch das wir uns selbst allmählich kennen lernen. Die einzelne Handlung entscheidet sich nicht jedesmal von neuem und aus sich selbst, der Wille setzt nicht, wie die allgemeine Vorstellung ist und wie die Kantischen Konstruktionen es schlieſslich begründen wollen, in jedem Wahlfalle mit einer nur diesem Augenblick angehörigen, nur aus ihm geborenen Entscheidung ein; sondern weil wir ein für allemal so sind, wie wir eben sind, kann die Entscheidung nur nach einer durch dieses Sein vorgezeichneten Seite fallen. Damit ist — und dieses bildet den Drehpunkt unseres Problems — die Pflichtforderung mit ihrer Unbedingtheit verneint. Denn aus welcher Tiefe der eignen Vernunft und des Gewissens des Handelnden man diese auch herausholen mag, sie bleibt gegenüber dem Willen, der die Handlung zu entscheiden hat, immer ein Äuſserliches, sie tritt ihm mit einem: Gleichviel ob du willst — du sollst! entgegen. Dies aber wird sinnlos, wo die Beschaffenheit des Willens, dem dieses Soll gilt, von vornherein festgelegt ist. Das Fichtesche: »Wer sagt: ich kann nicht, der will nicht« — drückt die vorbehaltlose Bildsamkeit der Seele für die jedesmalige, wie auch immer lautende sittliche Forderung aus und ist deshalb das Korrelat der kategorischen Imperative, der Pflicht, die aus einer Welt der Werte in die der Wirklichkeit hinein gilt, gleichviel, ob diese ihr gehorcht — weil sie ihre eigne letzte Instanz ist und ihre Legitimation in sich und nicht in der Wirklichkeit hat. Jede ursprüngliche, in dem individuellen So-Sein der

Seele gelegene Schranke der Nachgiebigkeit gegenüber dem Gesetz ist damit abgelehnt, zugleich aber zweifellos eine für die gewöhnliche Begriffsbildung schwer überwindliche Schwierigkeit geschaffen. Denn jenes selbstherrliche Sollen, das unserm Willen vorgesetzt ist, muſs doch selbst schon von uns irgendwie **gewollt** werden, da es sonst ohne jeden Angriffspunkt in uns in der Luft schweben würde: wir müssen es schon wollen, damit es zur Norm unseres Willens werden kann. Wenn Kant unsere »reine Vernunft« dazu designiert, solche, aus der Welt des Ideals stammenden Imperative unserm »Willen« vorzuhalten, der ihnen dann folgen oder nicht folgen könnte, so ist dies ersichtlich keinerlei Lösung, sondern eine bloſse Benennung des Problems. Ich gestehe, daſs dieser seelische Vorgang, in dem wir, unsern hergebrachten Vorstellungen nach, unser ganzes Wollen sich oft genug gegen ein Sollen sträuben fühlen, das dennoch irgendwie ein Wollen sein muſs, weil wir ihm, ohne daſs jener Widerstand sich verminderte, schlieſslich folgen — ich gestehe, daſs ich hierfür keine ausreichende, anschauliche Deutung kenne. Vielleicht liegt hier einer jener typischen Grundvorgänge vor, die wir nicht in ihrer Einheit erfassen, sondern nur durch einen Zirkel zwischen zwei Elementen beschreiben können: daſs das Wollen sich nach dem Sollen richtet, das Sollen aber von vornherein schon ein Wollen sein muſs. Oder vielleicht liegt in diesen Sollensvorstellungen und ihrer bald alles überwältigenden, bald völlig kraftlosen Bedeutung für unsere schlieſslichen Aktionen eine Form der seelischen Energie, deren Sonderart und Verknüpfung mit dem sogenannten Willen noch nicht durchschaut ist.

Wenn dies in der religiösen Substantialisierung so ausgesprochen wird: Herr, nicht mein Wille geschehe, sondern deiner — so ist dies freilich ein logisch-psychologischer Widerspruch; denn das, wovon ich will, daſs es geschehe, das ist eben mein Wille, und ich kann nicht, wie der so Betende, wollen, daſs geschieht, was ich nicht will. Allein dennoch ist damit eine innerlich wahre, für das Gefühl ganz unzweideutige seelische Tatsächlichkeit ausgedrückt, so wenig sie in unseren psychologischen Begriffen glatt aufgeht: die ideale Forderung an den Willen, innerhalb seines Wollens nicht mehr er selbst zu sein, eine Wirklichkeit zu werden, die nicht seine eigene, sondern die eines Sollens ist, dessen Inhalte ihre Würde ganz jenseits alles Wollens oder Nicht-Wollens stellen. Für Schopenhauer fällt diese Schwierigkeit fort, weil für seinen Standpunkt die dem Willen gegenüberstehenden, eine von ihm unabhängige Welt der Werte konstituierenden Imperative nicht bestehen können. Der Wille ist das schlechthin Einzige und Einheitliche, ist das Sein, das in der Entwicklung seiner gegebenen Qualität unmittelbar das Leben des Individuums mit seinen Werten und Unwerten trägt. Darum ist ihm die Erscheinung der Reue nichts anderes, als das Bewuſstwerden, daſs man nicht seinem eigentlichen Willen und Wesen gemäſs gehandelt hat. Wo eine Leidenschaft den Intellekt so blendet, daſs er die Gegenmotive gegen die von jener geratenen Tat nicht in ihrem ganzen Umfang sieht, während sie nach vollbrachter Tat und gestilltem Begehren fühlbar und erfolgreich hervortreten: da werden wir inne, daſs wir getan haben, was wir nach unsern hauptsächlichen und dauernden Willensmotiven nicht hätten tun dürfen; und dieses Innewerden sei die Reue. Nirgends vielleicht deutlicher als hier markiert sich die unversöhnliche Gegenrichtung zwischen den beiden ethischen Perspektiven. Wo ein objektives Sollen jenseits des Willens gesetzt ist, wird die Reue gerade bedeuten, daſs der Wille sich selbst statt dem Sollen gefolgt ist. Gleichviel wie man dies psychologisch interpretieren mag: für diesen Standpunkt straft die Reue den nur sich selbst folgsamen Willen, seine mangelnde Bildsamkeit gegen die objektive Norm, welche ihm gleichsam in einem ideellen Raum gegenübersteht. Hier ist die Reue das Gefühl, das eine totale Wendung des Willens begleitet, eine Hinbildung seiner bisherigen Tatsächlichkeit zu der Norm, die nicht er selbst ist. Schopenhauer kann niemals eine derartige Änderung des Willens zugeben: er ist, was er immer war; was sich ändert, ist nur der Intellekt, der uns in gewissen Irrtumszuständen als unsere Absicht vorspiegelt, was diese garnicht ist, um dann, unsere wahre Willenstendenz erkennend, diesen Abfall von dem tatsächlichen Wesen unseres Willens schmerzvoll zu empfinden. Beide Deutungen werden den Tatsachen gleichmäfsig gerecht. Denn was die Schopenhauersche scheinbar besser erklärt: dafs der bösartige und gemeine Mensch es bereut, wenn er einmal anständig und selbstlos gehandelt hat — es bereut, indem er zu spät erkennt, dafs er damit seinem eigenen eigentlichen Wollen untreu geworden ist — das ist doch auch der anderen Deutung zugängig. Für ein derartiges Wesen ist eben das sittlich Negative, die Imperative der Immoralität genau so objektive Norm, genau so seinem Wollen als ein, bald erfülltes, bald unerfülltes Sollen gegenüberstehend, wie dem gut angelegten Menschen das Sittliche. Man mufs sich durchaus hüten, diese fundamentale Kategorie des aus sich gültigen Sollens, in ihrer einzigartig gleichzeitigen Nähe und Ferne zu unserem Wollen, mit irgend einem bestimmten Inhalt zu identifizieren. Vielleicht ist dieser Inhalt überhaupt, sogar innerhalb der normalen Moralität, für jedes Individuum ein irgendwie besonderer. Für den Menschen, der sozusagen seiner Idee, seiner Konstitution nach, für das Böse und Verderbliche bestimmt ist, erfüllt sich die Form des Sollens mit einem Inhalte, dessen Verfehlung in seinem Wirken ihn ebenso mit Reue erfüllen kann, wie wenn, nach der Schopenhauerschen Auffassung, diese Aktion die Verfehlung nicht der aufserhalb des Willens selbst stehenden Norm, sondern die der eigenen und individuellen Richtung des Willens selbst bedeutet.

Übrigens gibt es eine Reihe sittlicher Tatsachen und Wirkungen, die allerdings ihre tiefste Interpretation in der Schopenhauerschen Behauptung zu finden scheinen; dafs in unserm Sein, aber nicht in der einzelnen Handlung — die nur die Erscheinung jenes Seins, des metaphysischen Willens in uns, ist — die entscheidende Instanz unserer Sittlichkeit und damit der Punkt liegt, auf den die Verantwortung sich eigentlich richtet. Gegenüber den oberflächlichen Vorstellungen, mit denen wir unsere Verantwortungsgefühle zu deuten pflegen, erscheint mir Schopenhauers Meinung als unvergleichlich tiefer: daſs die Vorwürfe des Gewissens zwar unmittelbar das betreffen, was wir **getan** haben, im Grunde aber das, was wir **sind**. In der Tat: das eigentlich Bohrende des Gewissensvorwurfes, und daſs das Schlimme und Niedrige, das wir je getan haben, im letzten Grunde etwas für uns selbst schlechthin Unverzeihliches ist, etwas, was man vielleicht vergessen, über das man hinwegleben kann, dessen latente, auf der Lauer liegende Furchtbarkeit aber für uns nie erlischt — das betrifft garnicht die Tat selbst, den einzelnen Willensakt, den Zustand, in dem wir uns in jenem Augenblick des Handelns befanden, sondern betrifft das ganz Elementare und Radikale: daſs wir eben jemand **sind**, der so etwas tut, daſs unser Sein so ist, wie es dieser Tat entspricht, daſs unser Sein die Fähigkeit zu ihr ist. Was die triviale Moral lehrt: auf die Tat komme es im Moralischen nicht an, sondern auf die Willensabsicht hinter ihr — das ist erst hier zu seiner vollen Tiefe und Breite gelangt, wo der Wille nicht mehr als der einzelne, von einem bestimmten Anreiz entwickelte Impuls gilt, sondern als das fundamentale Sein, das keiner Zeit und keinem Wandel unterliegende An-Sich des Menschen. Hiermit verglichen erscheint jene populäre Zurückdatierung der sittlichen Veranwortung doch nur als der erste und vorläufige Schritt von der juristischen Beurteilung hinweg, der es nur auf die äuſsere Tat ankommt. Aber mit jenem ist man doch erst beim Moralismus angekommen, bei der für die tägliche Praxis hinreichenden Instanz des einzelnen Handlungswillens; dagegen ist jetzt erst hinter der im engeren Sinne moralischen Bedeutung jenes

12*

Weges vom Äußeren fort die letzte Station erreicht, die metaphysische; der ganze Mensch, d. h. sein absolutes, keinem Wechsel zugängiges Sein, ist der Träger, die eigentliche Wirklichkeit jedes einzelnen — also nur erscheinenden — Guten oder Bösen und der Verantwortung dafür.

Von unseren einzelnen Verhaltungsweisen ist vielleicht die Treue das augenfälligste Beispiel für eine moralische Wertung, die sich auf das Sein jenseits des einzelnen Wollens richtet. Daß man jemandem innerliche Treue bewahrt, ist garnicht, oder wenigstens nur sehr teilweise und indirekt, durch bewußtes Wollen zu erreichen. Indem man sich weiterentwickelt, fallen oft die Voraussetzungen fort, unter denen das ursprüngliche innere Verhältnis möglich war, und man wird mit derselben Notwendigkeit treulos, mit der die Blätter welken, wenn aus dem Sommer der Herbst wird. Dennoch wird dies als ein sittliches Manko, das Bewahren der Treue als sittlicher Wert empfunden: wenn man so angelegt ist, daß jene abbiegende Entwicklung nicht eintritt, wenn die Empfindung, über die man nicht Herr ist, dennoch immer die gleiche bleibt, so ist man sittlich. Dieses Sein ist der tiefe und fundamentale Wille in uns, der über das entscheidet, wozu seine einzelnen, bewußten Äußerungen nicht zureichen und auf dem so, auch wenn diese letzteren keine Verantwortung tragen, diese nun dennoch lastet.

Endlich scheint mir eine noch diffizilere Beobachtung die tiefe Bedeutung des Schopenhauerschen Gedankens von dem verantwortlichen Sein zu enthüllen. Die Gesinnung, deren wir uns als unsittlicher bewußt sind, ist nicht immer die Ursache, sie ist auch oft die Folge der ihr entsprechenden Tat. Die Tat geschieht oft, soweit wir sie in der psychologischen Erscheinung verfolgen können, in Gedankenlosigkeit, aus momentaner Schwäche, durch Verführung, in einer Bedrängung und mechanischen Vergewaltigung durch die Umstände, kurz, in einer Art Halbschuld. Die geschehene Tat aber demoralisiert den Menschen, sie produziert nachträglich den ihr adäquaten Gesinnungsgrund. Wir haben oft nicht ein schlechtes Gewissen, weil wir demoralisiert sind, sondern wir sind demoralisiert, weil wir ein schlechtes Gewissen haben. Insbesondere durch die Summierung kleiner Verfehlungen werden wir oft hinter unserem eigenen Rücken schlecht, in einem Gesamtblick über unsere Vergangenheit sehen wir uns plötzlich auf einer viel tieferen moralischen Stufe, als sie dem Bewufstsein des einzelnen Augenblicks entsprach. Dafs wir auf diese Weise schlecht werden können, ohne von der Freiwilligkeit davon so recht durchdrungen zu sein, das bewirkt eine tiefe Mutlosigkeit, als ob man das Sinken doch nicht hindern könnte.

Was bei moralischen Tragödien dieser Art geschieht, ist vielleicht nichts anderes als was Schopenhauer meint: dafs unsere einzelnen Handlungen, scheinbar aus immer von neuem einsetzendem Willensimpuls quellend, in Wirklichkeit nur die Gelegenheiten sind, durch die oder bei denen wir uns selbst kennen lernen. Aus dem Sein, das wir ein für alle mal sind, stammen all jene Handlungen, deren Verwebung mit äufseren Schicksalen sie sehr verschiedene Gesichter zeigen läfst, bis der Rückblick über viele uns plötzlich ein Gemeinsames in allen offenbart, das auf nichts anderes als auf uns selbst, den Schnittpunkt von allen, zurückweist. So lange wir der Zufälligkeit des Augenblickes, der Gunst und Ungunst äufserer und innerer Situationen eine wesentliche Rolle zuschieben, so lange glauben wir uns auch zu immer neuem Einsetzen, immer neuen radikalen Wendungen im stande. Erst erkennend, dafs durch all jenes Zufällige ein einheitlich Stabiles, das das Entscheidende sein mufs, hindurchgeht, sehen wir uns an eine Unveränderlichkeit unseres Seins gefesselt, die uns für unser Bewufstsein erst jetzt an eine nicht mehr zu erhöhende Stelle der moralischen Skala weist. Für all jene Einzelhandlungen, in denen der Willensimpuls und die Einwirkungen des Äufseren nicht auseinanderzukennen sind, fühlen wir uns so weniger verantwortlich; aber dieses ausschlaggebende Sein, gerade dieses nicht Redressierbare können wir nicht von uns ablehnen, für dieses, das wir sind, und nicht für die Einzelheit seiner Erscheinung, müssen wir einstehen.

Es wird sich nun leicht verdeutlichen lassen, wie diese »Freiheit« unseres Seins mit der Bestimmtheit unserer einzelnen Handlungen auf dem Boden jener Kantischen Voraussetzungen zusammen geht, die Schopenhauer akzeptiert hatte. Jede einzelne unserer Handlungen, im Reiche der Erscheinungen und in dessen Formen des Raumes, der Zeit, der Kausalität verlaufend, ist genau so naturgesetzlich determiniert wie die Form jeder Meereswelle oder jeder spielenden Flamme. Allein daſs überhaupt ein Sein da ist, das und dessen fundamentales Wesen von jenen Vorstellungsformen aufgenommen und sozusagen vereinzelt wird — das ist ein absolut Gegebenes, aus den empirisch-ursächlichen Zusammenhängen nicht Erklärbares. Das Sein überhaupt ist in diesem Sinne »frei«, weil es nichts auſser sich hat, wodurch es bestimmt werden könnte, und weil es auſserhalb jener, zwischen seinen singulären Erscheinungen spielenden Kausalverknüpfungen liegt; es ist nicht Erscheinung, für welche allein diese gelten, sondern der Grund oder die Voraussetzung der Erscheinung. Ist das Sein in einer seiner Erscheinungen erst einmal gegeben, so sind alle anderen notwendig determiniert; das Sein selbst aber brauchte nicht zu sein, es wäre damit keinem Gesetze, keiner Denknotwendigkeit widersprochen. Dies gilt ersichtlich auch für jenes Sein unser selbst. Der fundamentale Wille, der unser Sein ist, brauchte nicht zu sein, er brauchte in seiner ursprünglichen Beschaffenheit nicht so zu sein, wie er ist, weil er vor aller kausalen Determiniertheit existiert — wobei das Vor natürlich nicht das zeitliche ist, sondern das Vor der inneren Bedeutung und des metaphysischen Sinnes. Es wäre der Fehler aller Moralphilosophie, so äuſsert sich Schopenhauer, unser Sein als das unvermeidlich Gegebene, von vornherein Vorgefundene anzusehen, die einzelnen Handlungen aber in dem Sinne als frei, daſs wir für jede einzelne, als hätte sie als einzelne auch anders sein können, verantwortlich sind. Umgekehrt: diese eben ist unweigerlich bestimmt, das Sein aber brauchte nicht und brauchte nicht so zu sein — was sich darin ausdrückte, daſs es Wille ist. Wir können auf dieses Verhältnis, das an sich ein Mysterium ist, mit unsern ihm eigentlich unangemessenen Worten nur so hindeuten, daſs wir unser Wesen durch einen unzeitlichen Willensakt setzen, daſs wir dieser metaphysische Willensakt s i n d und nun freilich all unser Tun sich demgemäſs notwendig und ohne weitere Wahlfreiheit entwickeln muſs. Die Freiheit und mit ihr die Verantwortlichkeit ist aus dem Tun in das Sein gerückt, weil nur dieses aus dem sich aus sich selbst gebärenden Wollen entspringt oder vielmehr mit ihm zusammenfällt. Dies ist die Motivierung jener tiefen Bemerkung Schopenhauers, daſs die Schmerzen des Gewissens nach einer schlechten Tat nicht eigentlich die Handlung in ihrer singulären Bestimmtheit betreffen, sondern die Qualität unseres Wesens überhaupt, die wir durch jene nur e r k e n n e n; daſs wir jemand sind, der so etwas tun kann, aus dessen ursprünglicher Beschaffenheit ein solches Tun hervorgeht — das ist die eigentliche Qual, die um so furchtbarer ist, als wir eben diese Beschaffenheit einerseits als frei, als unser ursprüngliches So-Wollen und andrerseits als völlig unabänderlich, unwiderruflich empfinden. Die einzelne Tat als solche könnten wir wieder gutmachen, könnten durch eine Wendung unseres Handelns sie verbessern und austilgen und so wäre die unauslöschliche Reue über sie nicht begreiflich; aber unser Sein steht fest, es ist das Zeitlose in uns und an ihm haftet die Verantwortlichkeit, an ihm fühlen wir das Böse, das sich uns an uns offenbart, unserm tiefsten Grund entsprossen, den keine Reue erreichen und kein einzelnes Wollen umgestalten kann und das doch die Wurzel aller Reue und alles einzelnen Wollens ist.

Mit alledem konstatiert Schopenhauer die vielleicht

tragischste ethische Situation: die volle Verantwortlichkeit für ein prinzipielles Sein, das nicht zurückzunehmen ist, dessen »Freiheit«, indem es seine Verantwortlichkeit gründete, zugleich seine Unwiderruflichkeit festlegte. Aller scheinbare Wandel unserer moralischen Beschaffenheit ist ihm entweder nur ein Wandel der äußeren Umstände, der jenes beharrende oder, populär ausgedrückt, angeborene Sein verschiedenartige Äußerungen gewinnen läßt, oder er besteht in den Änderungen des Erkenntnisbildes, das von dem An-Sich unseres Wesens, sehr allmälig und schwankend, erwächst. Allein an diesem Höhepunkt seiner Deutung des ethischen Problems offenbart sich wieder die tiefe Fremdheit gegen jeden Entwicklungsgedanken. Die absolute Stabilität unseres »an sich seienden« Charakters, über dessen Zeitlosigkeit und also Unveränderlichkeit hin alle Variabilitäten unserer »Erscheinung« spielen, reflektiert unmittelbar die eigentümliche Starrheit in dem Grunde seiner Natur — seit der Vollendung seines Hauptwerkes in seinem dreißigsten Jahre ist eine eigentliche Entwicklung seiner Geistigkeit nicht wahrzunehmen —, die mit der ungeheuren Beweglichkeit in allen oberen Schichten derselben das reine Urbild jener Lehre bietet. In Wirklichkeit scheint mir die von Kant hergenommene Vereinigung von Freiheit und Notwendigkeit — jene uns zukommend, insoweit wir als »Dinge an sich« gelten, diese, insoweit wir als Erscheinungen, in Zeit und Kausalität, betrachtet werden — uns noch nicht in die absolute Unveränderlichkeit der in zeitlosem Akte ein für allemal ergriffenen Willensrichtung zu bannen. Schopenhauer erklärt es für unmöglich, daß ein Mensch unter den gleichen Umständen das eine Mal so, das andere Mal anders handle, weil die äußeren Bedingungen in gleichmäßiger Naturgesetzlichkeit wirkten, die Änderung also von dem metaphysischen Willen ausgehen müßte, der aber, weil er zeitlos ist, sich nicht ändern könnte. Warum aber, so kann man fragen, soll dieses letzte Sein in uns nicht auf einen Wechsel seiner Richtungen angelegt sein? nicht ein

Anderssein in sich tragen, das sich in seiner zeitlichen Erscheinung als ein Umschlag, eine Wendung, ein sich ablösendes Ja und Nein darstellt? Schopenhauer läſst den Satz: der Charakter ist angeboren — ganz naiv mit dem anderen identisch sein: der Charakter ist unveränderlich. Freilich, in der Zeit kann diese Änderung nicht vor sich gehen, denn die Zeit ist nur eine die Erscheinungen ordnende Auffassungsform, die das An-Sich der Dinge nicht berührt. Wohl aber lieſse sich denken, daſs dieses An-Sich, dieses Grund-Sein, das doch die Erscheinung nach sich bestimmt — denn ein anderer metaphysischer Charakter würde auch eine andere empirische Erscheinung ergeben — eine Beschaffenheit besitzt, die sich als ein in bestimmtem Zeitmomente eintretender völliger Wandel unseres Wesens offenbart. Diese Struktur könnten wir freilich nicht beschreiben, allein auch Einheit und Unveränderlichkeit sind nur symbolische Ausdrücke für das Geheimnis und die Unsagbarkeit des Absoluten unter dem Wellenspiel unserer erscheinenden Natur, so daſs auch jener transszendente Wandel und Entwicklung unseres Seins kein gröſseres Rätsel aufgäbe.

Es handelt sich hierbei keineswegs nur um eine begrifflich-spekulative Möglichkeit, sondern um den Gegensatz letztinstanzlicher Gefühle und Deutungen des inneren Lebens. Schopenhauer teilt nur das freilich äuſserst verbreitete Vorurteil, daſs das rein in sich selbst gegründete Transszendente, das der metaphysische Trieb dem Wechselspiel des Gegebenen unterbaut, in sich einfach und unwandelbar sein müſste; als könnte nur dies die Verfassung des fundamentalen, primären Daseins sein, während alle Entwicklung sozusagen eines Anstoſses, einer über das gleichsam Selbstverständliche hinausgehenden Motivierung und Schicksals bedürfte. Allein dies ist ein Dogma, vielleicht nur aus der oberflächlich beobachteten menschlichen Praxis entsprungen, da der Mensch im allgemeinen nur auf Anstöſse von auſsen her, durch Motive von jenseits seines aktuellen Zustandes her zu Wandlungen und Entwicklungen veranlaſst scheint. Erhebt man sich aber über diese typische Denkgewohnheit, so steht dem zeitlos Unveränderlichen die andere Interpretation unseres Wesens mit gleichem Recht gegenüber: die Entwicklung, das Anders-Werden sei der letzte innere Sinn dieses Wesens, die Form seiner metaphysischen Substanz — ohne Besorgnis, damit das Freie in uns in eine Zeitlichkeit zu degradieren. Denn hiervor bewahrt uns diese Analogie: wenn aus zwei Praemissen ein Schluſs folgt, so ist dies eine Entwicklung, ein Herauswachsen des einen aus dem anderen, das doch nicht zeitlich ist; sondern es ist zeitlos gültig, daſs der Schluſsatz besteht, wenn die Voraussetzungen bestehen. Wenn wir ein solches Verhältnis psychologisch verwirklichen, so gehen freilich diese voran, und jener folgt. Was wir aber mit diesem zeitlichen Prozeſs **meinen**, die in ihm bewuſst werdende Wahrheit, steht ganz jenseits dieses Nacheinanders, ist eine rein seinem Sinne nach erfolgende Entwicklung eines Inhaltes, die Einheit eines Gedankens, einer Wahrheit, die in dieser Stufenordnung ihrer Elemente besteht. Diesem Verhalten nun analog — zu mehr als symbolischem Ausdruck kann man es diesen Problemen gegenüber nicht bringen — lieſse es sich denken, daſs die tiefste Schicht in uns, an der Schopenhauer nur starre Unveränderlichkeit sieht, doch ihr Wesen an der Entwicklung hat, an Wendungen und Anderswerden vom Grunde her. Und da das Letzte in uns frei ist — weil es nichts mehr hinter sich hat, von dem es bestimmt werden könnte — so bedeutete Freiheit nicht wie für Schopenhauer die unwiderrufliche Entscheidung für eine Willensqualität, sondern lebte an den Wandlungen, an dem Auf- und Niedersteigen des innersten Lebens. Ersichtlich zeichnet sich an diesen metaphysischen Gegensätzen noch einmal die Stimmung des Pessimismus gegenüber der der Erlösungsmöglichkeit im Fortschreiten und in der Wendung zu dem Unerwarteten, die den tiefsten Grund unseres Wesens in die radikale Gegenrichtung zu seiner Vergangenheit, und doch ebenso natürlich und notwendig wie diese, dirigiert. Die Schopenhauersche Deutung des moralischen Grundproblems aber schmiedet das Tun des Menschen unentrinnbar und wandellos, zugängig nur dem Wechsel der Umstände und der Einsichten, an ein Sein fest, das aber in sich, unterhalb des Tuns, mit dem es in die Erscheinung tritt, frei ist; und diese Freiheit, welche bloſs negative Unberührtheit von der Kausalität der Erscheinungswelt ist, erhält ihre positive Bedeutung darin, daſs jenes Sein Wille ist. Den einzelnen Inhalt des Willens erzeugt die Verkettung der Erscheinungen; daſs wir aber im Ganzen des Lebens so wollen, wie wir wollen — das ist die ursprüngliche, mystische Tat unserer Freiheit. Und da das Leben fortwährend Wille ist und nichts anderes, so ist eben dieses Ganze des Lebens in seinem tiefsten Sinne ein moralisches Problem.

Freilich ist damit das moralische Problem noch in einem weiteren als dem bisher erörterten Sinne verstanden. Die Leistung des Willens, durch die er sich von der Unseligkeit seines mit der Tatsache der Welt gegebenen Wesens erlöst, stand bisher zwischen dem Ich und dem Du. Er vernichtete — was immer nur in sehr beschränktem Maſse möglich ist — den Widerspruch und die Selbstverzehrung, mit denen der Wille sich selbst vermittels seiner Spaltung in individuelle Erscheinungen trifft. Aber das bleibt ersichtlich sozusagen ein symptomatisches Verfahren, schon wegen des oben Betonten, daſs wir die Bewuſstseinsformen der Sonderung tatsächlich nie ganz überwinden können. Auf diesem Wege ist also die vollkommene Erlösung nicht zu erreichen. Auf ihm können wir im besten Fall einige der fürchterlichen Gegensätzlichkeiten, in die sich der Wille mit seiner Darstellung in der Welt der Sondergestaltungen begibt, nachträglich wieder gut machen; aber die Wurzel, aus der diese Gegensätzlichkeiten in uns und auſser uns mit ihrer Qual immer von neuem wachsen, bleibt bestehen. Darum wertet Schopenhauer ausdrücklich die moralischen Tugenden »nicht als den letzten Zweck, sondern nur als eine Stufe zu demselben.« Als dieser letzte Zweck bleibt also nichts übrig als die Vernichtung des Willens. Für Kant konnte die Moral die höchste Stufe einnehmen, weil er über dem Willen eine Norm anerkannte, die dem Willen einen absoluten Wert verlieh. Für Schopenhauer, für den es keine Norm gibt, und für den alles Wille ist, kann die moralische Tugend, die doch immer eine positive Willenstat ist, eben deshalb keinen definitiven Wert enthalten. Ist alle Wirklichkeit Wille und ist aller Wille Schuld und Leiden — so bleibt als das Wertvolle und Erlösende, wenn die Normen abgelehnt sind, in logischer Konsequenz nur das eine, einzige: die Aufhebung des Willens selbst. Wird der Weg, den der moralische Altruismus einschlug, die Niederreißung der Schranke zwischen dem Ich und einem Du, fortgesetzt, so steht an seinem Ende die Einheit des Ich mit dem gesamten Dasein, das Gefühl, daß wir in Wahrheit nicht Individuen, sondern der eine ganze, unteilbare Weltwille sind, und daß damit alles Leiden der Welt, alle Sinnlosigkeiten und Widersprüche in dieses eine wollende Ich gesammelt sind. Dies braucht natürlich nicht in bewußten Begriffen erfaßt zu werden, sondern ist ein Zustand des Seins, den nur das reflektierende Bewußtsein in diesen Begriffen ausdrückt; man könnte sagen: die hiermit gemeinte Seele verhält sich so, ist so beschaffen, als ob sie von dieser Erkenntnis bestimmt wäre. Diese Bestimmtheit kann aber nur den Erfolg haben, daß in der Seele eine völlige Abwendung vom Willen eintritt. Denn warum sollte sie ihm noch anhangen, mit dem nichts als Qual, nichts als die entsetzliche Ziellosigkeit und Enttäuschung des Daseins gesetzt ist? Die instinktive Macht, mit der der Wille in uns lebt, ist in dem Augenblick gebrochen, in dem wir wissen — d. h. nicht mit dem Verstande, sondern mit unserem ganzen Sein und Wesen wissen, daß er nicht befriedigt werden kann, daß sein Sinn die Sinnlosigkeit ist. Wer dies erfaßt hat, dessen Wille kann durch nichts mehr erregt werden: die Erscheinungen der Welt, die sonst Motive für ihn waren, werden nun zu Quietiven, der Wille stirbt in sich, er hebt in einem Prozeſs, den freilich ein empirisches Dasein des Lebens nie ganz zu Ende führen kann, die Erscheinung seiner Existenz auf, weil er deren Grund aufhebt.

Wie das gemeint ist, erhellt insbesondere daraus, daſs Schopenhauer als den äuſsersten Gegensatz zu dieser Erlösung, diesem Sich-Aufheben des Willens von innen her, den Selbstmord ansieht. Der Selbstmörder verneine keineswegs den Willen zum Leben, sondern er wolle durchaus das Leben — nur nicht unter den Umständen, unter denen es sich ihm bietet. Wer wirklich dem Willen entsagt hat, erträgt alle Leiden, weil sich nichts in ihm mehr ihnen entgegensetzt, ja, sie sind ihm der erwünschte Weg, sich immer tiefer und überzeugter in der Wurzel seiner Person vom Willen zu lösen, und was er verabscheut, sind gerade die Genüsse und die Hoffnungen, weil sie die Gefahr erneuter Bindung an das Leben mit sich tragen. Der Selbstmörder aber, gerade umgekehrt, möchte sehr gern leben, wenn er nur mehr zu genieſsen und nicht so viel zu leiden hätte: gerade weil er nicht aufhören kann, zu wollen, hört er auf zu leben. Darum gewinnt der Selbstmörder keine Erlösung. Denn der metaphysische Wille in ihm ist nicht erstorben, sondern von äuſserster Heftigkeit, von so groſser, daſs er sogar um seiner Hemmung durch das Leiden willen, seine eigene Erscheinung zerstört — wie er sonst, nach auſsen gewandt, die Erscheinung anderer zerstört. Sich selbst, nicht sein individuelles Phänomen, muſs der Wille im Menschen aufheben, sonst bleibt — so drückt Schopenhauer dieses mystische Ereignis aus — das Ding-an-sich in ungestörter Existenz und mit ihm das ganze Leiden des Daseins, dem der Selbstmörder gerade entfliehen wollte. — Freilich, diese verstandesmäſsige Konstruktion gelangt nicht an ihr Beweisziel. Ohne weiteres wird man zugeben, daſs, wer das Leben wirklich verachtet, keinen Grund hat, es sich zu nehmen, und wer dies tut, es nicht aus Haſs des Lebens, sondern aus unglücklicher Liebe zu ihm tut. Aber andrerseits müfste Schopenhauer zugeben, dafs, wer sein individuell-empirisches Leben zerstört, damit auch die Möglichkeit der Leidensempfindung aufhebt. Denn nur, wo der Wille sich das Organ eines empfindenden Gehirnes geschaffen hat, spiegelt sich sein Wesen in der Form der Qual. Gewifs vernichtet das Auslöschen des Willens die **Möglichkeit** des Leidens überhaupt; aber dessen bedarf es nicht, wenn das Auslöschen der Erscheinung seine **Wirklichkeit** ohne Rest abschneidet. Mehr als gegenüber irgend einer anderen Frage praktischer Werte betont Schopenhauer, dafs die Argumente der bürgerlichen und theologischen Moral gegen den Selbstmord völlig unzureichend wären, dafs er aus keinem anderen Grunde als um seiner metaphysischen Zwecklosigkeit willen verworfen werden dürfe. Und die Brüchigkeit seiner Argumentation, das Totschweigen der Tatsache, dafs die dem Selbstmord freilich allein gelingende symptomatische Kur des Lebensleides, weil sie radikal ist, genau dasselbe leistet wie die Abtötung des Lebenswillens von innen her — mag noch so unverkennbar sein, so hat er doch mit der Unterscheidung und Degradierung des Selbstmordes gegenüber der wirklichen Verneinung des Willens einem ganz tiefen Wertgefühl seine Formel gegeben. Wer das Leben überwunden hat, wie der Asket, der weder im Ganzen noch im Einzelnen mehr vom Leben etwas will, braucht es nicht mehr gewaltsam zu vernichten, weil es für ihn schon zum Nichts geworden ist; wer es sich nimmt, beweist damit, dafs er es nicht überwunden hat. Freilich besteht diese Entscheidung nur zu Recht, insoweit die letzte, wurzelhafte Bedeutung des Lebens in Frage steht; eine andere gilt gegenüber dem Leben als einer Reihe empirischer Schicksale und Taten, der auch der Tod eingeordnet ist. Hier mag ein unheilbares Körperleiden oder der Verlust aller Möglichkeiten, die Existenz mit einer irgend adäquaten Tätigkeit zu erfüllen, den Selbstmord rechtfertigen; er ist hier Sache einer verstandesmäfsigen Abwägung einzelner Lebenswerte, nicht anders wie wenn die Amputation eines Gliedes in Frage steht. So kann der Selbstmord, so paradox es klingt, gerade in den weniger radikalen Fällen eher als begründet erscheinen; aber dem tiefen und totalen Fertigsein mit dem Leben ist er nicht angemessen; diesem gegenüber gilt die Schopenhauersche Entscheidung — die er, wie so vieles andere, so tiefsinnig behauptet und so schlecht beweist —, dafs das äufsere Vernichten des Lebens ein ganz zweckloser und widersprechender Ausdruck der inneren Lösung des Lebens von sich selbst wäre.

Dafs Schopenhauer aber vor jener merkwürdigen Lücke und Gewaltsamkeit des Beweises nicht scheute, liegt daran, dafs ihn die unselige und doch mit seinem Denksystem untrennbar verflochtene Beschränkung auf Lust- und Leidwerte zwang, etwas viel Oberflächlicheres zu beweisen, als er eigentlich meinte. Seine Deutung der Erlösung des Willens durch Verzicht und Abkehr von allem Wollen geht doch nur darauf, dafs das absolute, überindividuelle, grenzenlose Miterleben des Leidens der Welt in dem Subjekte einen Abscheu vor dieser Welt bewirkt, eine Abkehr von allem Dasein, d. h. von dem Willen, der dem Leiden die Wirklichkeit und der Wirklichkeit das Leiden bereitet. Um bei dieser Motivierung der Willensverneinung dennoch den Selbstmord verwerfen zu können, mufste er freilich die Tatsache umgehen, dafs der Selbstmord das einzige Werkzeug, in dem das Leiden sich als solches erzeugt, den individuellen Organismus, beseitigt, ohne einen Rückstand und also ohne irgendwelche weitere Leidensmöglichkeit zu hinterlassen. Tatsächlich aber meint er etwas viel Tieferes, als sich innerhalb der dogmatischen Wertung nach Lust und Leid ausdrücken läfst — wie auch der ästhetische Genufs und der sittliche Wert in seinem eigentlichen Wissen und Instinkt viel wahrer und tiefer leben, als jenes Dogma ihm zu formulieren gestattete. Die Abkehr vom Leben, der asketische Verzicht auf alles Begehren, in dem

Schopenhauer die Vollendung und Heiligung der Seele sieht, ist etwas sehr viel Weiteres und Fundamentaleres, als daſs er sich bloſs durch das Leiden — und wenn die metaphysische Einheit der Welt deren ganzes Leiden in die persönliche Seele hineinleitete — motivieren lieſse. In dem Leben der heiligen Büſser und Asketen aller Religionen, in denen Schopenhauer die Verwirklichungen seines Ideales erblickt, tritt ein derartiger Grund der Willensverneinung sehr selten bemerkbar hervor. Und obgleich Schopenhauer in auſserordentlich wahrer und einleuchtender Weise bemerkt, man dürfe alle die abergläubischen, kindischen und phantastischen Motive, die sich die Asketen selbst an der Oberfläche ihres Bewuſstseins für ihr Tun vorspiegeln, nicht für die wahren, tatsächlich entscheidenden halten — so darf man diese Diskrepanz zwischen dem Sein dieser Seelen und ihrer Vorstellung von den Gründen ihres Seins nicht zu jeder beliebigen Interpretation dieser Gründe miſsbrauchen; die fruchtbare Idee Schopenhauers, daſs die wirklichen Motive der Menschen ein eigentlich ganz zufälliges Verhältnis zu dem Bewuſstsein ihrer Motive haben, hat zu unsäglichen psychologischen Willkürlichkeiten verführt, für die er selbst hier das Vorbild gegeben hat. Wir haben kein Recht, dem asketischen Heiligen jene spezielle, eudämonistische Begründung seines Sich-Abwendens vom Leben unterzuschieben; ein viel allgemeineres, ein Urphänomen vollzieht sich in ihm, das die Metaphysik des Willens unvergleichlich ausdrücken kann, wenn sie sich von jener Verquickung mit dem Pessimismus befreit. So grundlos das Aufsteigen des Lebenswillens ist, so grundlos ist sein Herabsinken, so wenig es zu motivieren ist, daſs er sich überhaupt auf Ziele wendet — da vielmehr nur der Wechsel der einzelnen Ziele der Motivierung bedarf —, so wenig entspricht es einer angebbaren Anregung, daſs der Wille sich gegen sich selbst richtet. Für den Blick, der von jenseits des Optimismus wie des Pessimismus herkommt, ist beides ein gleichmäſsig wundervolles Schauspiel, wie der Reiz des Springbrunnens in dem aufwärtsdrängenden Strahle und seiner wie über lauter unsichtbare Hemmnisse siegreichen Kraft nicht mehr liegt als in dem niederfallenden, den nicht weniger mächtige Energieen zu seinem Ausgang zurücklenken. Denn dieses Erlöschen des Willens in der asketischen Resignation ist etwas völlig anderes als Schwäche des Willens; dem Willensschwachen fehlt es durchaus nicht an Willen, im Gegenteil, er pflegt viele Ziele und oft mit verzweifelter Heftigkeit zu begehren; allein es fehlt ihm die dauernde Konzentration auf das einzelne Ziel, sein Wille zerflackert, ohne die Form der Wirksamkeit zu finden. Der Wille des Asketen indessen besitzt gerade die höchste Konzentration und zugespitzte Wirkung, da er sich nicht auf äußere Objekte, die immer an der Peripherie des Ich liegen, richtet, sondern sich selbst zu seinem Gegenstande macht, nicht mehr die Welt, sondern sich selbst bezwingt. Daher sind es oft gerade die Menschen des leidenschaftlichsten, ja gewalttätigen Lebens, die um die Heiligkeit werben. Die Kraft des Willens, die sonst unruhig und aus sich herausführend bald dieses, bald jenes ergriffen hat, bleibt nun in sich beschlossen, der Wille stirbt nicht mehr an den Dingen, die er doch nicht bezwingen kann, sondern an sich selbst. Die heilige Reinheit und Vollkommenheit des Lebens, die in dieser die Welt überwindenden, weil nicht mehr die Welt wollenden, Rückkehr in sich selbst liegt, ist freilich in ihrem Werte nicht zu erweisen, und Schopenhauer, der diesen Wert im tiefsten weiß, verkleinert die Größe seines Gedankens, wenn er ihn aus dem Leiden und seiner Aufhebung deduzieren will. Es ist die schlechthin metaphysische Wendung, die ihren Maßstab nicht an ihren Erfolgen, sondern nur an sich selbst und an ihrem Gegenstück, dem Ergreifen der Welt durch den sich bejahenden Lebenswillen, besitzt.

Aber mit der bewunderungswürdigsten Weite und Tiefe umschreibt die Willensmetaphysik die innere Bedeutung der asketischen Entsagung, indem sie die Welt der Erscheinungen aus dem Willen als dessen Geschöpf, Spiegel und Spielraum hervorgehen ließ. Denn damit wird aus dem letzten metaphysischen Grunde heraus gedeutet, daß dem Heiligen die Welt verschwindet, ihm zum substanzlosen, unwirklichen Schemen wird; was als ein Gleichnis zu gelten pflegt: daß dem Heiligen, dem Büßer die Welt »nichts ist«, gewinnt nun Unmittelbarkeit und Wahrheit. Indem er seinen Willen überwand, hat er die Welt überwunden, die nichts anderes ist als das Erzeugnis und der Reflex dieses Willens, als der Ort, den er sich durch sein Vorstellen schuf, solange er sich nach außen zu verbreiten begehrte. Der Wille, der sich bejaht, hat die Welt; der sich verneint, hat sie nicht mehr, weil er ihrer nicht mehr bedarf, und weil nur sein Bedürfen sie geschaffen hat. Über alles bloß Moralische und über alle Lust- und Leidfragen hinweg hat das Leben sich hier in sich selbst vollendet, ohne einen Rest Welt hinter sich zu lassen: mit der Erlösung von sich selbst hat der Wille auch all sein Außer-Sich in das Nichts aufgelöst, weil es jetzt nicht mehr von ihm geschaffen, durchströmt, erhalten wird. Für alle Zeiten hat Schopenhauer den Zustand des Heiligen, in dem der Wille sich selbst und damit die Welt aufgehoben hat, mit Worten gedeutet, wie sie nur die Sehnsucht des Unerlösten nach der Erlösung finden kann:

»Er blickt nun ruhig und lächelnd zurück auf die Gaukelbilder dieser Welt, die einst auch sein Gemüt zu bewegen und zu peinigen vermochten, die aber jetzt so gleichgültig vor ihm stehen wie die Schachfiguren nach geendigtem Spiel oder wie am Morgen die abgeworfenen Maskenkleider, deren Gestalten uns in der Faschingsnacht neckten und beunruhigten. Das Leben und seine Gestalten schweben nur noch vor ihm wie eine flüchtige Erscheinung, wie dem Halberwachten ein leichter Morgentraum, durch den schon die Wirklichkeit durchschimmert, und der nicht mehr täuschen kann.«

Siebenter Vortrag.
Die Menschheitswerte und die Dekadenz.

Wie Schopenhauer nur einen einzigen absoluten Wert kennt: Nicht-Leben — so kennt Nietzsche gleichfalls nur einen: Leben. Wie für jenen alle sonst als selbständig anerkannten Werte: Schönheit und Heiligung, metaphysische Vertiefung und Sittlichkeit nur Mittel sind, die auf das Endziel der Verneinung des Lebens ausgehen, so sind diese und alle andern Güter und Vollkommenheiten für Nietzsche ein Mittel der Bejahung und Steigerung des Lebens. Mit dem definitiven Werte der Lebensverneinung hat Schopenhauer das Mittel gefunden, den Bewegungen des Lebens eine ideale Einheit zu geben, die doch nicht ein Endzweck ist — denn der Zweck des Lebens kann es nicht wohl sein, nicht mehr zu leben, vielmehr ist dies eine ganz einzigartige, der teleologischen ganz fremde Sinngebung — und zugleich mit dem absoluten Zweck doch auch die relativen aufzuheben, wie die Entwicklungsidee sie statuiert. Indem so das Leben rückwärts gedreht wird und einen Sinn nur an der Direktive, die es auf das tote Gleis führt, bekommt, wird die Aversion Schopenhauers gegen die »Geschichte« begreiflich. Er selbst freilich rechtfertigt sie anders: alle Wissenschaften und insbesondere die Philosophie habe es mit dem Zeitlosen und Allgemeinen zu tun, die Geschichte aber sei kein eigentlich würdiger Gegenstand des Geistes, weil sie sich nur mit dem Einmaligen und den individuellen Zufälligkeiten abgebe. Dies aber ist nur die logisch konstruierte Rechtfertigung für jene tiefer motivierte Abneigung gegen die Geschichte. Wo das Nacheinander der Tatsachen grundsätzlich jede Wertentwicklung ausschließt, können die Tatsachen sich nicht zu dem, was wir Geschichte nennen, zusammenfügen. Denn so fern man den Spekulationen stehen mag, die die Geschichte der Menschheit einem Endzweck und der Realisierung eines allbeherrschenden Wertes zuführen, so hängen doch die einzelnen Stadien abgegrenzter Epochen nur so zusammen, daß Ziele und Werte, in der einen angelegt, rudimentär, im Zustand des Strebens — in der andern zur Wirklichkeit, zu höheren Maßen, zu vollerem Sinne gelangen. Die Geschichte als Ganzes zeigt vielleicht keinen Sinn, Fortschritt, wirkliche »Entwicklung«; aber wenn diese Kategorien nicht die je einander folgenden Momente verknüpften, so gäbe es keine Geschichte, sondern nur ein Geschehen. Es verkündet von vornherein den tiefsten Gegensatz Nietzsches zu Schopenhauer, daß geschichtliche Vorstellungen sein ganzes Denken formen; die Wertbegriffe, deren Steigen und Sinken ihm den Sinn des Weltprozesses, soweit der Mensch ihn trägt, ausmacht, sind spezifisch historischer Natur, das Bedürfnis nach Erlösung, bei Schopenhauer zu einem bloßen Nein allem Leben gegenüber erstarrt, befriedigt sich für ihn in der endlosen geschichtlichen Entwicklung unsrer Art. Die von Schopenhauer statuierte Scheidung: das einmalige, zufällig-individuelle Sich-Ereignen des Geschichtlichen und die zeitlos wertvolle, allgemeine Idee — hebt Nietzsche auf, indem ihm die innerhalb unsrer Art-Entwicklung herausgebildeten Werte, die Höhe- und Konzentrationspunkte des geschichtlichen Lebens in die Region des absolut Gültigen, dessen, was schlechthin sein soll, hinaufgehoben sind. Es besteht bei ihm die eigentümliche Kombination, die er selbst übrigens nie in logischer Abstraktheit, sondern sozusagen immer nur in ihren konkreten Anwendungen denkt: daß all die menschlichen Qualitäten, in denen das Leben sich bejaht: Willensenergie und Vornehmheit, Denkkraft und Milde, Gesinnungsgröße und Schönheit — ihren

Wert zwar dadurch gewinnen, dafs durch ihr Auftreten die Menschheit aufwärts geführt wird, dafs sie aber doch keineswegs blofs Mittel sind; sondern indem sie jenen allgemeinen Zweck realisieren, besitzen sie eine in sich unabhängige Bedeutung, sind absolute Werte, die ihren Wertcharakter keineswegs erst dem Zwecke entlehnen, zu dem sie Mittel sind. Denn auch jenes Höhere, dem sie den Boden bereiten, das gesteigerte Mafs des Menschentums besteht in nichts anderem als in den immer höheren, immer intensiveren Erscheinungen aller jener Qualitäten. Das Leben, so sehr es eine Urtatsache ist, die und deren Wert nicht aus Ursprünglicherem zusammenwächst, sondern nur als einheitliche »erlebt« werden kann, ist andrerseits, wenn man es sozusagen als historische Erscheinung ansieht, nichts als der abstrakte Name, der einheitliche Aspekt für jene einzelnen wertvollen Beschaffenheiten und Energien. Dafs diese vorhanden sind — das eben ist Leben und zugleich der Träger seiner wachsenden Intensität, während alles, was wir klein und feige, stupid und häfslich nennen, an sich ein Minder des Lebens und zugleich eine Minderung seiner Zukunft ist. Und weil es keine Grenze für die Fülle des Lebens gibt, haben jene Beschaffenheiten die einzigartige Stellung, in jedem Augenblick Zielstation und zugleich Durchgangsstation unsrer Wertverwirklichungen zu sein. In dieser Formulierung wird Nietzsches Lehre zur reinsten Darstellung des Entwicklungsgedankens, der den absoluten Wert in sich hineinzieht, statt ihn am Ende, also dem Prozesse selbst äufserlich, stehen zu lassen: die einzelnen Stadien des geschichtlichen Lebensprozesses, in denen er, rein als solcher, sich hebt und kondensiert, können trotz ihrer Relativität, ihres Stufencharakters dem künftigen, dem »Über«-Menschen gegenüber, von absolutem, nicht erst an ihren anderweitigen Folgen legitimiertem Werte sein, können diesen Wert rein als Sein, als Beschaffenheit besitzen — eben weil alle Zukunft, die sich über sie und aus ihnen baut, nur ein Mehr ihrer selbst ist, kein plötzlich,

d. h. geschichtslos eintretender Umschwung des Daseins, wie ihn Kant und die Mystik, Schopenhauer und das Christentum lehren. Und so geht der geschichtliche Prozeſs ins Unendliche, die Absolutheit des Wertes ist in seine relativen Stufen aufgelöst, kann an seinen vergänglichen und überleitenden Erscheinungen haften, ohne ihr Definitives, ihre nicht über sich hinausfragende Würde einzubüſsen. Dadurch, daſs das Leben sich in der Form des Geschichtlichen, d. h. des Endlichen, abspielt, kann es der absolute Wert sein, ohne daſs der Weltprozeſs ein Endziel — auch nur in der Idee — besäſse.

Diese prinzipielle Vorstellung oder Empfindung von dem Wertsinn unsres Daseins, die gleichsam ideell in Nietzsche vorgezeichnet war, wurde nun durch die besondere Kulturlage, die er vorfand, in einer bestimmten, sein ganzes Denken beherrschenden Richtung theoretisch ausgemünzt. Oder vielleicht richtiger: weil die in jener Werttheorie ausgedrückte Stimmung ihn beherrschte, hat er die geschichtliche Welt, die er vorfand, in der folgenden Weise gedeutet. Im Lauf der Geschichte — dies ist sein grundlegendes Motiv — insbesondere seit dem Christentum, hat die Majorität, die naturgemäſs aus den Schwachen, Mittelmäſsigen, Unbedeutenden besteht, die äuſsere und innere Herrschaft über die Minorität der Starken, Vornehmen, Eigenartigen erlangt. Teils als Folge und Ausdruck, teils als Ursache davon sind die ursprünglichen moralischen Werte völlig umgewandelt worden. Es war, wie die Sprachgeschichte zeigt, ursprünglich »gut«, zu siegen, zu herrschen, seine Kraft und Vollkommenheit erfolgreich, wenn auch auf Kosten andrer, zu entfalten; der Schlechte war der Unterliegende, der Schwächliche, der Unvornehme. Diesen Wertgegensatz haben die demokratisch-altruistischen Tendenzen, wie sie am klarsten im Christentum herrschen, umgeprägt: gut ist jetzt der Selbstlose, der auf das Sich-Durchsetzen verzichtet, der für andere, für die Schwachen, Armen, Untenstehenden lebt; ja diese selbst, die

Leidenden, Entbehrenden, Zukurzgekommenen, sind die eigentlich »Guten«, die Seligen, derer das Himmelreich ist. Und die begreifliche Folge davon ist, daſs selbst die Starken, die von Natur Befehlenden, die innerlich und äuſserlich Unabhängigen sich nicht mehr natürlich und unbefangen, sondern nur noch mit schlechtem Gewissen ausleben — vor dem sie sich retten, indem sie sich selbst nur als Ausführer höherer Befehle geberden, der Autoritäten, des Rechts, der Verfassung oder gar Gottes; so heucheln die, welche herrschen, die Tugend derer, welche dienen. Diese Wendung der sittlichen Interessen nach unten, diese Wandlung der sittlichen Würde: daſs sie nicht mehr der Steigerung des Lebens, seiner Fülle, Schönheit, Eigenart zukommt, sondern dem Verzicht zugunsten des Schwächeren, der Hingabe des Höheren an den Tieferen — muſs unabwendlich eine Herabstimmung, Vermittelmäſsigung des allgemeinen menschlichen Typus zur Folge haben. Das Herdentier Mensch ist dadurch, daſs es sich selbst, nämlich die Majorität, die Unterdrückten, die Zurückgebliebenen, zum Sollensinhalt der höheren und höchsten Exemplare gemacht hat, zum Sieger über diese geworden. Während der gesunde Lebensinstinkt auf Wachstum, Häufung von Kräften, Willen zur Macht geht; während nur der Gehorsam gegen diese Antriebe die Gattung ins Höhere entwickeln kann, sind durch die Umbiegung der Ideale nach unten die Instinkte und Kräfte verstümmelt worden, die die Gattung nach oben treiben. Die christlichen, altruistisch-demokratischen Wertbegriffe wollen den Starken zum Diener des Schwachen, den Gesunden zum Diener des Kranken, den Hohen zum Diener des Niederen machen; und in dem Maſse, in dem dies gelingt, verkümmern die Führenden auf das Niveau der Masse, und alle scheinbare Sittlichkeit der Güte, Herablassung, Hingabe, Entsagung bringt eine immer tiefere Heruntersetzung des Typus Mensch und seiner oberen, aufwärts gehenden Werte mit sich.

Der Angelpunkt in dieser Gedankenverkettung ist dies:

das Christentum bedeutet die religiöse Weihe des sinkenden, verfallenden Lebens. Es gibt eine Äuſserung des heiligen Franziskus — Nietzsche hat sie wohl nicht gekannt —, die die christliche Heiligung des Wertlosen, der Wertverneinung ohne jeden Vorbehalt zu bestätigen scheint: »Du willst wissen, warum mir die Menschen nachfolgen? Weil es die Augen des Höchsten also gewollt haben. Da sie unter den Sündern keinen geringeren, keinen unzulänglicheren, keinen sündigeren Menschen gefunden haben als mich, so haben sie mich auserwählt, um das wunderbare Werk zu vollbringen, das Gott unternommen hat; mich hat er erwählt, weil er keinen Niedrigeren finden konnte, weil er also Adel, Gröſse, Kraft, Schönheit und Weisheit der Welt zu schanden machen wollte«. Dennoch liegt hier ein ungeheures Miſsverständnis Nietzsches vor, daher stammend, daſs er keine spezifisch transscendente Natur, sondern eine auf Leben, Geschichte und Moral gestellte war. Darum blieb es ihm verborgen, daſs ein wesentliches Maſs seiner und der christlichen Wertungen unter dieselben Oberbegriffe gehören, wenn man nur die transscendenten Beziehungen und Glaubensvorstellungen des Christentums dazunimmt und es nicht, wie Nietzsches Blickrichtung es freilich mit sich brachte, auf seine dem Irdischen zugewandten Rangierungen beschränkt. Vor allem: es kommt beiden ausschlieſslich auf die **Seinsbeschaffenheiten** des Individuums an, die für Nietzsche im Begriff des Lebens ihre Kulmination oder ihren Ausdruck gewinnen, im Christentum aber als Elemente einer höheren, göttlichen Ordnung, innerhalb deren sie ähnlich, wie ich es vorhin an dem Lebensbegriff Nietzsches zeigte, die eigentümliche Doppelstellung als Endwerte und als Glieder eines über sie hinweggreifenden Ganzen besitzen. Nietzsche übersieht im Christentum völlig diese Zuspitzung zu dem Eigenwerte der Seele, indem er das christliche Wertgefühl ausschlieſslich in den Altruismus verlegt. Nicht auf den, dem gegeben wird, sondern auf den, der gibt, nicht auf den, für den gelebt wird, sondern auf den, der lebt, kommt es Jesus an. Wenn der reiche Jüngling sein Gut an die Armen verschenken soll, so ist das keine Anweisung zum Almosengeben, sondern ein Mittel und Zeichen der Vollendung und Befreiung der Seele. Es handelt sich dabei um Unterschiede von der größten Zartheit, die in der praktischen Erscheinung nicht sichtbar werden, aber über den inneren Wertsinn des Lebens absolut entscheiden. Ob das Verhalten der Seele insoweit bedeutsam ist, als es ein Tun ist, auf Objekte gerichtet und an der Wirkung auf diese sein Recht und seinen Wert gewinnend — oder ob ihre Beschaffenheit, die sich in allem Tun nur ausdrückt oder seiner nur als eines Mittels zu sich selbst bedarf, alles Recht und allen Wert in sich trägt — dies ist die große Alternative. Dabei ist jene Betätigung keineswegs nur im Sinn des äußeren Erfolges gemeint, sie mag vielmehr als bloßer »guter Wille«, als die wie auch immer auslaufende Bestrebung der Seele verstanden werden; das Entscheidende für diese Seite der Alternative ist nur, daß die Betätigung am Objekt, am Wohl des Nebenmenschen, an der Herstellung eines Werkes der Sinn der moralischen Existenz, der Träger ihres Wertes ist, auch wenn solches Tun rein als Vorgang in der Seele selbst angesehen wird. Dies ist die Wertsetzung Kants, der Demokratie, der sozialen Ethik. Aber mit ganz prinzipieller Wendung legt das Christentum und legt Nietzsche allen Wert der Seele in ihre rein innerlichen Qualitäten, ihr nicht aus sich heraustretendes So-Sein. Gewiß tritt dieses tatsächlich im Handeln aus sich heraus, muß es und soll es; allein nicht in dieser zentrifugalen Richtung, so sehr sie auf ihren rein sittlichen Wert hin angesehen sein möge, sondern in der zentripetalen liegt der Wert des Handelns, das nur eine Offenbarung oder eine Förderung jenes Beschaffenseins der Seele ist. Dieses mag nun, inhaltlich und seinen Äußerungen nach, bei beiden aufs weiteste divergieren: die Form der Wertsetzung, die Lage des definitiven Wertpunktes ist die gleiche. Innerhalb des Christentums drückt ein kalvinistisches Motiv dies mit eigentümlicher Paradoxie aus. Jede Seele sei durch göttlichen Ratschluſs zur Seligkeit oder zur Verdammnis vorherbestimmt, ohne daſs irgend ein irdisches Tun ihrer auf dieses Schicksal den geringsten Einfluſs üben könne. Niemand aber kenne seine Prädestination, und es gäbe für sie nur dieses Erkennungszeichen: der zur Seligkeit Berufene handle auf Erden sittlich und tüchtig, der von vornherein Verdammte sei unmoralisch und wertlos. Mit diesen verschiedenen Verhaltungsweisen würde nicht etwa das künftige Los verdient und erworben, denn es stehe als die Beschaffenheit der Seele fest, sie seien dieser gegenüber metaphysisch ganz irrelevant. Wenn der Mensch also gut und tugendhaft handle, so geschehe es nicht, weil dies an sich religiös wertvoll sei, sondern nur, weil er darin, daſs er es tut, hier schon ein Erkenntnismittel für seine religiöse Wertbestimmtheit besitze. So wunderlich hiermit das Verhältnis zwischen dem sittlichen Tun und seinem Werte gedreht ist, es offenbart doch, daſs es dem Christen im letzten Grunde nicht auf jenes, nicht auf Selbstlosigkeit, Hingebung, Demütigung als solchen, sondern ausschlieſslich auf die in sich ruhende Qualität der Person ankommt. Nietzsche hat dies nur verkannt, weil sein Blick nicht über jene inhaltlichen und Dokumentierungsverschiedenheiten hinaus auf den letzten Sinn der christlichen Wertsetzung ging. Der christliche Altruismus, so fern er dem Kraft- und Entwicklungsideal Nietzsches steht, teilt mit ihm doch den Gegensatz gegen alle im engeren Sinne bloſs moralische und soziale Idealbildung: nicht in der altruistischen Handlung als solcher, sondern in der Heiligung und Seligkeit der Seele, die deren Innenseite bildet, liegt der abschlieſsende Wert. Indem Nietzsche das Leben ausschlieſslich auf dem Gipfel des Erreichbaren und in seiner, von aller äuſseren Verwebung unabhängigen Qualitätsbestimmtheit für wertvoll hält, tritt es völlig unter die Kategorie des Gefährlichen; je spitzer gleichsam die Kurve ist, auf deren Höhe allein es sich zu existieren lohnt, um so näher liegt die Gefahr des Herabgleitens, ehe die Höhe erreicht ist, des Schwindels, wenn man sie erreicht hat. Diese Form des Lebenswertes wird ihm zum Symptom der Wertlosigkeit aller demokratischen Ideale. Denn die Masse will es »gut haben«, will Sicherheit und Behaglichkeit. Man wird aber nie stark, wenn man nicht **nötig hat**, es zu werden. Der höhere Mensch will kämpfen; nur die Schwachen wollen aus ersichtlichen Gründen »Friede auf Erden«. Mag dies der breiten Masse des Philisteriums gegenüber gelten; dem Christentum gegenüber gilt es nicht. Denn dieses, mit seinen ungeheuren Entscheidungen für die Ewigkeit steht mehr als irgend eine Religion im Zeichen der Gefahr. Die klassischen Religionen hatten gar keine Analogie dafür; nicht einmal die indischen Religionen mit ihren Wiedergeburten, da die schlimmsten Erfolge einer Existenzperiode noch durch die nächsten wieder gut gemacht werden konnten. Nietzsche sah dies nicht, weil er das Christentum nur von seiner dem Irdischen zugewandten Seite her wahrnahm. Hier mochte das Christentum Frieden predigen; aber nicht aus Furcht vor der Gefahr, nicht, wie es Nietzsche versteht, als eine Art Volksversicherung, sondern nur, weil das Irdische ihm überhaupt gleichgültig war und nur diejenige Form haben sollte, in der es am wenigsten das unermeſslich gefährliche Ringen um die ewige Zukunft störte. Nur aus diesem negativen Grunde suchte es Frieden und Sicherheit, ungefähr wie die Ansätze zum Kommunismus, die sich in ihm finden, nicht wie der moderne Kommunismus aus dem Interesse am irdischen Besitz, sondern gerade aus der Gleichgültigkeit dagegen hervorgingen. An diesem Punkt zeigt die Unfähigkeit Nietzsches, die Transscendenz des Christentums zu begreifen, vielleicht am augenfälligsten ihren Erfolg, ihn gegen die Verwandtschaften zwischen seiner und der christlichen Lehre blind zu machen.

Es begegnet freilich ein Motiv echt transscendenten Wesens bei Nietzsche, mit dem die Steigerung der Persönlichkeit in sich selbst, sonst in der Relativität des geschichtlichen Prozesses sich vollziehend, an das Absolute rührt. Es kann kein Gott sein, sagt er; denn gäbe es ihn — wie hielte ich es aus, nicht Gott zu sein! Aber so fantastisch und maßlos dies klingt, so bringt er damit doch nur ein Gefühl in die Form des höchsten Personalismus, das in andrer Form auch christlichen Strömungen des Innenlebens durchaus nicht ferngeblieben ist. Im Christentum lebt neben allem unendlichen Abstand und Niedrigkeit gegen Gott, doch das Ideal, ihm »gleich« zu werden. Und dieses mündet in die Sehnsucht, die durch die Mystik aller Zeiten und Religionen geht: mit Gott völlig Eins zu werden, oder, mit dem kühnsten Ausdruck: Gott zu werden. Von der deificatio redet die Scholastik, für Meister Eckhart kann der Mensch seine Kreatürlichkeit aufheben und wieder zu Gott werden, wie er es seinem eigentlichen und ursprünglichen Wesen nach ist, oder, wie es Angelus Silesius ausdrückt:

> Soll ich mein letztes End und ersten Anfang finden,
> So muß ich mich in Gott und Gott in mir ergründen
> Und werden das, was er. — —

Es ist diese selbe Leidenschaft, die auch Spinoza und Nietzsche erfüllt: sie können es nicht ertragen, nicht Gott zu sein. Beide aber hegen, wie auch jene frühe deutsche Mystik, die Voraussetzung, daß die Individualität, das Fürsichsein, die Besonderheit, sich nicht mit der Universalität, dem Allsein, dem Göttlichen, vertragen. Und von diesen beiden Motiven aus schließt Spinoza, im Sinne der Mystik und völlig konsequent: also gibt es keine Besonderheit. Denn in der Tat, wenn es nur Gott gibt, wenn die Individualität der Wesen eine bloße negatio, ein Nichts ist — so ist sie nicht. Und damit ist erreicht, daß das menschliche Wesen Gott ist. Was sie zu scheiden schien, die begrenzende Bestimmtheit, die andres ausschließende Sonderform des Ich ist überhaupt keine Wirklichkeit, kein wahres Sein, und so fließen wir in die ungeschiedene Einheit des

Göttlichen ein. Wird aber so die Unerträglichkeit des Gegensatzes von Gott und Ich dadurch aufgehoben, daſs das Ich fällt — so erreicht Nietzsche das genau Gleiche, indem er Gott verneint. Der Gegensatz wird vernichtet, gleichviel welche seiner Seiten man zum Opfer bringt. Zu einer Vereinigung des individuellen Ich mit Gott kommt es ja auch auf dem Wege der Mystik und Spinozas nicht, weil beide die Individualität aufheben, indem die deificatio eintritt. Ihnen genau wie Nietzsche ist das Nicht-Gott-Sein des Individuums so unaushaltbar, daſs sie lieber entweder das Individuum oder Gott beseitigen, um nur aus der Qual der Gottferne erlöst zu sein. Nur Schleiermacher hat diesen Zwiespalt überwunden, weil er jene Voraussetzung nicht anerkannte: die Besonderheit und die göttliche Universalität schlieſsen sich so wenig aus, daſs umgekehrt jene allein die Form ist, in der diese sich darstellt — nicht so, als wäre sie dahinter und offenbarte sich in ihr, sondern Persönlichkeit, Einzigkeit ist die Art, in der das Universum lebt, ist seine unmittelbare, von dieser Form nicht trennbare Existenz. Darum lebt das ganze Universum, das Göttliche, in jeder Individualität, als jede Individualität. Wenn der Zwiespalt nicht besteht, fällt der Grund fort, um seiner Unerträglichkeit willen eine seiner Seiten zu leugnen. So lange aber an dem unversöhnlichen Gegenüber von Gott und Individuum festgehalten wird, ist die der christlichen Mystik analoge spinozistische Aufhebung der letzteren und die Nietzschesche Aufhebung Gottes nur die Auskünfte zweier verschieden gestimmter Seelen in der gleichen Schwierigkeit. Der Mensch, der auf Lösung der individuellen Form, Vereinigung mit dem All unter Befreiung von der personalen Besonderheit gerichtet ist, wird das Individuum opfern und Gott behalten; der andre, dem alle Ideale nur in der Form des individuellen Seins erwachsen, wird Gott zum Opfer bringen und die Persönlichkeit retten. Auch hier ist ersichtlich die Meinung Nietzsches keineswegs so paradox wie seine Ausdrucksweise.

Nur sein Grundmotiv der Persönlichkeit als letzten Daseinswertes zwingt ihn zu einem, von jenen scheinbar viel weniger exzentrischen Denkern so sehr abweichenden Schlusse aus Voraussetzungen des Fühlens und des Denkens, die er doch mit ihnen teilt.

Für das Christentum wie für Nietzsche handelte es sich nun darum, die vollendete Persönlichkeit, die der absolute Wertträger innerhalb der Welt ist, doch noch in einen übergreifenden Sinn und Zweckstruktur des Daseins einzubauen. Das Christentum erreicht dies durch die Idee des Reiches Gottes, dem die Seele diesseits wie jenseits ihrer irdischen Begrenzung angehört, Nietzsche durch die Idee der Menschheit, deren Entwicklung sich vermittels der immer vollkommeneren Individuen, d. h. in ihnen, als sie, vollzieht. Dies erhält seine ganze geschichtsphilosophische Bedeutung erst durch den Gegensatz, in den der Begriff der Menschheit hiermit gegen den Begriff der Gesellschaft tritt. Wo der moderne Mensch, Werte suchend, über das Individuum hinaussieht, macht er im allgemeinen an der »Gesellschaft« halt, als an der letzten Instanz der Wertbildung und Wertverleihung; vielleicht, weil derjenige Stand zu einem Träger erheblicher realer Macht und einem Gegenstand ethischen Interesses geworden ist, mit dem die Angehörigen der höheren Schichten nur durch die Tatsache, daſs sie mit ihm zu einer »Gesellschaft« gehören, verbunden zu sein pflegen. An Klarheit läſst dieser Begriff etwa so viel zu wünschen übrig, wie der Begriff der »Natur«, der im 18. Jahrhundert ungefähr die gleiche Rolle gespielt hat. Beides sind Sammelbecken, in denen allerhand Vorstellungen über fundamentale Wirklichkeiten und ideale Normen zusammenrinnen; im weitesten Maſse hatte bis dahin die Gottesvorstellung diese Funktion geübt. Offenbar braucht jede Zeit einen Begriff an dieser Stelle ihrer geistigen Systematik, einen Begriff, der hinreichend hoch und unbestimmt ist, um allen möglichen Interessen und Erklärungsbedürfnissen zu dienen, der die richtige

Mischung von Mystik und Unmittelbarkeit besitzt, so daſs die Bewegtheiten des Fühlens und die des Denkens sich in ihm treffen und damit die einen an den andern ihren vorläufigen Beruhigungspunkt gewinnen. Eine Zeitlang wirken solche Begriffe schlechthin dogmatisch, und eine Kritik ihrer Würde erscheint selbst freieren Geistern als Ketzertum; denn sie sind mit unsern elementaren und dauernden Forderungen, Gedanken, Gefühlen, die sich in ihnen zusammenfinden, jeweilig so eng assoziiert, daſs ein Zweifel an ihnen den Zweifel an jenen letzten Wesentlichkeiten und Innerlichkeiten zu bedeuten scheint. In Wirklichkeit ist die »Gesellschaft« eine der Formen, in denen die Menschheit, ihre Kräfte, ihre Inhalte, ihre Interessen, leben; aber auch auf die Form der rein individuellen Existenz, auf die Form der objektiven geistigen Inhalte, auf die Form des rein naturhaften Daseins, auf die Form ihrer Beziehung zu ihren religiösen und metaphysischen Grundlagen hin kann doch die Menschheit angesehen werden! Daſs man sich bewuſst wurde, ihr Leben sei in jedem Augenblick auch ein gesellschaftliches, die soziale — d. h. in der Wechselwirkung der Individuen die Bestimmtheit alles Einzelnen suchende — Betrachtungsweise sei in jedem Augenblicke irgendwie auf sie anzuwenden, dies hat dazu verführt, die Form sozialer Existenz mit der Tatsache der Menschheit überhaupt zu identifizieren. Der soziale — sozialgeschichtliche, sozialpsychologische, sozialethische — Gesichtspunkt, der einer unter vielen möglichen ist und tatsächlich eine der groſsen formgebenden Energien der Menschheit sichtbar macht, ist gegen Ende des 19. Jahrhunderts zu dem Gesichtspunkt schlechthin geworden. Daſs die Grenzen der Menschheit sozusagen räumlich, der Substanz nach, mit den Grenzen der Vergesellschaftung zusammenfallen, hat veranlaſst, sie auch nach den andern Dimensionen: den Inhalten, dem Sinn, den Funktionen nach als Wechselbegriffe anzusehen. Das Fundament nun, auf dem Nietzsche zu seiner geschichtsphilosophischen Wertlehre schreitet, ist seiner allgemeinsten Bedeutung nach damit zu formulieren, daſs er die moderne Identifizierung von Gesellschaft und Menschheit durchbrochen hat; daſs er im Leben der Menschheit, als solcher, Werte erkannt hat, die von der gesellschaftlichen Formung der Menschheit prinzipiell und ihrer Bedeutung nach unabhängig sind, obgleich sie selbstverständlich sich nur in einer auch gesellschaftlich geformten Existenz realisieren. Mit der gleichen Stimmung hat Goethe den ethischen Hauptproblemen gegenübergestanden. Ihn interessiert ausschlieſslich das »Allgemein-Menschliche«; dieses Einheitliche, das alle Gegensätze und Abgrenzungen der Menschenwelt durchzieht, gilt es zu fördern und zum Ausdruck zu bringen; so daſs die ethisch-soziale Aufgabe, die sich immer über irgendwelchen Gegensätzen zwischen dem Ich und seiner Gruppe oder den Gruppen untereinander erhebt, ihm etwas Vorläufiges und eigentlich Gleichgültiges ist. Darum ist es doch nicht so banal, wie es uns heute scheint, wenn er gegen die Saint-Simonisten bemerkt, es solle doch jeder bei sich anfangen und sein eignes Glück machen, woraus dann das Glück des Ganzen sich unfehlbar ergeben würde! Der Zusammenschluſs in den mannigfaltigen Formen der Gesellschaft, mit ihren Werten wie ihren Konflikten, tritt vor den beiden andern Fundamentalbegriffen ganz zurück: vor der Menschheit und vor dem Individuum. Denn durch die ganze höhere Geschichte des Geistes hindurch, von den Zynikern und Stoikern bis zu Rousseau und dem modernen Kosmopolitismus, hängen diese beiden zusammen, als gegenseitig sich fordernde, und so in gemeinsamem Gegensatz zu dem gleichsam mittleren Gebilde der Gesellschaft stehende. So lebt für Nietzsche die Menschheit, der seine ganze Leidenschaft gilt, nur an den Individuen, er befreit die menschheitlichen Werte und Interessen von denjenigen Grenzen und Besonderheiten, die durch ihre ausschlieſsliche Bindung an die Existenz in der Form der Gesellschaft gegeben sind; wobei er allerdings vielleicht die Bedeutung unterschätzt hat, die die sozialen Formungen auch für die Herausbildung jener rein individuellen Werte haben. Die Menschheit freilich besteht nur aus Individuen, als ihren definitiven Realitäten; die Gesellschaften dagegen sind so selbstgenugsame Gebilde, daſs man vom sozial-ethischen Standpunkt her behaupten konnte, das Individuum sei überhaupt nur eine Fiktion, wie das Atom. Es ist sehr belehrend, durch welche entwicklungsgeschichtliche Synthese auch Nietzsche dem Individuum eine weitere Bedeutung gibt, die seine reine Isoliertheit überwindet. Auch ihm ist »der Einzelne, das Individuum ein Irrtum, es ist nichts für sich, kein Atom«. Aber nun nicht so, daſs es in soziale Wechselwirkungen aufgelöst würde, in den Funktionen des Empfangens und Gebens innerhalb seiner Gruppe aufginge; sondern: »es ist die ganze Eine Linie Mensch bis zu ihm selber hin«. Die Gesellschaft kann nicht als ganze im Einzelnen sein, sie ist, für die soziale Auffassung, etwas für sich, der Einzelne kann nur in ihr sein; die Menschheit aber kann im Einzelnen sein, so daſs Nietzsche nun fortfährt: »Stellt er die aufsteigende Linie dar, so tut das Gesamtleben mit ihm einen Schritt weiter«. Aus diesem tiefen Unterschiede im Seins-Sinne des Individuums ergiebt sich kein geringerer seines Wert-Sinnes. Der soziale Begriff des Individuums pflegt auf Ausgleichung zu drängen, das eine wie das andre ist nur ein Schnittpunkt gesellschaftlicher Fäden, und da diese Punkte für sich nichts sind und darum von sich aus und innerlich keinerlei Verschiedenheit der an ihnen sich vollziehenden gesellschaftlichen Konfiguration begründen, so fordert die Gerechtigkeit, daſs diese Konfigurationen in allen wesentlichen und Werthinsichten die gleichen seien. Und daraus folgt weiterhin die unbedingte Herrschaft der Vielen über den Einzelnen. Denn sind alle prinzipiell gleich, so sind Viele wertvoller und bedeutender als einer, so sind die Vielen, die »Gesellschaft« das Ziel und das Wesentliche und der Einzelne das an sich Irrelevante, das nur als einer unter Vielen, als einer für Viele existieren kann und existieren soll — ein Gegenüber, das für das Ideal des Menschheitsbegriffes gar nicht besteht, weil die Menschheit keine Sonderform jenseits der Individuen ist, die sie bilden, sondern ein jedes unmittelbar die ganze Entwicklungsreihe »bis zu ihm selber hin« darstellt. Das ist die Verbindung zwischen jener von Nietzsche konstruierten Wertkurve der Geschichte und seiner Vorstellung über Menschheit und Individuum. Die Menschheit verfällt, sobald nicht mehr die Qualität des Individuums — die eben ihre Qualität ausmacht — das Interessenzentrum bildet, sondern die ethische, soziale, altruistische Wendung des Individuums von sich weg zu den Andern, den Vielen. Und dies eben muſs eintreten, sobald statt der menschheitlichen Synthese im Begriff des Individuums der Gesellschaftsbegriff die Führung übernimmt, jene Formung des Menschenmaterials, das über die Einzelnen selbst Herr wird, sie in sich auflöst und durch die so zustande gekommene ideelle Gleichheit unter ihnen logischerweise die Vielen zum Sollens- und Wertinhalt des Einzelnen macht.

Aber ersichtlich ist dieser Individualismus Nietzsches durchaus nicht der des Liberalismus. Denn dieser ist ein durchaus soziales Ideal — nur daſs er als Technik der sozialen Zweckstrebungen die Freiheit des Einzelnen, die Akzentuierung des individuellen Befindens setzt. Der Einzelne als solcher — der mit andern zu einer bloſsen Summe vereint die Gesellschaft ergiebt —, seine Vervollkommnung, Stärkung, Beglückung ist hier der Inhalt der Normen. Für Nietzsche aber kommt es auf den Einzelnen überhaupt, der als solcher das Element der Gesellschaft bildet, gar nicht an, sondern nur auf bestimmte Einzelne, die den andern nicht, wie es der Liberalismus will, mindestens a priori gleich, sondern gerade a priori ungleich sind. Es handelt sich für Nietzsche durchaus nicht um eine Parteinahme zwischen Sozialismus und individualistischem Liberalismus, sondern um einen Standpunkt jenseits dieses Gegensatzes. Weder die Gesellschaft als solche noch der Einzelne blofs weil er ein Individuum ist, geht ihn an; er will den Einzelnen weder als Einzelnen — und damit also jeden Einzelnen — noch als Element der Gesellschaft akzentuieren, sondern ausschliefslich diejenigen Einzelnen, durch deren Wertqualitäten der menschliche Gattungstypus eine höhere als die bisher erreichten Stufen gewinnt.

Noch aber ist nicht deutlich, warum zwischen beiden Idealbildungen ein inhaltlicher Gegensatz bestehen mufs, weshalb das altruistisch-soziale Ideal nicht die Vollendung des Individuums im Sinne der Menschheitsentwicklung tragen sollte. Darüber entscheidet nun eine weitere grundlegende Voraussetzung Nietzsches: die Überzeugung von der natürlichen Distanz der Menschen untereinander. Es ist eine naturgegebene Tatsache, dafs zwischen den Individuen Unterschiede bestehen, die für ihn alle sittlichen Ideale demokratischer und sozialistischer Art zu Widernatürlichkeiten machen und die — dies ist der Drehpunkt der Gedankenentwicklung — eine entsprechende Verschiedenheit unter dem Sollen der so unterschiedenen Individuen stiften. Es ist der äufserste Gegensatz zu der sokratischen Auffassung, für die es nur eine Tugend gibt, die für alle die gleiche ist. Vielmehr, dies eben sei die Perversität der christlich-sozialen Entwicklung, dafs zur Tugend für alle geworden ist, was nur Klassentugend ist: Demut und Gehorsam, Hingebung und Selbstlosigkeit. Das Durcheinandermengen der Forderungen, die an die verschiedenen Menschen zu stellen sind, ist ihm so widrig, wie wenn ein Organismus aus Gliedern, die ganz verschiedenen Arten angehören, zusammengesetzt würde. Und offenbar hat sich ihm die Erfahrung aufgedrängt, dafs, was die Stärke der Schwachen ist, sehr oft die Schwäche der Starken ist. Die Verschiedenheit unter den Menschen besteht doch nicht nur in dem Sachgehalt ihrer Beanlagungen und Betätigungen, sondern auch in dem Werte dieser; nicht nur andre, sondern wertvollere

Qualitäten hat der eine als der andre. Und diese tatsächliche Distanz bildet die grofse Chance, auf der die Hoffnung der Entwicklungslehre steht. Dafs die ganze Menschheit in gleichem Schritt und Tritt aufwärts schreite, ist ein utopistisch-unsinniger Gedanke; nur indem sie in sich nach Werten differenziert ist, so dafs einer oder wenige können, was alle zugleich nicht können — kann eine Entwicklung nach oben stattfinden. Von jener Tatsache der Distanz aus gibt es zwei Wege. Der demokratisch-altruistische verneint ihre Berechtigung; sie ist zwar, aber sie soll nicht sein, die sittliche Aufgabe geht auf Nivellierung, sei es in den groben Formen eines mechanischen Kommunismus, sei es in den feineren: dafs jedem die gleichen Chancen für die Gewinnung der Lebenswerte geboten werden, dafs die gleiche Leistung auch den gleichen Lohn erhalte, dafs die Arbeit nur nach ihrer Quantität, nicht mehr nach den Unterschieden ihrer Qualität gewertet werde, dafs die Verschiedenheiten des Könnens entweder aus dem Vorrat sozialer Erwerbungen oder durch den Altruismus der bevorzugten Persönlichkeiten in ihrem Effekte ausgeglichen werden. Auf der andern Seite nun wird die Distanz zwischen den Individuen als der Sinn und der Träger aller menschheitlichen Entwicklung angesprochen, weil der grofse Trofs so langsam vorwärts kommt, dafs nur die Pioniere der Menschheit, die sich an das Tempo jenes nicht binden, auf ihrem Wege bemerkbar vorschreiten und ihre Grenzen weiter hinausrücken können. Und unvermeidlich wird, je energischer und erfolgreicher dies geschieht, der Abstand zwischen den jeweilig höchsten Exemplaren und dem Gros der Menschheit ein um so gröfserer. Wie für den rein sozialethischen Standpunkt jede individuelle Entfaltung, die nicht zugleich ein Sehen nach rückwärts, ein Mitnehmen der Zurückgebliebenen, ein Sichrichten nach den Möglichkeiten der Vielen ein Vergehen ist, so mufs umgekehrt der Entwicklungslehre, für die die höchsten Exemplare der Menschheit die Länge ihrer Entwicklungslinie überhaupt markieren — ihr muſs jedes Hintanhalten der Steigerung individueller Qualitäten, jede Verlangsamung des Weges nach aufwärts durch die Rücksicht auf die Zurückgebliebenen als eine Sünde gegen die Menschheit gelten. Dort soll der Mensch jedes gegebenen Stadiums zugunsten eines Höheren überwunden werden, hier soll sich der Mensch zugunsten der Tieferen, die zeitlich neben ihm sind, selbst überwinden. Daſs »der Mensch überwunden werde«, gehört zu den fundamentalen Sehnsüchten des Menschen; in einem tiefsten Punkt in uns wohnt eine Feindseligkeit gegen alle Wirklichkeit unsres Daseins. Der Kampf gegen uns selbst, zu dem wir von diesem her, dumpfer oder deutlicher, aufgerufen werden, hat ein Ideal von im allgemeinen negativer Färbung wachsen lassen. Durch Ausrottung der Sinnlichkeit, durch Demut gegen Gott, durch Vernichtung des empirischen Ich durch das reine, durch Verneinung des Willens zum Leben habe der Mensch sich selbst zu überwinden. Erst Nietzsche versucht diese Überwindung durch eine Kraftbewährung, welche sich auch im Menschen selbst nicht auf seine niederen Elemente zurückwendet — so wenig wie sozial zu den unter ihm Stehenden — sondern ausschlieſslich durch Steigerung der positiven Lebenselemente. Der Mensch ist etwas, das überwunden werden soll — aber nicht, weil er zu viel ist, weil er etwas in sich birgt, das ihm abgezüchtet werden muſs, sondern weil er zu wenig ist, weil das Positive in ihm so gesteigert werden soll, daſs er sich selbst, jedes gegebene Stadium seiner, hinter sich läſst. Auch für Schopenhauer ist der Mensch etwas, das überwunden werden muſs: aber für ihn ist er dabei der Überwundene, für Nietzsche der Überwindende.

Der ganze Gegensatz der Schopenhauerschen und der Nietzscheschen Moral sammelt sich in einem Punkte: das Mitleid, das für Schopenhauer die Substanz aller Sittlichkeit trägt, weil es die innerlich unmittelbare Form der

Solidarität aller Menschen ist, wird aus eben demselben Grunde von Nietzsche aufs heftigste verworfen. Soziale Ethik ist, von ganz seltenen, vertieften Formen ihrer abgesehen, durchgängig eudämonistisch, sie erwächst an dem Elend, den Entbehrungen, der sonnenlosen Existenz der ungeheuren Majorität, sie ist der praktische Erfolg des Leidens der unteren Massen, oder vielleicht des Leidens überhaupt. Für Nietzsche aber ist, wie nachher noch auszuführen sein wird, das Leiden überhaupt kein ethisches Element, so wenig wie das Glück, da vielmehr nur das Sein des Menschen, nicht der subjektive eudämonistische Reflex dieses und der Schicksale Wert und ethisches Interesse besitzt; ja, das Leiden ist höchstens ein Mittel, durch Reaktion, Empörung und Kampf das Sein zu steigern. Er klagt den Mitleidigen an, daſs er das Leid in seiner tiefen innern Notwendigkeit für die Entwicklung der Menschheit am liebsten abschaffen möchte. Vor allem aber ist ihm jene Solidarität der Wesen verhaſst, in der das Mitleid wächst und die mit ihm, auf der Seite des Gebenden wie des Empfangenden, das Fürsichsein der Persönlichkeiten und ihren Abstand nivelliert. Der Mitleidige entkleide das fremde Leid des eigentlich Persönlichen, er mache sich den Leidenden zur leichten Beute; es sei die Tugend, in der erfahrungsgemäſs die Dirnen exzellieren — die Wesen also, für die das Aufsichhalten, die Reserve der Persönlichkeit am vollständigsten der Promiskuität, der wahllosen Hingabe gewichen ist. Das Mitleid bringt den Menschen am tiefsten zum andern herunter und zwar, in der Mehrzahl aller Fälle, zu dem Schwachen, dem Verkommenen, dem Besiegten. Während dies gerade die an sich selbst wertvolle Aufgabe des sozial-ethisch gestimmten Menschen ist, gilt es für Nietzsche als die radikalste Verneinung der Distanz zwischen den Menschen, an der das Ideal der Entwicklung zu Kraft und Schönheit, zu Freiheit und Strenge lebt.

Diese gegensätzlichen Überzeugungen können sich gegenseitig nicht widerlegen, weil jede dies nur durch Berufung auf axiomatische Forderungen vermöchte, deren Entscheidungskraft die andre Partei gerade in Abrede stellt. Die Humanität, die Sorge für die Vielen, die Hingebung an die Mühseligen und Beladenen wird von der Nietzscheschen Lehre aus dem Punkte der letzten Wertentscheidung herausgerückt; und daſs dies das Böse und Verurteilenswerte schlechthin ist, fordert für den andern Standpunkt so wenig noch einen Beweis, wie daſs man, den logischen Widerspruch in einem Satze aufzeigend, noch beweisen müſste, daſs er falsch ist. Wird andrerseits behauptet, die Qualität eines Individuums als solchen, die an irgendeinem einzelnen Punkt erreichte Höhe der Menschheitsentwicklung sei gleichgültig gegenüber dem Elend der Massen, der Unentwickeltheit des Durchschnittes der Menschen, der Ungerechtigkeit in der Verteilung der Güter — so hört für Nietzsche die Diskussion auf, weil ihm eben nur jene der absolute Wert des Daseins ist. Beweis und Gegenbeweis ist eben nur möglich, wo gewisse gemeinsame Wahrheiten anerkannt werden und die aufgezeigte Übereinstimmung oder Nicht-Übereinstimmung mit diesen von beiden Parteien als entscheidend anerkannt wird. In solchem Falle ist der Streit schlieſslich theoretisch-intellektueller Natur und muſs prinzipiell geschlichtet werden können, weil es auf Grund feststehender Axiome nur eine Wahrheit geben kann. Zwischen der sozialethischen und der Nietzscheschen Wertlehre aber geht die Spaltung bis auf den Grund, es fehlt das gemeinsame letzte Prinzip, dessen nachgewiesene Harmonie mit der Lehre des einen auch den andern überzeugen würde; und darum stehen sich in ihnen nicht Gründe und Gegengründe gegenüber, nicht Meinungen, sondern Tatsachen, zwei menschliche Seins-Arten, die sich nicht mehr logisch überzeugen, sondern nur noch psychologisch überreden oder praktisch überwältigen können. Der Haſs Nietzsches gegen das Christentum richtet sich prinzipiell gegen den Gedanken der Gleichheit vor Gott, als dessen Konsequenz erst man die Wendung der praktischen Interessen zu den geistig Armen, den Mittelmäfsigen, den Zukurzgekommenen ansehen kann. Dafs die Seele jedes armen Schächers, jedes kleinen Lumpen und Dummkopfs denselben metaphysischen Wert haben soll, wie die Michelangelos und Beethovens — das ist der Scheidepunkt der Weltanschauungen. Und so wenig beiderlei Wertung einem Beweise unterliegt, so ist doch leicht ersichtlich, wieso jene Gleichheit gerade einer entwicklungsgeschichtlichen Betrachtung völlig zuwiderlaufen mufs. Wenn eine kontinuierliche Reihe vom Tier zum Menschen aufwärtsführt, zum mindesten in irgendeiner Weltperiode einmal aufwärtsgeführt hat, so ist die Grenze, wo die »Seele« beginnt, nicht zu bezeichnen; und selbst wenn diese festlegbar wäre, so doch nicht die zwischen der Tierseele und der Menschenseele; und wenn nun auch über diese kein Zweifel wäre, so würde doch, sobald überhaupt die Menschenseele ein Entwicklungsprodukt ist, diesseits jener Grenze erst die tiefste Stufe der Menschheit liegen, eine Seele, die der Tierheit näher liegt, als spätere, entwickeltere Staffeln der Seele. Gibt es eine Entwicklung bis zur Menschheit, so ist es unvermeidlich, auch eine Entwicklung innerhalb der Menschheit zu statuieren. Es ist doch das Wesen der Evolution, im Gegensatz zu der ein für allemal erfolgten Fixierung der Arten, dafs jedes einzelne Wesen sozusagen eine Entwicklungsstufe für sich darstellt, dafs, was man Art nennt, nur eine praktisch zweckmäfsige Zusammenfassung einander nahe stehender Wesen ist, die durch Mischung und Gegensätze, Fortschritt und Rückschlag unendlich gegeneinander variieren. Dies ist der tiefere Grund, weshalb ein Fanatiker der Entwicklung, wie Nietzsche, Individualist ist und weshalb er der unversöhnliche Feind der »Gleichheit vor Gott« sein mufs, die der Verneinung gerade jenes Gedankens die transscendente Weihe gibt.

Vielleicht ist die Gleichheit vor Gott ein ungeheures Übersteigern der Tatsache der Seele überhaupt, der gegenüber alle Unterschiede ihrer Inhalte und singulären Modifikationen so unbedeutend sind, wie es vor der Zweckmäſsigkeit und Kulturbedeutung der Schrift, die in jeglichem Schriftstück liegt, ein verschwindender Unterschied ist, ob ein solches Schriftstück etwas deutlicher oder etwas »schlechter« geschrieben ist. Vielleicht also spiegelt sich ein Gröſsenwahn des Seelenprinzips in der Idee, daſs schlieſslich jede Seele als solche zur Seligkeit berufen ist; und wenn die Höllenstrafen und die Gnadenwahl dies einzuschränken und zu balanzieren scheinen, so erheben sich doch auch diese Ideen auf der Basis ebenderselben grenzenlosen Bedeutung der Seele, sie zeigen deren gleiche Akzentuierung, ja Einzigkeit innerhalb aller Werte überhaupt, nur mit negativem Vorzeichen, wie die Gröſse einer Summe dieselbe bleibt, ob sie hier als Besitz oder dort als Schuld besteht. Ihren vollständigsten philosophischen Ausdruck hat diese absolute Wertung der Seele im Idealismus Fichtes gewonnen, für den das Ich nicht nur die Welt, die nichts als seine Vorstellung ist, aus sich erzeugt, ohne für ein Ding-an-sich, das nicht Vorstellung wäre, Raum zu lassen; sondern das Ich erzeugt diese Welt, weil es Tätigkeit ist und Tätigkeit nur an einem Objekt, d. h. an der Formung, Durchdringung, Überwindung eines Objekts wirklich werden kann. Das Christentum spricht zwar auch von dem Überwinden der Welt, das mit jener Schätzung der Seele, bloſs weil sie Seele ist, eigentlich gefordert ist; allein ganz vollständig wird es doch mit der Frage nicht fertig: wozu erst der Umweg über die Welt? warum hat Gott die Seelen nicht unmittelbar zur Seligkeit berufen? Die Welt bleibt hier der Seele gegenüber als eine dunkle und im Grunde unverstandene Notwendigkeit bestehen. Erst indem Fichte das Wesen der Seele in Tätigkeit und Produktivität gesetzt hat und diese ein Objekt fordert, wird begreiflich, weshalb es eine Welt gibt: die Seele muſs sie schaffen, um etwas zu haben, woran sie sei, genauer: sich betätige, das sie mit sich durchdringen, d. h. überwinden und in seinem Eigenbestand vernichtigen könne. Diesem Absolutismus des Seelenwertes, dessen Konsequenz die Gleichheit vor Gott ist — denn im Absoluten gibt es keine Unterschiede — ist die Entwicklungslehre feindlich, weil sie den Menschen eng in die ganze übrige Natur verflicht, statt ihn ihr gegenüberzustellen. Schon daraus entstehen Relativitäten und Mischungen, die eine Gegendisposition gegen die fundamentale Gleichheit der Seelen schaffen, so daſs ganz von selbst der Akzent auf die Höhepunkte der Seelenreihe statt auf ihre Gleichheit rückt.

Hier liegt die ganz tiefe Scheidung zwischen den entgegengesetzten Wertungsweisen: daſs auf der einen Seite der Wert des Menschentums auf der Gleichheit seiner Exemplare beruht — sei es ihrer Wirklichkeit, sei es dem Ideal und Sollen nach —, für Nietzsche dagegen darauf, daſs es Höhepunkte der Menschheit gibt, daſs ihre innere Distanzierung dem Einzelnen einen Aufschwung und Entwicklungsmaſs über alles sonst bestehende Niveau hinaus gestattet. Man könnte das letztere für eine Steigerung des psychologischen Unterschiedsbedürfnisses halten. Unsre körperlich-seelische Struktur ist darauf angewiesen, daſs uns dauernd Reize treffen, welche von den eben zuvor wirksamen irgendwie abweichen. Wenn eine Reihe von Sinnesreizen in uns Empfindungen auslöst, so wachsen die Empfindungen viel langsamer als die Reize, d. h. um die Empfindungen zu doppelt starken anwachsen zu lassen, müssen die äuſseren Veranlassungen unter sich in viel rascherer Proportion als der der einfachen Verdopplung wachsen. Wir sind also nicht für die absolute Gröſse des Reizes empfindlich, sondern für den Unterschied, den der jetzige gegen den früheren aufweist. Alles, was wir Abstumpfung nennen, und was z. B., im einfachsten Fall, bewirkt, daſs wir in der Stille der Nacht unzählige Geräusche wahrnehmen, die uns in dem uns ganz unbewuſsten dumpfen Lärm des Tages, der sie nicht weniger enthält, völlig entgehen — weist auf diese Eigenart unsrer Anlage hin, dafs jegliche Beeindruckung uns nicht nach dem absoluten Mafse ihrer Ursache oder ihres Inhaltes affiziert, sondern nach dem Zustand, in dem sie uns vorfindet, nach dem Hintergrund, auf dem sie sich malt; auf etwas höherem Gebiet ist die alltägliche Beobachtung längst fruchtbar gemacht worden, dafs ein Vermögensgewinn, der den Armen schon beglückt, den Reichen noch völlig gleichgültig lassen kann. Ein je komplizierterer und übersinnlicherer seelischer Inhalt in Frage steht, desto mehr wird das Mafs von Unterschied und Abgehobenheit, das ihm zu seinem inneren Erfolge verhilft, von der persönlichen Empfindlichkeit oder Abgestumpftheit abhängen. Mit der Steigerung der letztern steigt die Forderung immer entschiedeneren Andersseins und Sich-Heraushebens, damit es überhaupt zu einem Eindruck komme; wobei aber die Stumpfheit keineswegs nur einen natürlichen oder kulturellen Primitivzustand bedeutet — dieser enthält sogar eine manchmal besonders leicht ansprechende Empfindlichkeit —, sondern gerade das Ergebnis einer höchst verfeinerten, aber in ihren Verfeinerungen sich verbrauchenden Sensibilität ist. Die moderne Differenzierung der Persönlichkeiten, die arbeitsteilige Individualisierung des Tuns und Seins steht, was ohne weiteres einleuchten wird, mit einem Anwachsen der Unterschiedsempfindlichkeit in Bezug auf die Bilder der umgebenden Menschenwelt in Wechselwirkung. Indem nun in gewissen Schichten unsrer Kultur diese Besonderung und Individualisierung einen äufsersten Grad erlangt hat — bis zu einer Zuspitzung zum Umbrechen, zu einem Gefühl der völligen Isoliertheit, zu einem Fürsichsein, in dem einer sozusagen die Sprache des andern nicht mehr versteht — entstehen daraufhin zwei völlig divergierende psychologische Erfolge. Die Unterschiedsempfindlichkeit kann durch dieses Verhalten, das eigne wie das der sozialen Umwelt, gesättigt und überreizt sein, so dafs das Bedürfnis nach einer entgegengesetzten Verfassung auftaucht, nach einem Herabsetzen der übersteigerten und unerträglich gewordenen Individualisiertheit; die mehr oder weniger ernsthafte Tendenz zum Sozialismus in den hier fraglichen Kreisen wäre dann, psychologisch ausgedrückt, das Ruhebedürfnis der Unterschiedsempfindlichkeit, die Sehnsucht nach einer Verfassung, in der das eigne Lebensgefühl und das Bild der Menschenwelt keine so gewaltsame Anspannung der Unterschiedswahrnehmung mehr fordert. Umgekehrt: gerade weil die Unterschiedsempfindlichkeit eine so reichliche Nahrung erhalten hat, von so weit distanten Reizen zu äufserster Leistung veranlafst worden ist — gerade darum bedürfen wir immer zugespitzterer, immer weiter auseinandergetriebener Reize, um überhaupt noch zu empfinden. Die Nietzschesche Pointierung der einzelnen Höhenerscheinungen der Menschheit, seine Forderung immer wachsender Distanzen innerhalb ihrer ist so der Ausdruck der Abstumpfung eines, in der Richtung der modernen Individualisierung verwöhnten Empfindens, das zu immer gewalttätigeren Unterschiedsreizen greifen mufs, wenn es sein eignes Leben fühlen soll. Die radikalen Gegensätzlichkeiten des Sozialismus und Nietzsches stellen sich hier als die Antworten zweier entgegengesetzter seelischer Dispositionen auf eine und dieselbe kulturpsychologische Tatsache dar; wie — wenn ein Gleichnis aus niedrigstem Gebiete erlaubt ist — ein durch gastronomische Reize abgestumpfter Geschmackssinn sich entweder zu ganz primitiver, rustikaler Kost oder zu unerhörten, alles bisher Genossene überbietenden Raffinements flüchten wird.

Wie sehr es sich hier um Gegensätze des sozusagen formalen Lebensgefühles handelt, die jeglichen Lebensinhalt unter sich aufteilen, wird recht daran ersichtlich, wie bei dem vielleicht eigenartigsten Antipoden Nietzsches, bei Maeterlinck, die demokratische Wertungsweise in die Elemente der individuellen Seele hinabsteigt. Wie für Nietzsche der Wert der Menschheit in den einzelnen herausragenden Persönlichkeiten liegt, so betont er auch innerhalb des Einzellebens oft den Wert der einzelnen Stunde; auch hier sind es die

Aufgipfelungen des Lebens, die Ausschlagspole unsres Pendelns zwischen Himmel und Hölle, in denen unsre Existenz ihren Sinn findet. Ganz umgekehrt leben bei Maeterlinck die höchsten Werte des Daseins in dem alltäglichen Dasein und jedem seiner Momente und bedürfen nicht des Heroischen, des Katastrophenhaften, der exzeptionellen Taten und Erlebnisse. Mit außerordentlicher Feinfühligkeit bemerkt er, daß gerade diese, das Ungewöhnliche und Exzessive, auch wenn sich eine Grandiosität der Moral, der Temperamentswerte, der Leistungen darin ausdrückt, immer etwas Zufälliges und Äußerliches haben, nie ohne Zusatz aus dem Material von Welt und Schicksal zustandekommen. Das wirkliche Ich aber, die sichere Ganzheit der Seele liegt in dem Dauernden, in den tausend Elementen des ununterbrochenen Daseins. Alle großen Leidenschaften, unerhörten Aufschwünge, wilden Genüsse mögen wir durchkosten; aber ihr Ertrag ist doch nur, was sie für die stillen, namenlosen, gleichmäßigen Stunden zurücklassen, und daß sie uns die Augen für deren Tiefen und Schönheiten öffnen, die wir nur ohne diese exaggerierende Interpretation nicht wahrgenommen hätten. Diese Herabsetzung des Ungewöhnlichen zu einem Mittel, das Gewöhnliche zu vergeistigen, diese Wertung des Alltäglichen, in welchem allein die dauernde, alle Zufälle überlebende Innerlichkeit des Menschen sich dokumentiere — ist die tiefste philosophische Wendung der demokratischen Tendenz. Unser Glück und unsre Würde haben ihren eigentlichen Platz auf dem beharrenden Niveau unsres Lebens, in dem, was allen unsern Erlebnissen und Taten gemeinsam ist — wie dem Sozialismus das das Wesentliche ist, was allen Menschen gemeinsam ist —, nicht in dem Außerordentlichen, sondern in dem Gewöhnten, nicht in dem Unwahrscheinlichen, sondern in dem Zuverlässigen; denn hier allein wohnt eigentlich unsre Seele, insofern sie von allem Äußeren, allen Chancen des Zufalls, allen bloß momentanen Erregungen unabhängig ist. In die moderne

Bemühung, das Leben seinem Werte nach zu verstehen, um deretwillen diese Darstellung Schopenhauers und Nietzsches unternommen wurde, ist dieser Nietzsche-Gegner deshalb hier eingestellt worden, weil die Demokratisierung des inneren — und, als deren Folge und Erscheinung, auch des äufseren — Lebens bei ihm durchaus keinen Verzicht auf jene besonderen Qualitäten, Vertiefungen, Entwicklungen bedeutet, die Nietzsche nur durch die aristokratische Differenzierung und Distanzierung der Elemente, nur in den Unvergleichkeiten der Pioniermission erblickt. Es ist dasselbe, was gleichzeitig die Arbeiter-Plastik Meuniers anschaulich gemacht hat: den individuellen, aristokratischen, ästhetischen Wert und Reiz des Einzelnen, der doch gerade nur als ein Gleicher aus einer Menge hingestellt ist. Maeterlinck und Meunier haben — mindestens ihrer Absicht nach — in der Form der Metaphysik und der Kunst das erreicht, was in der Form der sozialdemokratischen Praxis nur durch den Verzicht auf diejenigen Lebenswerte erreichbar ist, die für Nietzsche dem Leben seine Bedeutung geben.

Man kann den fundamentalen Gegensatz zwischen den sozialen und den menschheitlichen Werten in der Form, die Nietzsche diesen gegeben hat, nun prinzipiell so ausdrücken. Den Wert des Zustandes einer gegebenen Menschengruppe hat man im allgemeinen der Summe der Werte eudämonistischer, kultureller, charakterologischer Art gleichgesetzt, die im Nebeneinander und im Nacheinander den einzelnen Wesen zuteil werden; die Bedeutung einer Existenzform, Handlung oder Institution ergab sich sozusagen durch Multiplikation der Breitendimension mit der durchschnittlichen Höhendimension der Werte, die sie enthielt oder bewirkte. Demgegenüber entscheidet für Nietzsche ganz allein die Höhe des höchsten, in einer Menschengruppe überhaupt erreichten Punktes über den Wert, den sie darstellt. Nicht dafs tausend Menschen ein mittleres Mafs von Glück, Freiheit, Kultur, Stärke besitzen, erscheint ihm wertvoll; sondern dafs wenige, oder allenfalls nur ein einziger ein exzessives Maſs dieser Werte und Kräfte in sich verwirklicht, sei es selbst um den Preis, daſs jene tausend im äuſsersten Tiefstand beharren — das ist ihm der Sinn, der ideale Endzweck unsrer Gattung. Wie hoch der Typus Mensch steht, wird für ihn nicht vermittels des Durchschnitts der jeweils betrachteten Individuen entschieden, sondern durch die jeweils höchste Spitze, die das Menschentum unter ihnen erreicht hat. Zwischen diesen Schätzungsweisen gibt es ersichtlich keine Verständigung und Vereinigung, weil der Gegensatz, genau angesehen, nicht den Wert dieser oder jener Wirklichkeit betrifft, sondern vielmehr den Maſsstab, nach dem überhaupt Werte abzumessen sind. Es gibt kein logisch zu entscheidendes Recht und Unrecht zwischen zwei Gesinnungen, deren eine den Wert eines Elementenkomplexes aus dem Durchschnitt der Werte aller einzelnen Elemente gewinnt, die andre aus dem höchsten, innerhalb seiner dargestellten Werte, gleichviel, an wie vielen Elementen er sich findet. Auch lassen sich beide hier nicht etwa so zusammenbringen, daſs die Struktur der Gesellschaft nach weiten Rangdistanzen, nach bedingloser Steigerung der zum Höchsten befähigten Elemente auch den sozialen Durchschnitt am wirkungsvollsten hebe; daſs die Gesamtwerte einer Gruppe, selbst auf ihre Summe angesehen, bei der äuſsersten aristokratischen Differenzierung ihr Maximum erreichten. Dies wäre der Standpunkt einer Sozial-Aristokratie, in der die aristokratische Ordnung das Mittel zur Wohlfahrt des Ganzen ist; aber dies mit Nietzsches Prinzip zu verwechseln wäre das gröbste Miſsverständnis. Denn daſs ein Höhepunkt menschlicher Qualitäten erreicht werde, ist für ihn absolut nicht Mittel zu irgendeinem sozialen Gut oder Fortschritt, sondern ist ihm schlechthin Selbstzweck — wenngleich nicht, was später noch zu behandeln sein wird, um des egoistischen Befindens der Personen willen, sondern weil der Typus Mensch sich damit gehoben hat; aber auch dazu ist jene Maximisierung der personalen Werte nicht etwa ein Mittel, wozu die Menschheit ihrem Werte nach etwas aufserhalb dieser Erscheinungen sein müfste, sondern unmittelbar in und mit ihnen ist die Menschheit einen Schritt weiter entwickelt. Also auf dem Boden der Sozial-Aristokratie sind die beiden Wertmafsstäbe für einen Elementenkomplex: nach der Summe oder dem Durchschnitt und nach der Höhe ihres höchsten Elementes — nicht zu versöhnen.

Die Nietzschesche Schätzungsart ist gewissermafsen eine Umkehrung der Theorie des »Grenznutzens«. Wenn von einer Ware ein bestimmtes Quantum am Markte ist und für jeden Teil ihrer durch Angebot und Nachfrage ein bestimmter Preis bedingt wird, so wird ein neues, an den Markt gelangendes Quantum, da die dringendste Nachfrage bereits durch das schon vorhandene gedeckt ist, nun einen geringeren Preis erlangen. Es mufs, wenn der Kaufprozefs ganz ungestört verläuft, das erste Quantum teurer sein als das zweite, das zweite teurer als das dritte usw. Und nun hat man beobachtet, dafs der Preis für jedes Teilquantum einer gleichzeitig angebotenen Ware nicht höher ist, als ihrem, nach diesem Prinzip geschätzten letzten Teile zukäme. Ganz im allgemeinen kann man also sagen, dafs die Gesamtheit einer Ware nicht mehr gilt, als denjenigen Preis, mit dem das billigste Teilquantum ihrer zufrieden sein mufs. Auch hier wird also der Wert unsrer Elemente nicht von einem Durchschnitt, sondern von einem Extrem bestimmt, nur freilich von dem, das der Nietzscheschen Wertungsweise entgegengesetzt ist — weil in dem wirschaftlichen Falle der Wunsch des Bewertenden — des Käufers — auf Niedrigkeit des Preises, in dem Fall des Menschheitswertes aber die Sehnsucht auf Höhe des Wertes geht.

In den religiösen, soziologischen, ethischen Wertreihen spielen die Bestimmungen von ihren Polen aus und die von ihrem Durchschnitt hergenommenen mannigfach durcheinander. Um eines Gerechten willen soll Israel verschont werden. Der Glanz, den eine Familie oder sonstige Gruppe durch ein sehr hervorragendes Mitglied erhält, besteht oft in merkwürdiger Unabhängigkeit von dem Wert und der Bedeutung, die sie im übrigen und im Durchschnitt besitzt. Andrerseits hat die Solidarität, die namentlich auf primitiveren Stufen verschiedenster Typen die gesellschaftlichen Gruppen vereinheitlicht, meistens eine nach der pessimistischen Seite hin gehende Folge: Strafe und Rache machen für die Missetat des einen Mitgliedes die Gesamtheit aller solidarisch haftbar, für die Praxis wie für die Gesinnung tritt das Ganze unter das Zeichen der Sünde seines Gliedes — sehr viel mehr, als eine Guttat des Einzelnen dem Ganzen angerechnet wird. Wo innerhalb des rein Ethischen die Elemente eines Einzelwesens in ihrer Bedeutung für den Wert seiner Ganzheit zum Problem werden, wird dieses in sehr mannigfaltiger Weise gelöst. Eine typische Empfindungsweise symbolisiert sich in der »Wage« des jüngsten Tages, auf der unsre guten und unsre bösen Taten gegeneinander abgewogen werden und das von den einen nicht ausgeglichene Gewicht der andern über Verwerfung oder Seligkeit entscheidet. Dies ist die Wertungsmaxime nach dem gesamten Fazit, dem »Durchschnitt«: das Ganze ist definitiv wert, was die Summe seiner — positiven und negativen — Elemente wert ist. Aber auch die von einem einzelnen gesteigertsten Element ausgehende Schätzung des Ganzen findet sich hier. In dem Urteil der Menschen über Menschen ist es nichts Seltenes, dafs eine einzige sehr böse oder sehr gute Tat das Bild der Gesamtpersönlichkeit völlig unwiderruflich feststellt und jener gegenüber alle Gegeninstanzen eines guten oder bösen Tuns dieses Bild überhaupt nicht mitbestimmen, ja dafs auch die niederen Faktoren der definitiven Wertrichtung eigentlich gar nicht steigernd mitgewirkt haben: dafs ein Mensch dieses eine ganz Gute oder ganz Böse getan hat, reicht völlig aus, seine Gesamtpersönlichkeit in die damit bezeichnete Höhe oder Tiefe zu stellen, unabhängig von allem, was sie sonst noch an Rangierungsgründen enthalten mag. Und zwar tritt solche Schätzung des Ganzen ausschließlich nach dem zu äußerst erreichten Punkte der Wertskala keineswegs nur seitens Dritter ein, sondern das Subjekt selbst gewinnt oft genug an dem Besten oder an dem Bösesten, was es getan hat, eine überhaupt nicht mehr zu erschütternde Sicherheit oder eine nicht zu verlöschende Verzweiflung über sich selbst. Gewiß sind solche Wertungsreihen niemals prinzipiell oder gar abstrakt festgelegt; aber die wirklich vollzogenen Wertungen enthalten, reiner oder gemischter, immer diese Maximen: daß ein Ganzes wert ist, was die Summe seiner Elemente wert ist — und, vielleicht weniger häufig, weniger auf der Hand liegend, aber darum nicht weniger entschieden, daß es wert ist, was das zu äußerst, positiv oder negativ, wertvolle Element unter allen, die es bilden, wert ist.

Die zutreffendste Analogie der Nietzscheschen Wertungsmaxime findet sich auf dem Gebiete der Kunst. Den Wert einer kunstgeschichtlichen Epoche, in der sich ein Genie höchsten Ranges neben einer großen Anzahl völlig minderwertiger Begabungen erhebt, wird uns unvergleichlich über einer andern stehen, in der die »Durchschnittsbegabung« viel erheblicher ist, in der eine große Anzahl »achtbarer« Talente wirken. Und ebendieselbe Wertungsweise wenden wir an die Reihe der Produktionen eines einzelnen Künstlers. Was uns Tizian und Rubens, Shakespeare und Goethe, Bach und Beethoven sind, wird seiner Höhe nach keineswegs durch die Durchschnittshöhe der Leistungen auch dieser Großen bestimmt. Jeder von ihnen hat, im Laufe eines ungeheuer ausgedehnten Schaffens, eine große Anzahl ganz gleichgültiger, ja oft erstaunlich minderwertiger Produkte erzeugt, und wenn wir diese mit ihren höchsten Leistungen zu einem Gesamtresultate aufrechneten, so würde ihre tatsächliche Bedeutung für uns arg zu kurz kommen. Vielmehr, sie spielen ihre Rolle für uns ausschließlich als Schöpfer ihrer **höchsten** Werke, jeder von ihnen ist uns als Ganzes soviel wert, wie der Höhepunkt oder die Höhepunkte seiner Leistungen uns wert sind. Und so ist es schließlich mit den Persönlichkeiten jeder Art, deren Bedeutung in einer sachlichen, von ihrem subjektiven Leben getrennten Leistung, in einem Beitrag zum objektiven Geiste liegt. Geschichtliche Mächte von vielerlei Art sind dauernd an der Arbeit, das weniger Erhebliche aus den Lebensarbeiten solcher Menschen in Vergessenheit zu senken, und ihren Wert ausschließlich dem Wertvollsten dieser Arbeit, so gering sein Umfang sei, gleichzusetzen. — Ich habe hier auf diese Wertungsverfahren hingewiesen, damit klar werde, daß die Nietzschesche Verlegung des Wertakzents der Menschheit auf ihre höchsten Exemplare als Werttheorie keineswegs etwas Unerhörtes ist, sondern sich innerhalb einer auch sonst tatsächlich und in weitem Umfange geübten Methode hält, die nur bei ihm ihre erste reine Prinzipienmäßigkeit auf dem Gebiet des gesellschaftlichen oder menschheitlichen Seins gewonnen hat.

Ist aber diese Entscheidung gefallen, so leuchtet unmittelbar ein, daß Nietzsche die demokratisch-sozialisierende Richtung des 19. Jahrhunderts als den Weg zum Verfall der Menschheitswerte, als die Dekadenz schlechthin ansehen mußte. Seine Wertmaxime ist nichts als der leidenschaftlichste Ausdruck für das Sichemporstrecken der Menschheit, für den Fanatismus der Entwicklungshöhe, der gegen die Bedeutung der Breite, in der die Entwicklung stattfindet, völlig blind macht. Jede Akzentuierung dieser Breite also, die der reinen Höhenentfaltung irgend eine individuelle Energie entziehen könnte, ist ihm ein Verrat an der Menschheit. Die demokratische Bestrebung, die Distanz zwischen der tiefsten und der höchsten Schicht der Persönlichkeiten zu verringern, scheint ihm — wenn man es etwa ganz frei ausdrücken dürfte — nur durch eine Entwicklungshemmung der letzteren möglich zu sein: da die Vielen sich nie so schnell entwickeln können, wie die Wenigen und Erlesenen, so müssen diese sich zu jenen herunterbeugen oder mindestens sozusagen eine Weile stillstehen, um jene näher herankommen zu lassen. Das Zusammentreffen des Entwicklungsgedankens mit der axiomatischen Bestimmung jedes menschlichen Wertes nach dem **höchsten** Element in ihm — erzeugt als sein logisches Ergebnis die Beurteilung aller eigentlich sozialen Bewegung im demokratischen Sinn als einer Dekadenz, d. h. als einen Verlust der Instinkte für Wachstum und Erhöhung.

Was Nietzsche den »Willen zur Macht« nennt, in dessen Herabsinken sich für ihn alle Dekadenz zusammenfaßt, ist nichts andres als eine Zuspitzung dieser Wertlehre. Will man nämlich deren Besonderheit in eine abstrakte Formel fassen, so ist es diese: daß die absolute Höhe eines menschlichen Wesens durch seine relative Höhe bedingt ist; d. h. daß ein Mensch eine erhebliche Stufe auf der Skala der Menschheitsentwicklung nur so darstellt, daß er innerhalb der gesellschaftlichen Gruppe einen über andre wesentlich erhobenen — natürlich nicht oder nur sekundär in dem traditionellen, äußerlich-sozialen Sinne erhobenen — Rang einnimmt. Nach Nietzsches Überzeugung bedeutet die Steigerung des Lebens eine fortwährende Steigerung von Kräften, die sich unvermeidlich auf die Umwelt richten, sie ausnutzen, in sich einziehen, beherrschen; und umgekehrt ist dieses Ansammeln von Macht, dieser Aufschwung, der nur über beherrschten und unter den Fuß getretenen andren Wesen stattfinden kann, eben der Träger der individuellen Qualitäten der Kraft und des Adels, der Bedeutung und der Intensität der Persönlichkeit. Was bisher nur die sozusagen äußere Bedingung des aufsteigenden Lebens und Motiv der Distanzierung war: daß die Vielen, die unvermeidlich Mittelmäßigen und Schwachen, sich nicht in dem Tempo aufwärts entwickeln können, wie die Pioniere, die Genies, die zur Führerschaft Geborenen — das erhält damit seinen positiven und und inneren Grund. Das Niveau der Masse oder der sozia-

listischen Gesellschaft mag stehen oder sich heben wie es
will — es kann seiner Natur nach nicht die Werte des
konzentrierten, immer nur in Aufgipfelungen über Andre
sich steigernden Lebens besitzen. Leben ist unvermeidlicher-
weise, sozusagen seiner Form nach, Häufung von Kräften,
Kämpfen und Siegen, Macht, die zehrt und verbraucht und
in dem Maſs, in dem es mehr Leben ist, steigert sich
dieser Machtwille, diese äuſserlich oder durch das innere
Distanzbewuſstsein ausnutzende Herrschaft seiner Höhepunkte, nach denen seine Wertstufe bemessen wird. Wenn
man diesen Begriff über die brutalen Anwendungen, die ihn
auf den ersten Blick exemplifizieren, hinaus zur Deutung der
feineren und unaufhörlich spielenden Lebensprozesse, in denen
er unzählige Male verhüllt und fragmentarisch wirkt, benutzt,
so wird man seinen Tiefsinn nicht leugnen können. Wie es
das Wesen der Liebe ist, solange ihr Fundament wirklich
beharrt, dauernd in sich zu wachsen, so daſs man mit
paradoxer Kürze sagen könnte: Lieben ist mehr Lieben —
so bedeutet für Nietzsche Leben: mehr Leben, und es erfüllt
dadurch erst seinem tiefsten Sinne nach seine Form als
»Entwicklung«. Aber dies ist ihm nur möglich, indem das
Leben sozusagen auf seine eigenen Kosten lebt, und zwar in
der Form, daſs seine Höhe mit seiner Breite bezahlt werden
muſs; und dies nicht als eine leidige äuſsere Notwendigkeit,
die unter günstigeren sozialgeschichtlichen Umständen anders
sein könnte; sondern aus dem inneren Wesen des Lebens
selbst heraus, das nur so oder gar nicht sein kann. Aus der
unbedingten Solidarität des Lebens überhaupt mit diesem
Begriff seiner erklärt es sich, daſs Nietzsche das unsäglich
Tragische gar nicht zu empfinden scheint, das für jede andre
Empfindungsweise in dieser Vorstellung vom Leben liegt,
in dieser logischen Notwendigkeit, das soziale Interesse durch
das menschheitliche zerstören zu lassen, die Höhe des Individuums an die Distanz zu knüpfen, in der es beherrschend,
aufsteigend, verbrauchend über andern steht.

Auch wird nur aus ebendemselben: daſs es sich für Nietzsche um einen logischen Schluſs aus axiomatischen Prämissen handelt — begreiflich, daſs er die Unstimmigkeit dieses Gedankens mit dem Ideal der Vornehmheit, dessen überwiegende Bedeutung für ihn uns noch beschäftigen wird, gar nicht gewahr wird. Denn wenn das individuelle Leben soviel b r a u c h t, so zeigt es damit, daſs es sich selbst nicht genug ist, daſs es, als individuelles, nicht aus den eigenen Kräften leben kann. Nietzsche hätte wenigstens die Grenze seines Machtwillens gegen das gemeine Habenwollen deutlich ziehen müssen: indem er klarmachte, daſs nicht die Herrschaft und Gewalt als äuſsere Wirklichkeit, sondern die Beschaffenheit der süveränen Seele, deren Erscheinung und Äuſserung jenes soziologische Verhältnis ist, den Wert eben dieses trägt. Andrerseits würde den ethischen Widerständen gegen diese Vergewaltigungslehre nur ein metaphysischer Begriff des Lebens entgegenzusetzen sein; man müſste es als eine Einheit fassen, die ihr Wertmaximum in der Formung zur Pyramide gewinnt, die ihre Kräfte am vollendetsten ausgestaltet, wenn sie sie in e i n e Spitze einströmen läſst. Hier wären die Individuen nur die an sich bedeutungslosen Gefäſse oder Formen, durch die hindurch oder an denen sich der allein wesentliche Prozeſs des Gesamtlebens vollzieht. Bedenkt man die Einheit des organischen Lebens als solchen, das sich nur von Zeugung zu Zeugung fortpflanzt und dessen Ursprung aus einem einzigen ersten Keime mindestens nicht unmöglich ist, so wäre ein spekulatives Bild des Lebens wohl ausdenkbar, in dem es einheitlich durch alle Einzelwesen hindurchflieſst, denen es nur, so lange es in ihnen verweilt, einen ihrer zufälligen Eigenform vorenthaltenen Sinn und Bedeutung [gibt. Es würde dann mit metaphysischem Rechte in sich ein Ideal seiner Gestalt und Wertvollendung tragen, innerhalb dessen keine Sonderansprüche seiner einzelnen Träger zu Recht beständen.

Das Verhältnis des Nietzscheschen Ideales zu den sonst anerkannten macht ohne weiteres klar, daſs er, im äuſsersten Gegensatz zu Kant und Schopenhauer, den Philosophen nicht auf die Aufgabe beschränken kann, die allgemein geübte oder wenigstens allgemein geforderte Moral zu kodifizieren, sondern ihn als den Gesetzgeber ansieht, der »neue Tafeln« aufzustellen hat. Ebenso klar aber ist, daſs sein von ihm immer betonter »Immoralismus« nichts weniger als eine Verneinung der Moral, des Sollens ist. Nur mit einem andern I n h a l t füllt er dies Sollen, während seine Form ebenso, ja eigentlich noch unmittelbarer und gewaltsamer besteht als bei Kant, dessen Imperativ doch nur ein »Faktum« der menschlichen Vernunft formulieren will, während Nietzsches Wertsetzungen an und für sich imperativischen Charakter haben. Denn Kant, der objektive Theoretiker, will mit seinem Imperativ nur ein »Faktum« der menschlichen Vernunft formulieren, das, tatsächlich befolgt oder nicht, doch zeitlos als Ideal b e s t e h t ; Nietzsche dagegen, der praktische, predigende Moralist, will ein neues I d e a l hinstellen, er fordert eine neue F o r d e r u n g. Nur hat sich bei ihm die äuſserst gefährliche und miſsverständliche Assoziation zwischen dem bisherigen Inhalt der Moral und der Moral überhaupt so eng vollzogen, daſs er seine Verneinung jenes Inhaltes als Immoralismus schlechthin bezeichnet; durch diese Lässigkeit des Ausdrucks, deren Ergänzung durch das positive und, wie sich noch zeigen wird, unerbittlich strenge Sollen ihm etwas ganz Selbstverständliches war, hat er freilich jene traurige Nachfolgerschaft gezüchtet, für die die Befreiung von der bisherigen Richtung der Moral nicht ein neues Gesetz, sondern Gesetzlosigkeit bedeutet. Ihm selbst wäre dies nicht weniger Dekadenz gewesen, wie die Demokratie und jegliche Richtung der Willenslinie nach abwärts. Denn der Instinkt für die groſsen Ziele der Menschheit fehlt nicht in höherem Maſse, wenn er sich in perversen, lebenverneinenden, auf die Schwächung der Starken gehenden Gesetzen, als wenn er sich überhaupt in keinen Gesetzen niederschlägt. Mit leuchtender

Klarheit wächst ihm über der Verneinung der historischen, altruistisch-demokratischen Moral, über dem »Immoralismus« die neue Moral:

»Moral ist heute in Europa Herdentier-Moral: also nur, wie wir die Dinge verstehen, eine Art von menschlicher Moral, neben der, vor der, nach der viele andre, vor allem höhere Moralen möglich sind oder sein sollten.«

VIII. Vortrag.
Die Moral der Vornehmheit.

Man hat die Lehre Nietzsches als eine Wiederholung der griechischen Sophistik bezeichnet: auch diese zeigte schon die radikale Opposition gegen alle historisch bestehende, anerkannte Moral, die Inthronisierung des rein Natürlichen als Verhaltungsregel, die Betonung der individuellen Willkür an Stelle objektiver Normen, die Anerkennung des Rechtes der Stärkeren, gegen das sich die Schwachen durch die an sich ganz unbegründete Rechtsgleichheit Aller schützen wollen. In Wirklichkeit stellt diese Analogie das Verhältnis auf den Kopf. Es ist das Wesen der Sophistik, den objektiven Sinn und Wert des Tuns und Seins durch dessen Wert für das Subjekt zu ersetzen. Für Nietzsche hat umgekehrt das Subjekt nur dann eine Bedeutung, wenn es objektiv wertvoll ist; jene mißt das Objektive an einer subjektiven Skala, dieser das Subjektive an einer objektiven Skala. Freilich wird hier unter der Objektivität, von der unser Wert stammt, nicht das greifbare Werk, nicht das aus seinen Erfolgen bewiesene Tun verstanden, sondern das Sein, die in jedem sich darstellende Qualität des Typus Mensch — dies aber gemessen an dem schlechthin objektiven Maßstab: welche Stufe in der menschheitlichen Entwicklung solches individuelle Sein einnimmt. Gewiß stellt Nietzsche die Person nicht in den Dienst einer »Sache«, sie bleibt vielmehr der definitive Zweck- und Wertträger; aber doch kommt es nicht auf die Bedeutung ihres Seins und Verhaltens für ihre eigne Subjektivität an, sondern auf dessen Bedeutung vom Gesichtspunkt der Menschheitsentwicklung aus. Das ganz Eigentümliche dieser Wertbildung, das Nietzsche jener Sophistik völlig fernstellt, aber freilich eine tiefere und feinere Differenzierung des Denkens fordert, ist dies, daſs die »Menschheit« in Nietzsches Sinne durchaus nichts jenseits der Einzelnen ist (wie es die Soziologie manchmal von der »Gesellschaft« behauptet), sondern ausschlieſslich in ihnen lebt, aber dennoch einen Wertmaſsstab für sie abgibt. Bei den Sophisten findet das Subjekt in sich nur sich selbst, bei Nietzsche findet es sich selbst als einen Fortschritt oder Rückschritt der Menschheit, bestimmt nach dem Wertmaſsstab, der dafür durch die Entwicklung unsrer Art festgelegt ist — prinzipiell mit völliger Objektivität, gleichviel ob über den Inhalt dieser Entwicklung und die Einstellung der Einzelerscheinung in sie Einstimmigkeit herrscht. Dies ist auch der fundamentale und gar nicht zu überbrückende Abstand Nietzsches von Max Stirner, zu dem er, nicht weniger auf ganz oberflächliche Indizien hin als zu den Sophisten, rangiert worden ist; denn auch für Stirner sind alle objektiven Maſsstäbe und Wertungen wesenlose Einbildungen, gespenstische Schatten, denen als einzige Realität das Subjekt gegenübersteht; daſs das Ich noch etwas Übersubjektives bedeuten könne, daſs es überhaupt in eine Ordnung nach Werten eingestellt werde, würde Stirner als schlechthin sinnlos erscheinen. In ihm hat die Sophistik ihre Renaissance gefunden und nicht in Nietzsche, der schreibt: »Ein Grauen ist uns der entartende Sinn, welcher spricht: Alles für mich!«

Durch diesen Unterschied erhält die Lehre Nietzsches jenen gegenüber das spezifische Cachet der Vornehmheit. Innerhalb des rein Geistigen herrscht Einstimmigkeit darüber, daſs Objektivität Noblesse bedeutet: die gegnerische Meinung objektiv zu behandeln, sich nicht durch subjektive Leidenschaft hinreiſsen zu lassen, den Streit mit rein sachlichen Argumenten zu führen — ist Sache des vornehmen Geistes. Man wird Vornehmheit, die später hier noch genauere Bestimmung finden wird, als ein formales Verhalten bezeichnen, in dem sich eine entschiedene Personalität und eine entschiedene Objektivität in einer charakteristischen Weise zusammenfinden. Als Wertungsart der Persönlichkeit wird sie bedeuten: daſs der objektive Wert der Person empfunden wird. Die wahrhaft aristokratische Gefühlsweise enthält die Strenge gegen sich selbst, die den Wert der eignen Existenz nicht nach der Zufälligkeit der äuſseren Position und nach dem, was das Leben uns an Gaben und Genüssen einträgt, abschätzt, sondern nach der Würdigkeit, all dieses zu besitzen; daher die »Würde« des vornehmen Menschen. An und für sich ist Würde ein Relationsbegriff: man ist irgend einer Sache »würdig«, sie kommt einem nach einem objektiven Maſsstabe zu, mag man sie erhalten oder nicht. Den Eindruck des Würdigen schlechthin aber macht eine Persönlichkeit, die ersichtlich in ihrem ganzen Auftreten und Verhalten genau das für sich beansprucht, was ihr an objektivem Maſsstab gemessen zukommt, nicht mehr, aber auch nicht weniger. Der Aristokrat mag meinen, daſs Menschen und Dinge ihm schlechthin zu dienen haben; vom Parvenü und bloſs egoistischen Genüſsling unterscheidet es ihn, daſs er ganz von innen her — nicht nur in aufgeblasener Illusion, die doch immer eine geheime Unsicherheit enthält — dies durch die Qualität seiner Person nach objektiver Gerechtigkeit zu verdienen glaubt, und sich auch entsprechend verhält; nur daſs die Pflicht, mit der er diesen Rechten entspricht, sich nicht immer auf jene Verpflichteten selbst richtet, sondern zunächst auf ihn selbst: er ist verpflichtet, sein Sein so zu gestalten oder zu bewahren, daſs ihm von diesem her seine Rechte zukommen. Auf die Form dieser Empfindungsweise geht offenbar die ganze Wertrangierung hin, die uns an Nietzsche entgegengetreten ist: die unbedingte Konzentrierung des Wertes auf das Individuum, die doch nur seiner objektiven Bedeutung als Stufe der Entwicklung der Menschheit zukommt.

Dieser Struktur des Vornehmheitsideales entspricht es, daſs nicht die Betätigung nach auſsen hin, sondern das in sich geschlossene Sein des Menschen seinen Rang bestimmt. Gewiſs wird der wertvolle Mensch auch in wertvoller Weise handeln; allein nicht auf diesem Erfolg seines Seins, der immer ein Resultat dieses letzteren mit den Zuständen und Mächten der Umwelt ist und mit dem er sozusagen aus sich selbst heraustritt, liegt der Akzent — Nietzsche nennt solche, nach den Ergebnissen konstatierbare Handlungen: Epidermal-Handlungen —, sondern auf der Tatsache, daſs er eben eine höhere Natur ist. Alles andre ist nur Akzidens, das Tun mag eines der Mittel sein, die Menschheit in ihrem Aufwärtswachsen zu fördern, aber es ist nicht dieses Aufwärtswachsen selbst; denn dies zeigt sich nur darin, was sie ist, d. h. was ihre jeweils höchsten Exemplare sind. Nietzsche wendet sich deshalb gegen jene Bekämpfer der »Heldenverehrung«, die sich ihren Beweis dadurch leicht machen, daſs sie die »Leistungen« der groſsen Männer mit den »Leistungen« der Massen konfrontieren. Das eben sei das groſse Miſsverständnis, daſs man das Wesentliche und Wertvolle eines »groſsen Mannes« mit seinen Wirkungen gleichsetze. »Aber die höhere Natur des groſsen Mannes liegt im Anders-Sein, in der Rangdistanz — nicht in irgendwelchen Wirkungen: und ob er auch den Erdball erschütterte.« Hier tritt wieder der unversöhnliche Gegensatz gegen alle soziale Anschauungsweise hervor. Der Gesellschaft liegt ausschlieſslich an dem, was das Individuum tut; sein Sein interessiert sie nur, insofern es die Garantie dafür ist, daſs sein Tun immer in einer bestimmten Richtung verlaufen wird; das rein Moralische, die sittliche Kraft der Selbstüberwindung züchtet sie freilich, aber offenbar nur als Prophylaxis gegen äuſsere Schädigungen. Für sie besteht der Mensch nur aus seinen Wirkungen, da ihr Prinzip die Einwirkung des einen Menschen auf den andern ist; was er für sich, als Qualität, als Innerlichkeit ist, überläſst sie ihm und hat von sich aus weder ein Interesse noch eine Möglichkeit, dies anders als nach seinen, vom Subjekt auf andre Subjekte übergehenden Folgen zu rangieren. Für Nietzsche ist diese soziale Moral nur ein Rest der alten, im Prinzip überwundenen Teleologie: nun der Mensch nicht mehr der Zweck der Welt ist, ist er wenigstens noch der Zweck des andern Menschen. Selbst die sublimierteste Form der Aktivitätsmoral, diejenige, die allen Wert in den »guten Willen« legt, sieht noch immer über das tiefste und reinste Sein des Menschen hinaus. Sie gibt zwar zu, daſs alles Gelingen oder Miſslingen, aller äuſsere Erfolg oder seine Abbiegung durch die Mächte der Realität für den sittlichen Wert der Persönlichkeit gleichgültig wären; aber dieser Wert beruht dennoch darauf, daſs jene, aus der Persönlichkeit hervortretenden Wirkungen gewollt werden. Die Seele bleibt sozusagen immer zentrifugal gerichtet, wenngleich der Punkt, an dem ihr diese Richtung Wert gibt, nicht mehr auſserhalb des handelnden Individuums überhaupt, in der sozialen Umwelt, sondern schon früher und innerhalb seiner fixiert ist. Wird also nicht, wie von Schopenhauer, das ganze Sein des Menschen mit seinem Willen identifiziert, so bleibt, bei aller Ununterscheidbarkeit des sichtbaren Verhaltens, doch das tiefe Auseinander der Wertgefühle bestehen: ob die bloſse Qualität des Seins oder ob deren Ausmünzung in praktische Beziehungen zu einem Auſserhalb — die Entscheidung über den Wert des Individuums trägt.

Wenn so, nach Schillers Ausdruck, adlige Naturen mit dem zahlen, was sie sind, gemeine mit dem, was sie tun, und eben dadurch die Seinsqualität des Individuums, von dem sozialen Interesse her und für den Willensmoralismus eine bloſse Angelegenheit des Subjekts, zu einem objektiven Wert aufsteigt — so erhebt sich nun freilich die schwerste, bedenklichste Frage: wodurch denn die einzelnen Qualitäten des Menschen ihre Wertbedeutung als eine objektive legitimieren. Die Antwort Nietzsches darauf, die ich bisher entwickelt habe, lautete, daſs gewisse menschliche Eigenschaften auf dem Wege der natürlichen Züchtung liegen. Die Menschheit ist durch das Aufkommen und die Steigerung eben dieser zu den von ihr erreichten Höhen gelangt, und dies ergebe das von allem Subjektiven, aller bloſs persönlichen Schätzung unabhängige Kriterium für ihren Wert. Allein, so bestechend dies ist, so scheint es einen Zirkelschluſs zu enthalten. Die tatsächliche Entwicklung unsrer Art hat doch keineswegs nur Schönheit und Reinheit, Gesinnungsgröſse und Redlichkeit, Wert und Kraft zuwege gebracht, sondern ebenso das Gegenteil all dieser Eigenschaften; und in welchem Quantum etwa die eine Reihe im Verhältnis zur andern gewachsen sei, ist nicht nur völlig unkonstatierbar, sondern auch für die Wertfrage völlig irrelevant. Es müssen also aus der wirklichen, geschichtlichen Entwicklung zunächst gewisse Züge ausgewählt werden, die nun, als die Inhalte der Menschheitswerte, die Imperative für unser Verhalten und die Erweise für unsre Wertbedeutung abgeben. Also entscheidet doch nicht die natürliche Entwicklung als ein objektiver Maſsstab über den Wert unsrer Seinsqualitäten, sondern umgekehrt, es muſs schon eine Wertung gewisser Qualitäten zugrunde liegen, damit entschieden würde, was denn innerhalb der tatsächlichen, das Hohe und das Niedere gleichmäſsig einschlieſsenden Entwicklung als Entwicklung im Wertsinn anzusehen sei. Der Lebensbegriff, dem die Evolution eine neue Bedeutung gegeben hatte, schien das von allen Seiten Gesuchte zu leisten: den Inhalt und Sinn des Sollens aus einer gegebenen, feststellbaren Wirklichkeit logisch abzuleiten. Das eben war ja die ungeheure Schwierigkeit aller Ethik und Wertlehre gewesen, daſs innerhalb des Erweislichen und Wirklichen (im weitesten, nicht nur grob äuſserlichen Sinne) das sittlich Notwendige und Wertvolle nicht abzuleiten war, und dieses deshalb der individuellen Willkür und rein persönlichen Überzeugung preisgegeben scheint — eine Folge, der fast jede Metaphysik durch ein Hineingeheimnissen des Guten und Gesollten in die »eigentliche«, die wirklichste Wirklichkeit zu entgehen meinte. Indem nun der Begriff des Lebens als der allumfassende auftrat, dessen Form alles trug, was dem Menschen wesentlich ist; indem in ihm selbst der Trieb nach Erhöhung, Veredlung, intensiver und extensiver Erweiterung lag und so der Prozeß des Lebens unmittelbar an sich selbst ein Prozeß steigenden Wertgewinnes war — so konnte nun die Idealbildung an dieser innersten, vielleicht nicht immer sichtbaren, aber immer vorhandenen Richtlinie all unsrer Wirklichkeit entlanggehen. Nun aber hat sich dennoch jene Zusammenhangslosigkeit offenbart: daß die reale Entwicklung auch alles negativ Wertvolle mit derselben gleichgültigen Notwendigkeit produziert wie das Positive, daß, anders gesehen, keineswegs nur die edlen und »hohen« Qualitäten der Individuen ihnen zur Macht, zur Erweiterung ihres Lebens, zur Entfaltung all ihrer Möglichkeiten verhelfen, sondern List und Gewissenlosigkeit, Habsucht und praktischer Materialismus unzählige Siege im Lebenskampfe gewinnen. Die Auswahl dessen also, was auch Nietzsche für das Wertvolle innerhalb des wirklichen Lebens anerkennt, ist in der Struktur dieser Wirklichkeit nicht vorgezeichnet, sondern kann nur aus einem von ihr unabhängigen Wertgefühl ausgehen. Und nur ein optimistischer, enthusiastischer Glaube an »das Leben«, der mit dem Schopenhauerschen Pessimismus die volle Unbeweisbarkeit teilt, kann die Werte, deren Konstituierung als solche aus ganz andern Quellen fließt, als den Nerv des Lebens selbst, als die Faktoren seiner tatsächlichen Entwicklung ansehen. Daß es Nietzsche schließlich also doch nicht gelingt, die prinzipielle Wertgestaltung aus der Steigerung des Lebens heraus zu der anerkannten Reihe qualitativer Einzelwerte zu entwickeln, daß er diese vielmehr durch ein spontanes Wertgefühl erzeugen muß — dies ist das Motiv, um dessentwillen ich in dieser Darstellung seine allgemeine Konstituierung der Menschheitswerte nach ihren Grundsätzen und Formen von der Darlegung der inhaltlich bestimmten Beschaffenheitswerte gesondert habe.

Was diese Werte bei Nietzsche an Objektivität besitzen, liegt also nicht in ihrem Ursprung, nicht in ihrer Begründung; sondern es liegt in ihrem vorhin betonten Charakter, der sie in dem Ideal der Vornehmheit ihr Zentrum finden läfst. Denn diesem gemäfs ist die Existenz bestimmter Menschen und bestimmter Qualitäten der Menschen an und für sich wertvoll, nicht um andrer Menschen willen, nicht um irgendwelcher Wirkungen willen, nicht einmal um eines »höheren Gesetzes« willen, sondern ihr Dasein ist Selbstzweck; aber nicht im subjektiven Sinne, nicht wegen ihres eigenen Lebensgefühles und Selbstgenusses, sondern ganz objektiv: die Gesamtheit der Dinge ist um so viel sinnvoller, bedeutungsreicher, wertvoller, wie derartige Existenzen und Eigenschaften sich in ihr finden. Dieses objektive Wesen der Vornehmheitswerte aber bringt es mit sich, dafs der Preis an individuellen Leben, an subjektiven Leiden, an Opfern durch Härte und Unterdrückung völlig gleichgültig ist, der für die Verwirklichung dieser Ideale gezahlt werden mufs. Der vornehme Mensch fragt nicht danach, »was es kostet«. Darum ist der Stil des vornehmen Lebens so völlig dem der Geldwirtschaft entgegengesetzt, in dem der Wert der Dinge mehr und mehr mit ihrem Preise identifiziert wird. Taine erzählt von der höchst verschwenderischen Aristokratie des ancien régime, es hätte als das Symptom der Vornehmheit gegolten, dafs man auf das Geld absolut keinen Wert legte. Dies ist ersichtlich der äufserste Gegensatz zu der Verschwendung des Protzentums, die gerade von dem Glauben an die grofse Bedeutung des Geldes ausgeht. Die tiefe Aversion Nietzsches gegen alle spezifischen Erscheinungen der Geldwirtschaft mufs auf den fundamentalen Gegensatz zurückgehen, der zwischen ihren Schätzungsrichtungen und denen der Vornehmheitswerte besteht: jene auf die Abwägung von Wert und Opfer gehend, den Wert nur soweit akzeptierend, wie er nicht durch die Gröfse der Aufwendung paralysiert ist, diese ganz gleichgültig gegen die Preisfrage, das Wertvolle, nur weil es ein solches ist, im Auge behaltend und es deshalb von seiner Korrelation mit dem »Preise« völlig lösend. Es ist die äuſserste Steigerung des Vornehmheitsprinzips, daſs der objektive Wert der Menschheit ausschlieſslich an ihren höchsten Exemplaren hafte und daſs dem Leiden, der Unterdrücktheit und Unentwickeltheit der groſsen Masse, insoweit sie der Preis und der Unterbau jener Erhebungen sind, überhaupt nicht nachgefragt wird. Denn es ist nun einmal Nietzsches geschichtsphilosophisches Axiom, daſs ohne die strengste Züchtung und Auslese, ohne unzählige Rücksichtslosigkeiten und Grausamkeiten es nicht zu dem höchsten und machtvollsten menschlichen Sein komme. Und damit — so paradox es scheint, so sehr es nur bei völliger intellektueller Befreiung der prinzipiellsten ethischen Form von allen an ihre Inhalte geknüpften Gefühlen plausibel sein mag — hat Nietzsche ein Grundgefühl Kants aus der individuellen Moral in die Gattungsethik übertragen. Für Kant ist alle Moral nur in der Ueberwindung unsrer niederen, sinnlichen Wesensteile denkbar. Der Mensch als ganzer, in seinem Naturfundament ein sinnlich-begehrliches Wesen, ist nun einmal nicht »gut«, sondern seinen irdisch-schweren Elementen gegenüber hat sich die Vernunft in jedem Augenblick erst in Kämpfen und Befreiungen durchzusetzen — eine Vergewaltigung des Tieferen durch das Höhere in uns, die nur unter Schmerzerscheinungen stattfinden kann. Es ist eines der letzten, die Geschichte der Menschenseele bestimmenden Motive: daſs die entscheidenden Erhöhungen unsres Wesens an die Bedingung des Leidens gebunden sind; aber wie lang, wie verschlungen, über welche Stationen der verbindende Faden läuft — das begründet tiefste Unterschiede der Weltanschauungen. Kant hat die Verbindung auf den äuſsersten Punkt des Subjektes zusammengedrängt, der rein in sich selbst ruhende Wert der Persönlichkeit macht sich für ihn »nur durch Aufopferungen kenntlich«. Nietzsche aber verlegt die Verknüpfung über das Individuum hinaus in die Menschheit: nur die Zucht des großen Leidens habe bisher »alle Erhöhungen der Menschheit geschaffen«. Und **darum** ist es möglich, daß er die scheinbar selbstverständliche Identität des Trägers der Erhöhung und des Trägers des Leidens aufhebt: daß Unzählige leiden, unterdrückt werden, sich aufopfern müssen, schafft für einen Einzelnen die Bedingungen für jene Kraft, Produktivität, Schwingungsweite der Seele, mit der die Menschheit eine noch unbetretene Stufe ihres Entwicklungsweges erobert. Die Kantische Wertbildung innerhalb der individuellen Seele ist auf das Ganze der geschichtlichen Gesellschaft verbreitet — die Spannung zwischen Wert und Leiden hat die Einheit der Einzelseele verlassen und sich zwischen einer Mannigfaltigkeit von Subjekten aufgetan, die nur noch von der Einheit des Menschentums überhaupt umfaßt sind.

Die eigenartige Wertbildung, der es nur auf das objektive Dasein der wertvollen Qualitäten ankommt, während diese sich zugleich nur in absolut personaler Form, an der Individualexistenz der Seele verwirklichen; die nur die höchste Entwicklungshöhe objektiv erreicht sehen will, ohne das Recht dieser Bestrebung von dem Preise an Opfern oder an subjektiven Bedingungen abhängig zu machen — dies ist nur die nach einer andern Dimension hingehende Spiegelung der früher betonten Gleichgültigkeit gegen die **Wirkungen** des wertvollen Individuums: sein Wert, der der Wert eines **Seins** ist, ist so unabhängig von den Bedingungen, aus denen es sich erhebt, wie von den Folgen, die sich aus ihm erheben. Den Wert der großen Menschen ging es nichts an, was andre von ihrer Größe haben — und ebensowenig geht ihn an, was jene selbst, als Subjekte, davon haben. Darum ist jener Personalismus, weil er nur die Form einer rein objektiven Wertbildung ist, absolut kein gewöhnlicher Egoismus oder Eudämonismus. Der Reflex des Seins im Lust- oder Leidempfinden von Subjekten hat mit dem Werte dieses Seins durchaus nichts zu tun, mag es nun sich um fremde oder um das eigene Subjekt handeln. Da Nietzsche hierin schlimmer als in irgend einem andern Punkte mifsverstanden worden ist, führe ich einige entscheidende Stellen an. »Trachte ich denn nach Glück?« fragt Zarathustra; »ich trachte nach meinem Werke.« »Freiheit bedeutet, dafs man gegen Mühsal, Härte, Entbehrung, selbst gegen das Leben gleichgültiger wird; dafs die männlichen, die kriegs- und siegesfrohen Instinkte die Herrschaft haben über andre Instinkte, z. B. über die des Glücks. Der freigewordene Mensch tritt mit Füfsen auf die verächtliche Art von Wohlbefinden, von dem Krämer, Christen, Kühe, Weiber, Engländer und andre Demokraten träumen.« »Man soll nicht geniefsen wollen, wo man nicht zu geniefsen gibt. Und — man soll nicht geniefsen wollen.« »Meine tiefe Gleichgültigkeit gegen mich: ich will keinen Vorteil aus meinen Erkenntnissen und weiche auch den Nachteilen nicht aus, die sie mit sich bringen. Will man Glück, nun, so mufs man vielleicht zu den ‚Armen des Geistes' sich gesellen.« »Ob Hedonismus, ob Pessimismus, ob Utilitarismus, ob Eudämonismus: alle diese Denkweisen, welche nach Lust und Leid, d. h. nach Begleitzuständen und Nebensachen den Wert der Dinge messen, sind Vordergrundsdenkweisen und Naivitäten, auf welche ein jeder, der sich gestaltender Kräfte bewufst ist, nicht ohne Spott, auch nicht ohne Mitleid herabblicken wird.« — Der Kampf der Kirche gegen Sinnlichkeit und Lebensfreudigkeit ist verständlich und relativ berechtigt, insoweit es sich um Degenerierte handelt, »welche zu willensschwach sind, um sich ein Mafs in der Begierde auflegen zu können«. Denn »Wollust ist nur dem Welken ein süfslich Gift, für die Löwen-Willigen aber — der ehrfürchtig geschonte Wein der Weine«. Und wenn er mit der »Nächstenliebe« ins Gericht geht, so ist es, weil er sie für eine schlecht verkleidete Eigenliebe hält. »Höher als die Liebe zum Nächsten ist die Liebe zum Fernsten und Künftigen — die Ferneren sind es, welche eure Liebe zum Nächsten bezahlen« — wobei ich die Bemerkung nicht unterdrücken möchte, daſs diese Fernstenliebe dennoch als eine bloſse Erweiterung oder weitsichtigere Technik der christlichen Nächstenliebe gelten könnte. Es gibt gar keinen strengeren Richter gegenüber allem Anarchistischen, Zuchtlosen, Weichlichen, als Nietzsche ist; alle Dekadenz, der die Gegenwart verfallen sei, sieht er ja gerade darin, daſs die Strenge gegen sich wie gegen andre, die harte Zucht, die Ehrfurcht und Autorität, vor der Gleichmacherei, vor dem unvornehmen Streben nach dem Glück Aller verschwunden sei. Gewiſs predigt er Selbstsucht: d. h. daſs der Hohe, Führende, Vornehme »auf sich halte«, daſs er die Eigenschaften, die ihn zum Führer und zur Leuchte machen, nicht durch Weichherzigkeit verderbe, die dem momentanen Impulse um den Preis der dauernden Werte nachgibt; daſs er die innere Distanz gegen die Tieferen auch äuſserlich aufrecht erhalte, um nicht auf das Niveau jener herabgezogen zu werden und so seine höchsten Werte zu deklassieren. Aber alles dies ist nicht Willkür, nicht Genuſsfrage. Der vornehme Mensch, so sagt er, müsse »seine Vorrechte und deren Ausübung unter seine Pflichten rechnen«, und deshalb denke er nicht daran, »seine Pflichten zu Pflichten für jedermann herabzusetzen«. Der ganze Sinn seiner vorgeblichen Selbstsucht ist also nur die Erhaltung der höchsten personalen Werte, um derentwillen er ebenso die unnachgiebigste Strenge gegen sich selbst wie den anderen gegenüber fordert. »Wer ein Erstling ist, der wird immer geopfert. Nun aber sind wir Erstlinge. — Aber so will es unsre Art; und ich liebe die, welche sich nicht bewahren wollen.« — Und freilich predigt er Rücksichtslosigkeit, Härte, ja Grausamkeit: aber nur, weil sie ihm die Schule und Zucht scheinen, in der allein wieder die Stärke des Menschen erwachsen kann, die durch die Reduktion unsrer Ideale und schlieſslich auch unsrer Wirklichkeit auf die Interessen des Durchschnitts, der Allgemeinheit, verloren zu gehen droht.

»Ihr sollt es immer schlimmer und härter haben: so allein wächst der Mensch in die Höhe, wo der Blitz ihn trifft und zerbricht: hoch genug für den Blitz!« Daſs man diese Lehre für einen frivolen Egoismus, eine Heiligsprechung epikureischer Zügellosigkeit angesehen hat, gehört zu den wunderlichsten Augentäuschungen in der Geschichte der Moral. Sie stammt im wesentlichen daher, daſs man die neue Synthese, zu der Nietzsche die wertbildenden Momente zusammengefügt hat, nicht erfaſst und deshalb an ihrer Stelle die gewohnten Assoziationen gelten läſst, die sonst allerdings den einzelnen Elementen dieser Synthese zugekommen sind. Nietzsche hat den Personalismus zu einem objektiven Ideal gemacht und ihn damit von dem eigentlichen Egoismus, der immer auf das Subjekt zurücksieht, aufs entschiedenste abgetrennt. Der Egoismus will etwas haben, der Personalismus will etwas sein. Damit stellt er sich jenseits des Gegensatzes von Eudämonismus und Moralismus, in dem die Kantische Moral aufging. Der Eudämonismus fragt: was gibt mir die Welt? Der Moralismus: was gebe ich der Welt? Für Nietzsche aber handelt es sich überhaupt nicht mehr um ein Geben, sondern um eine Seinsbeschaffenheit, die sich natürlich auch in Handlungen, in »schenkender Tugend« ausströmen wird; allein nicht diese Folge und Erscheinung ihrer trägt ihren Wert, sondern sie hat ihn unmittelbar in sich selbst, insoweit sie eine bestimmte Entwicklungshöhe des Typus Mensch darstellt. Und ebenso wird sie, in ihrem Subjekte sich reflektierend, ihm vielleicht auch zum Glück gereichen; aber — insoweit nicht etwa das Glück selbst eine Erweiterung, Vertiefung, Beseelung der Existenz ist — liegt auch hier der Wertakzent nicht auf solcher nachträglichen Gefühlsfolge des Seins, sondern auf diesem selbst, das ihn nicht weniger trägt, wenn es sich in unsrer subjektiven Empfindung als Leid, statt als Glück spiegelt.

Darum betont Nietzsche dauernd, daſs das Leben in dem

Maſse seiner Höhe immer härter und strenger würde. Niemand würde sich empörter als er selbst gegen den Miſsbrauch des Übermenschenbegriffes gewandt haben, der die Befreiung von der altruistisch-demokratischen und Rücksichtsmoral nur zu dem Recht libertinistischen Genieſsens ausnutzt, statt zu der Pflicht, die **objektiv** höhere Stufe des Menschentums zu beschreiten; von dieser Pflicht aus gesehen stellt sich der schlecht maskierte, subjektivistische Eudämonismus des »Nietzscheaners« als jenes Zurückwenden zur niederen Stufe dar, zu der Weichlichkeit des Pessimismus, zur Kraftverwendung auf das Unfruchtbare (denn mit Lust und Leid als subjektiven Zuständen verläuft sich das Leben jedesmal in eine Sackgasse) — kurz als jene Dekadenz und Abwärtsbiegung des Lebens, die jetzt nur den Gegenstand gewechselt hat, die sich nicht auf die tieferen Elemente der Gesellschaft, sondern auf die des Subjekts selbst wendet.

Mit der Eigenart der Nietzscheschen Ideale ist — wovon insbesondere ihr Zusammenströmen in dem Ideal der Vornehmheit hätte überzeugen sollen — das Gefühl der **Verantwortlichkeit** als ein integrierender, absolut wesentlicher Bestandteil verbunden. Jede gute Aristokratie wird dem bloſsen Genieſsen ihrer Prärogativen durch das Bewuſstsein enthoben, verantwortlich zu sein — nicht anderen Menschen, nicht einem von auſsen gegebenen Gesetz gegenüber, sondern sich selbst gegenüber. Diese, nur aus dem Ideal des eigenen Wesens quellende Verantwortung hat eben Nietzsche durch den Begriff der Menschheit gedeutet, deren Höhe mit der ihrer höchsten Exemplare identisch ist; wobei er keineswegs etwa die bestehende Aristokratie als Ideal faſst, in der ihm »alles falsch und faul« erscheint. Dieser Sinn für die Verantwortlichkeit, der der Vornehmheitsmoral einwohnen muſs, erscheint mir nun als das letzte Motiv der wunderlichsten Lehre Nietzsches: von der »ewigen Wiederkunft des Gleichen«. Wenn der Weltprozeſs, so lehrt er, sich in einer unendlichen Zeit an einer endlichen Masse von Kräften und

Stoffen abspielt, so müssen alle, aus diesen herstellbare Kombinationen sich in einer endlichen Zeit, wie lang diese auch sei, erschöpfen; dann muſs ersichtlich das Spiel von neuem anfangen und dem Kausalgesetz gemäſs eben jene Kombinationen in der genau gleichen Reihenfolge wiederholen, und so fort ins Unendliche; wobei, angesichts der Kontinuität des Weltgeschehens, jeder beliebige Augenblick seiner als ein solcher betrachtet werden kann, in dem eine schlieſsende und eine beginnende Weltperiode zusammentreffen. So ist also der Inhalt jedes Momentes, jeder Mensch mit allem, was er lebt, schon unendliche Male dagewesen und wird unendliche Male, in absolut identischer Wiederholung, wiederkehren. Eine Äuſserung aus der Zeit des ersten Auftauchens dieser Lehre verrät ihren eigentlichen Sinn: »Wie, wenn dir eines Tages ein Dämon in deine einsamste Einsamkeit nachschliche und sagte: »Dieses Leben, wie du es bis jetzt lebst und gelebt hast, wirst du noch einmal und noch unzählige Male leben müssen; und es wird nichts Neues daran sein, sondern alles unsäglich Kleine und Groſse deines Lebens muſs dir wiederkommen, und alles in derselben Reihe und Folge. Die ewige Sanduhr des Daseins wird immer wieder umgedreht — und du mit ihr, Stäubchen vom Staube. Wenn jener Gedanke über dich Gewalt bekäme, er würde dich, wie du bist, verwandeln und vielleicht zermalmen; die Frage bei allem und jedem: »Willst du dies noch einmal und noch unzählige Male?« würde als das gröſste Schwergewicht auf deinem Handeln liegen! Oder wie müſstest du dir selber und dem Leben gut werden, um nach nichts mehr zu verlangen, als nach dieser letzten ewigen Bestätigung und Besiegelung!«

Die endlose Wiederholung unsres Verhaltens wird ihm also zum Kriterium, an dem uns dessen Wert oder Unwert zum Bewuſstsein kommen soll. Was als auf den Moment beschränkte Handlung unwesentlich erscheint und — von dem Gefühl aus: vorbei ist vorbei — leichtsinnig aus dem Gewissen geschoben werden würde, erhält nun ein furchtbares Gewicht, einen nicht überhörbaren Akzent, sobald ihm ein unaufhörliches »Nocheinmal« und »Nocheinmal« bevorsteht. Die ewige Wiederkunft bedeutet: jede Existenz ist ewig. Denn wenn sie sich unendlich oft wiederholt, so ist ihre Dauer dieselbe, wie wenn sie ewig kontinuierte. In ganz anderm Maſse sind wir für unser Tun verantwortlich, zum mindesten: erkennen wir unsre Verantwortlichkeit, wenn wir wissen, daſs kein Augenblick des Lebens mit sich abgetan ist, sondern daſs wir und die Menschheit ihn unzählige Male so erleben müssen, wie wir ihn jetzt gestalten.

Damit ist nur ein Kantisches Grundmotiv gleichsam in eine neue Dimension distrahiert. Den Prüfstein für die Pflichtmäſsigkeit einer Handlung findet Kant darin, daſs der Handelnde das Prinzip, von dem sie geleitet wird, als ein allgemeines, schlechthin gültiges Gesetz wollen könne. In der Versuchung zu lügen und zu stehlen, gegen den Entbehrenden hartherzig zu sein und die Kräfte der eigenen Persönlichkeit unentwickelt zu lassen — kann ich über die sittliche Zulässigkeit danach entscheiden, daſs ich unmöglich eine Menschenwelt wollen kann, in der solche Maximen als Naturgesetze herrschten: sie würde sogleich an inneren Widersprüchen zugrunde gehen und gerade um des egoistischen Interesses willen, aus dem der so Handelnde verfährt, kann er nicht wollen, daſs allgemein, also auch gegen ihn, so gehandelt würde. Gewiſs wird die Handlung in ihrem inneren Wesen durch die unaufhörliche Rekapitulation nicht geändert; allein wie unter einem Vergröſserungsglas werden dadurch Bedeutsamkeiten ihrer sichtbar, über die die Flüchtigkeit ihres Nur-Einmal-Seins den Blick wegtäuschte. Dies aber war der praktische Sinn der Kantischen Norm. Die Verbreiterung unsrer Handlungsweise zu einem allgemeinen Gesetz verleiht ihr sicher keine sachliche Bedeutung, die man nicht auch ihrer einzelnen Ausübung ansehen könnte: allein, wie unsre geistige Wahrnehmung nun einmal beschaffen ist, fehlt der Beurteilung der ganz isolierten Tat oft die volle Durchschlagskraft, weil ihre Folgen sich in die unzähligen kreuz und quer laufenden Strömungen des Gemeinschaftslebens mischen, die ihre reine Wirkung, ablenkend oder übertreibend, unkenntlich machen; das eigentliche Leben der Tat tritt erst hervor, wenn ihr ganzes praktisches Milieu auf sie abgestimmt ist, wenn keine entgegengerichteten Tatfolgen die ihrigen überdecken, kurz, wenn ihr Prinzip, statt eine zufällige Einzelheit in einem Chaos andrer zufälliger Einzelheiten zu sein, eine ausnahmslose Norm, ein »allgemeines Gesetz« ist. Kant zieht die Tat in die Breitendimension, in die unendliche Wiederholung im Nebeneinander der Gesellschaft, während Nietzsche sie sich in die Längendimension erstrecken läfst, indem sie sich in endlosem Nacheinander an dem gleichen Individuum wiederholt — entsprechend dem Akzent, den Kant auf die Folgen der Tat, Nietzsche aber auf das in ihr unmittelbar ausgesprochene Sein des Subjekts legt. Aber beiderlei Multiplikationen der Tat dienen dem gleichen Zwecke: ihren Sinn der Zufälligkeit zu entheben, die ihre Darstellung im Nur-Jetzt, Nur-Hier, ihr antut. Der innere Wert der Handlung, das an ihr, wofür wir verantwortlich sind, an sich völlig jenseits von Zeit und Zahl, vom Wo- und Wie-Oft-Bestehen, soll für uns, die wir dennoch an diese Kategorien gefesselt sind, wenigstens mit einer Unendlichkeit von Zahl und Zeit ausgestattet werden, um mit seinem wahren Gewichte zu wiegen.

In der Fichteschen Fortbildung dieser Formel Kants nähert sie sich schon der Verlegung in die Form der Zeit, die die Lehre von der ewigen Wiederkunft vollzieht: »Das empirische Ich, sagt Fichte, soll so gestimmt werden, wie es ewig gestimmt sein könnte. Ich würde daher den Grundsatz der Sittenlehre in folgender Formel ausdrücken: Handle so, dafs du die Maxime deines Willens als ewiges Gesetz für dich denken könntest«. Indem das Kriterium sich also in die Zeitreihe statt in die Gesellschaftsreihe erstreckt, gewinnt es auch hier wie bei Nietzsche sein Substrat an dem Individuum für sich allein, die Dauer eben desselben entscheidet an Stelle der Vervielfältigung an Anderen, aber mit der gleichen Tendenz als Erkenntnisgrund, über die Werte, für deren Realisierung oder Nicht-Realisierung wir verantwortlich sind.

Wenn nun die Lehre von der ewigen Wiederkehr nur diese, mit dem vorherigen Zitat gegebene Bedeutung hätte, die unendliche Verantwortung des Menschen für sein Tun sichtbar oder ausdrückbar zu machen, so würde sie der Frage nach ihrer objektiven Wahrheit enthoben sein; sie wäre ein Symbol und Prüfstein, wie der kategorische Imperativ Kants, der seine Funktion als Gedanke, aber nicht als Wirklichkeit ausübt. Indem aber Nietzsche sich damit nicht begnügt, sondern die Realität der ewigen Wiederkehr behauptet, dürfen die Schwierigkeiten dieser Behauptung nicht verschwiegen werden. Wollte man nämlich auch zugeben, daſs der Weltprozeſs sich in unendlicher Zeit zwischen endlichen Elementen abspielt, so ist damit noch keineswegs erwiesen, daſs eine einmal zustande gekommene Konfiguration dieser Elemente sich irgendwann, auch in unendlicher Zeit, wiederholen müsse; dies kann freilich der Fall sein, aber es ist eine Kombination der Weltelemente denkbar, bei der es nicht stattfindet[1]). Wenn man aber auch von diesem Bedenken absieht, so würde dennoch die Realität der Wiederkehr des

---

[1]) Ich setze den Beweis dafür, weil er spezialistischer Natur ist, aus dem Text heraus, und führe ihn nur für den einfachsten Fall eines Systems, welches nur aus drei Elementen besteht. Man denke sich drei gleich groſse Räder, welche um eine gemeinsame Achse laufen. Auf jedem dieser ist ein Punkt markiert, und zwar derart, daſs in irgend einem Augenblick diese drei Punkte auf einer Geraden liegen, die durch einen über die Räder gespannten Faden bezeichnet ist. Nun lasse man die Räder rotieren, und zwar so, daſs das zweite Rad sich doppelt so schnell dreht als das erste. Dann werden die beiden auf ihnen markierten Punkte nur in dem Augenblick wieder gemeinsam unter dem Faden liegen, wenn das

Gleichen ihrer Tragweite als ethischer Regulative nichts hinzufügen können. Die tiefe Erschütterung und Weihe, mit der Nietzsche von ihr spricht, ist, wie mir scheint, nur durch eine gewisse Ungenauigkeit in ihrer logischen Auffassung erklärlich. Denkt man sie nämlich mit voller Schärfe aus, so verschwindet ihre innerliche Bedeutung vollkommen, weil die nächsten oder die soundsovielten Wiederholungen des

---

erste Rad eine Umdrehung, das zweite aber deren zwei gemacht hat; dann wieder nach der zweiten ganzen Umdrehung des ersten und der vierten des zweiten Rades; kurz, die Anfangslage für diese beiden Räder wird ausschließlich nach n ganzen Umdrehungen des ersten und $2n$ Umdrehungen des zweiten Rades erfolgen. Dem dritten Rad nun gebe man eine Umdrehungsgeschwindigkeit von $\frac{1}{\pi}$ des ersten Rades. Hat dieses erste also $1, 2, 3 - - n$ Umdrehungen vollendet, so hat sich das dritte $\frac{1}{\pi}, \frac{2}{\pi}, \frac{3}{\pi} - - \frac{n}{\pi}$ mal gedreht. Nach der Natur der Zahl π kann keiner dieser Brüche eine ganze Zahl sein. Das heißt, daß das dritte Rad niemals eine ganze Zahl von Umdrehungen vollendet haben wird, wenn das erste Rad eine ganze Zahl vollendet hat. Da es nun aber zu der gleichzeitigen Lage des auf dem ersten und des auf dem zweiten Rade markierten Punktes unterhalb des Fadens nach dem Obigen nur dann kommen kann, wenn das erste Rad jeweils eine ganze Umdrehung gemacht hat, so kann der bezeichnete Punkt des dritten Rades niemals den Faden in dem Augenblick passieren, in dem diese Punkte an den beiden andern Rädern unter ihm liegen. Das heißt: die Lage der drei Punkte, von der die Bewegung angehoben hat, kann in alle Ewigkeit nicht wiederkehren. Wenn es also nur irgend wo in der Welt drei Bewegungen gibt, welche dem Bewegungsverhältnis dieser drei Räder entsprechen, so können die Kombinationen zwischen ihnen niemals zu ihrer Ausgangsform zurückkehren. Die Endlichkeit in der Zahl der Elemente bewirkt also, selbst wenn für ihre Bewegungen eine unendliche Zeit zur Verfügung steht, durchaus nicht mit Notwendigkeit, daß die Situation irgendeines Momentes sich unverändert wiederhole. — Natürlich kann es sich auch anders verhalten. Die Weltbewegungen könnten so angeordnet sein, daß sie einen sich immer wiederholenden Kreis von Kombinationen durchlaufen. Allein die bloße soeben skizzierte Möglichkeit reicht aus, um den angeblichen Beweis für die ewige Wiederkehr des Gleichen als Illusion darzutun.

genau Gleichen durchaus keine S y n t h e s e eben dieser gestatten. Wenn sich ein Erlebnis in meiner Existenz wiederholt, so kann diese Wiederholung als solche für mich die ungeheuerste Bedeutung gewinnen; aber doch nur, weil ich mich dabei des ersten noch erinnere, nur, wenn das zweite auf einen durch das erste modifizierten Zustand meines Seins oder Bewußstseins trifft. Fingiert man aber den — empirisch unmöglichen — Fall, daß dieses zweite mich in dem absolut gleichen Zustand träfe, wie das erste, so würde meine Reaktion darauf die absolut gleiche wie die auf das erste sein und daß es eine Wiederholung ist, würde nicht die geringste Bedeutung für mich haben können. Jegliche solche Bedeutung hängt vielmehr daran, daß ein Ich beharrt, für welches das zweite Eintreten des gleichen Erlebnisinhaltes darum, weil ein erstes vorangegangen ist, einen andern Sinn und Konsequenz hat, als das erste hatte. Nicht anders aber verhält es sich mit der Wiederkehr der gesamten Existenz überhaupt. Ihr zweites Mal würde eine Bedeutung, die der ihres ersten Males etwas hinzufügte, nur dann haben, wenn dasselbe Ich, gleichsam perennierend, in beiden lebte; in Wirklichkeit aber bin i c h es gar nicht, der wiederkehrt, sondern nur eine Erscheinung tritt auf, die mit mir in allen Eigenschaften und Erlebnissen absolut übereinstimmt. Wäre in dieser zweiten irgend etwas Reales, Qualitatives, wodurch sie auf die frühere hinwiese und was sie dem Umstande, die spätere zu sein, verdankt, so würde sie nicht die genaue Wiederholung der ersten, sondern eben dadurch von ihr unterschieden sein. Ich glaube, daß Nietzsche sich durch eine unscharfe Fassung des Ich-Begriffs dazu hat verführen lassen, in der Rekapitulation der gleichen Erscheinung sozusagen eine Auferstehung des Ich, das in der früheren bestand, zu sehen, und dadurch dem zweiten oder vielmaligen Ich — das aber niemals das erste Ich, sondern nur ein qualitativ gleichartiges·ist — eine Bedeutung zu geben, die das erste nicht hatte (wodurch ersichtlich die vorausgesetzte Wiederkehr des G l e i c h e n aufgehoben würde) und deren Vorwegnahme schon dem ersten eine neue Bedeutsamkeit verleiht. Wenn im unendlichen Raume viele, einander absolut gleiche, aber einander absolut unbekannte Welten existierten, so würde mein Ich sich seinem Inhalte nach in jeder derselben identisch wiederholen; aber dennoch würde ich nicht sagen dürfen, daſs i c h in jeder dieser Welten lebe. Und offenbar würden sich diese nebeneinander existierenden, schlechthin gleichen Personen genau so verhalten, wie die nacheinander lebenden, von denen die ewige Wiederkehr des Gleichen redet. Nur für einen Zuschauenden, Reflektierenden, der die Vielheit der Wiederholungen in seinem Bewuſstsein zusammenfaſst, bedeutet die Wiederkehr des Gleichen etwas; in ihrer Realität an und für sich, für den Erlebenden, ist sie nichts. Nur ihr G e d a n k e hat eine ethisch-psychologische Bedeutung und da dieser gedachte Gedanke doch in jeder der vergangenen und der künftigen Weltperioden in dem entsprechenden Momente gedacht wird, so kann die Wirklichkeit dieser Wiederholungen keiner von ihnen das Geringste über dasjenige hinaus hinzufügen, was jede einzelne von ihnen eben schon durch jenen bloſsen Gedanken besitzt.

Dagegen scheint es mir unzutreffend, wenn man zwischen der Idee der ewigen Wiederkunft und der des Übermenschen einen Widerspruch zu finden meint. Gerade wie jene ihrem eigentlichen Sinne nach nur ein Regulativ und Prüfstein für unser Verhalten ist, so ist es diese. Der Übermensch ist nichts als die Kristallform des Gedankens, daſs der Mensch sich über sein Gegenwartsstadium hinausentwickeln kann und also soll. Warum sollte der Mensch auf dem Wege haltmachen, der ihn von der niederen Tierform zum Menschentum geführt hat? Wie seine jetzige Form über dem Tier steht, wird seine künftige über dem Menschen stehen. Der Übermensch ist eine Aufgabe, die mit dem Fortschreiten der Menschheit selbst fortschreitet, und über der Verfassung, die diese Aufgabe, wie eine bestimmte Gegenwart sie stellt, gelöst hat, erhebt sich sofort die neue, welche das der erreichten

Gegenwart entsprechende Ideal bedeutet. Insofern der Mensch also ein der Entwicklung zugängliches Wesen bleibt, kann die Aufgabe, die der Begriff des Übermenschen bezeichnet, nie definitiv gelöst werden, sondern sie begleitet den Weg der Menschheit als die Forderung, die mit ihrer Erfüllung nicht erfüllt ist, und als der Ausdruck dafür, daſs der Mensch in jedem Augenblick seiner empirischen Existenz, auch der höchsten ausdenkbaren, ein Übergang und eine Brücke ist. Dies schien nur insofern ein Widerspruch, als die Unendlichkeit dieser Aufgabe sich nicht mit der Endlichkeit der Weltperioden vertrüge; innerhalb dieser könne auch die Menschheit nur eine endliche Anzahl von Entwicklungsformen annehmen, und diese biegen sich, durch ihre gleichmäſsige Wiederholung, zum Kreise, während das Ideal des Übermenschen eine ins Grenzenlose laufende Linie der Entwicklung forderte. In Wirklichkeit aber besteht diese Notwendigkeit nicht, sobald man den Übermenschen nicht als ein starres, seinem Inhalte nach ein für allemal feststehendes Gebilde faſst, sondern als jenes funktionelle Ideal, als die jeweils höhere Menschenform über jeder momentan tatsächlichen. Dafür ist es nämlich ganz irrelevant, daſs die Menschheit über ein in jenen Weltkonfigurationen erreichbares Entwicklungsmaſs nicht hinausgehen kann; welches auch immer sie zeige, hoch oder niedrig, in Wirklichkeit steigerungsfähig oder nicht, einmalig oder wiederkehrend: das Ideal steht über jedem ihrer Augenblicke, in seiner Gültigkeit von all jenen Bestimmungen der Realität, über die es sich ja gerade erhebt, völlig unabhängig. Darf man dies mit einer von Kant geschaffenen Kategorie formulieren: so sollen wir in jedem Augenblick, gleichviel wie er in Wirklichkeit beschaffen ist, leben, als ob wir uns zu dem, was auf der ideellen Entwicklungslinie über diese momentane Wirklichkeit unser selbst hinausliegt, entwickeln wollten — wie wir so leben sollen, als ob wir ewig so lebten, d. h. als ob es eine ewige Wiederkunft gäbe.

Die höchst zweifelhafte Wirklichkeitsbedeutung des Wiederkunftsgedankens steht zwischen zwei höchst wesentlichen Bedeutungen ihrer, die jene gleichsam zwischen sich annullieren: der als ethischer Regulative, von der ich sprach, und der metaphysischen. Nietzsche hat mit diesem Gedanken zwei typische und einander entgegengesetzte seelische Grundmotive zu einer eigentümlichen Vereinigung gebracht: das Bedürfnis nach dem Endlichen, nach dem konkret Begrenzten, der Formbestimmtheit des Gegebenen — und dem nach dem Unendlichen, nach dem Hinausgreifen über jede Schranke, nach dem Sich-Verlieren in der Grenzenlosigkeit. Auf dem Gebiet der Logik mag dies sich widersprechen, sich gegenseitig unmöglich machen. Allein beide Sehnsüchte finden sich nebeneinander, zusammenwirkend wie sich ablösend, in der psychologischen Wirklichkeit, und dieses eigentümliche Zusammen ihrer spiegelt sich, wie über den Kopf der Logik hinweg, in Gebilden der Metaphysik. In ihr nehmen die Vorstellungen überhaupt sozusagen einen besonderen Aggregatzustand an, auf den die Frage nach der Wahrheit im logischen und konkreten Sinne gar nicht anwendbar ist; sie stellt sich zu der Einzelheit der Erscheinungen in eine solche Distanz und abstrakte Höhe, daß diese ihre scharfen Umrisse, mit denen die Praxis, die Logik, die Einzelwissenschaften rechnen, verliert und daß die Metaphysik dadurch ganz andre Objekte hat (d. h. andre Aspekte derselben Objekte) als diese Betrachtungsformen — wie die Kunst mit in diesem Sinne andren Objekten rechnet als die Wissenschaft oder das Handeln. So hat die Metaphysik eine Eigenheit der Forderungen und Normen, von der man logischerweise nicht verlangen kann, daß sie allen Bedingungen der sonstigen wissenschaftlichen Logik genüge. Nicht nach diesen letzteren entscheidet sich die »Einheit« mannigfacher Elemente, die sie vollzieht, sondern sehr häufig ist diese die Objektivierung oder der begriffliche Ausdruck der seelischen Einheit, in der wir die Mannigfaltigkeit logisch auseinanderfallender Elemente erleben und verschmelzen. Die Idee der ewigen Wiederkehr des Gleichen nun ist so die Synthese des Unendlichkeitsmit dem Endlichkeitsbedürfnis: sie lehrt, daſs endliche Inhalte, nach Gestalt und Zahl begrenzte Erscheinungen, die Form eines unendlichen Noch-Einmal und Noch-Einmal, ein grenzenloses Nacheinander annehmen. Und dies nicht durch ein zufälliges Zusammenkommen von Bestimmungen; sondern eben dieselbe Kausalität, die die konkret-endlichen Tatsachen zustande bringt und formt, treibt sie über sich hinaus und läſst die Kombinationen ihrer Elemente sich erschöpfen, bis sie wieder an der gleichen mündet und sie ebendeshalb unendlich wiederholen muſs, weil ihr einzelnes Mal nur eine endliche, d. h. von neuen Konfigurationen begrenzte Gestaltung besitzt. Ihr tiefstes Symbol ist deshalb der Ring, dessen Umfang endlich ist und der doch in sich endlose Bewegung gestattet, in dem es keine Grenze gibt, sondern die innere Bewegung über jeden Abschnitt hinaus zum nächsten und kontinuierlich wieder zu jenem zurücktreibt. In den hinterlassenen Papieren Nietzsches findet sich die lapidare Bemerkung: »Daſs alles wiederkehrt, ist die extremste Annäherung einer Welt des Werdens an die des Seins: Gipfel der Betrachtung.« Damit wird meine Deutung der Wiederkunftslehre als Synthese des Endlichkeits- und des Unendlichkeitsbedürfnisses von den höchsten Stufen der Metaphysik her legitimiert. Zwischen dem Werden und dem Sein spielt der metaphysische Prozeſs seit dem Streit Heraklits und der Eleaten; die ganze griechische Philosophie ist eine Geschichte der Bemühungen, die substantielle Festigkeit und Abgeschlossenheit des Seins, in dessen Begriff die Seele die Ruhe und das Definitive ihrer selbst und der Welt findet, mit dem Flieſsen und Wechsel, mit der Mannigfaltigkeit und Lebendigkeit, die sie nicht weniger in sich selbst und in der Welt findet, in ein einheitliches, widerspruchsloses Bild der Wirklichkeit zusammenzuformen. Sein und Werden bilden die allgemeinste, formalste, umfassendste Ausgestaltung des prinzipiellen Dualismus, der das Schema alles menschlichen Wesens ist, und jede grofse Philosophie stiftet ein neues, versöhnendes oder einseitig entscheidendes Verhältnis zwischen jenen beiden. Indem Nietzsche auch der ewigen Wiederkehr diese Aufgabe stellt, vollzieht sich eine gleichzeitige Annäherung der Kategorien von beiden Seiten her. Einerseits nämlich sind die einzelnen und endlichen, an der Kette des Empirischen abrollenden Ereignisse ein ununterbrochenes Werden, ein Aufrauschen und Abfliefsen ohne Stillstand, ein Auflösen aller scheinbaren Substantialität in den Heraklitischen Strom; aber indem eben diese Ereignisse ins Unendliche hin wiederkehren, gewinnen sie ein Sein, eine unausweichliche Beständigkeit, jedes Endliche wird zu dem festen Punkte, zu dem jener Strom des Werdens endlos oft zurückkehrt; wodurch nun doch die gesamten Inhalte ebendieses ihm enthoben sind: das Endliche kleidet sich in die Form des Unendlichen und damit das Werden in die Form des Seins. Und nun von der andern Seite gesehen: gerade das Sein erscheint innerhalb der Wiederkunftslehre als das Endliche, Formbestimmte, Konkrete, und erst die Kausalität des Werdens verschafft seinen Inhalten die Unendlichkeit. Was wir sind, ist in jedem Augenblick begrenzt, unser jeweiliges wirkliches Handeln ist überschaubar, an dem realen Inhalt unsrer Existenz findet unser Bedürfnis nach endlicher Bestimmtheit seine Befriedigung. Indem aber diese Seinsinhalte dem Kausalgesetz des Werdens unterliegen und dieses zur Erschöpfung all ihrer Kombinationen und damit zur endlosen Wiederholung des Gleichen führt — nimmt eine Unendlichkeit des Werdens die Endlichkeit des Seins auf, das Bedürfnis nach Grenzenlosigkeit, nach dem Hinüberwachsen über Mafs und Zahl trinkt sich Sättigung aus dem Strome des Werdens. Gewifs ist es nur die Dehnbarkeit und die Vieldeutigkeit so abstrakter Begriffe wie Endliches und Unendliches, wie Sein und Werden, die diese Mannigfaltigkeit ihrer Kombinationen gestattet. Allein von dieser

Verfassung der Begriffe lebt die Metaphysik, und es kommt hier nur darauf an, den Umfang der Beziehungen zu zeigen, den die Idee der Wiederkehr des Gleichen zwischen ihnen stiftet. Daſs ebendasselbe, endlich begrenzte Sein sich unendlich oft wiederholt; daſs durch die Kausalität, die die Einzelerscheinung als eine Welle in dem rastlosen Flusse des Werdens aufsteigen und versinken läſst, ebendiese immer wieder emporgehoben wird und dadurch die Festigkeit und Ewigkeit des Seins gewinnt, die ihr jedesmaliges Schicksal als solches ihr raubt — dies läſst die ewige Wiederkehr zu einer Synthese oder, wie Nietzsche sagt, zu einer »Annäherung« zwischen Werden und Sein werden; und diese drückt sich in jenem doppeldeutigen Verhältnis der Begriffe aus: daſs durch sie die Endlichkeit des Werdens in eine Unendlichkeit des Seins oder daſs die Endlichkeit des Seins in eine Unendlichkeit des Werdens übergehe. Es ist sozusagen gleichviel, von welchem Punkte her man die in jener Idee angelegte Verbindungslinie zwischen den metaphysischen Polen zieht. Und sieht man nun von der hiermit gewonnenen Deutung der ewigen Wiederkunft auf den geschichtsphilosophischen Ausgangspunkt zurück, der der Schopenhauerschen und der Nietzscheschen Lehre gemeinsam ist und jenseits dessen ihre Divergenz beginnt: auf die Verneinung eines absoluten Endzwecks des Daseins überhaupt — so enthüllt sich eine tiefe Bedeutung jener Lehre und mit ihr vielleicht der sonst nicht leicht auffindbare Grund, weshalb Nietzsche sie als unbedingt wesentlich und zentral für sein ganzes Denken empfand. An die Stelle des Endzwecks setzt Nietzsche die Entwicklung mit ihren relativen Zwecken und Werten, an die Stelle einer absoluten Höhe, zu der der Weltprozeſs aufstrebt, die Höhe jeder künftigen Stufe über jeder aktuellen. Aber diesem Prozesse bleibt die Unruhe der Endlosigkeit, die Unsicherheit durch die Unmöglichkeit des Überschauens. Die ewige Wiederkehr nun gibt für Nietzsche, durch die Begrenztheit der einzelnen Weltperiode, über der nur als Forderung und »regulative Idee« die Steigerung der Werte ins Unendliche steht, diejenige Übersehbarkeit und Abschluſs, den das Dasein nach Wegfall seines absoluten Zieles noch haben kann. Die jetzt erforderte Unendlichkeit des Weges erwächst durch jenen Gedanken aus endlichen Abschnitten, das endlose Werden gewinnt gleichsam Form und Grenzsicherheit durch die unüberschreitbare Bestimmtheit, nach Zahl und Art, der Kombinationen, die seinen Inhalt bilden. Der Gedanke, daſs das Leben endlos und unverändert wiederkehrt, für die meisten Menschen ein Entsetzen und Grauen, konnte für ihn ein Halt und ein Trost werden; denn das grenzenlose Weitergetriebenwerden, in dem die Unrast seiner Natur sich mit jener Verneinung eines Weltzweckes zusammenfand, war damit wenigstens zu den Umfangsgrenzen und der Formbestimmtheit des »Ringes« umgebogen.

Von allen Lehren Nietzsches ist die der ewigen Wiederkehr diejenige, die noch am meisten metaphysische Bedeutung besitzt — so sehr ihr Sinn als der Ausdruck für die ungeheure Verantwortung des Menschen, dessen Handeln durch seine ewige Wiederholung verewigt wird, auch an ihr die moralische Grundabsicht Nietzsches zeigt. Trotz all seiner Selbstbezeichnung als Immoralist ist sein Denken unendlich viel mehr ethisch orientiert als das Denken Schopenhauers, der doch unaufhörlich die Moral als den eigentlichen Wert des Lebens und Sinn alles Sinnens bezeichnet. Aber die Nietzschesche Moral ist sozusagen eine Moral von unten her, ihr fehlt völlig die metaphysische Spitze, durch die hindurch Plato und Spinoza, Kant und Schopenhauer das transszendente Sein in die menschlichen Willensbewegtheiten hinableiten. Das Vornehmheitsideal, in dessen Dienst, vermöge des Verantwortlichkeitsmotivs, auch die Wiederkehr des Gleichen tritt, ist absolut irdisch-empirischer Natur, insofern es der Gipfel einer von der Tiefe her anhebenden Entwicklung ist, und der Weihe, freilich auch der Problematik aller von oben her, aus dem Überempirischen stammenden Werte und Legitimierungen entbehrt. Vielleicht ist dies der Grund, weshalb in der bisherigen Wertlehre und praktischen Philosophie die Vornehmheit noch nicht als besondere seelische Wertqualität anerkannt worden ist; es bleibt das Verdienst Nietzsches, die Eigenart dieses Ideals — nicht abstrakt und systematisch, aber in unzweideutigen und weiten Anwendungen — zuerst gelehrt zu haben. Tatsächlich ist es nicht in die hergebrachten fundamentalen Wertkategorien aufzulösen, so sehr es sich einerseits mit der ästhetischen, andrerseits mit der ethischen berührt. Allein daſs es sich mit keiner von beiden deckt, zeigt sich gerade an jenem Mangel des metaphysischen Obertones, wie er mit dem Schönen und mit dem Sittlichen mitklingt. Man mag die Sittlichkeit noch so naturalistisch und empiristisch eingrenzen — jedes tiefere Denken gelangt ihr gegenüber an eine Schranke der Deutung, jenseits deren, oft mit unmerklichen Übergängen, das Reich der Mystik oder der Religion, der Metaphysik oder des nicht weniger metaphysischen Skeptizismus liegt; und ganz ebenso streckt die Interpretation des ästhetischen Genieſsens ihre Wurzeln oder ihre Gipfel von andrer Richtung her in ebendieses Reich. Aus dieser Beziehungslosigkeit zu allem Transszendenten fehlt dem Vornehmheitsideal — nicht notwendig seinen Trägern, aber seinem objektiven Inhalt — die eigentliche Tiefe. Die unermeſsliche innere Bedeutung und Vertiefung der Menschen auf Rembrandts religiösen Bildern oder in Dostojewskis Romanen entbehrt, soviele Menschheitswerte in ihnen gesammelt sind, doch des Zuges der Vornehmheit, weil ihre Werte in irgendeinem Sinne in das Transszendente emporwachsen oder von ihm herkommen. — Das Wesen der Vornehmheit ist — und darum bildet sie für die gesamte Wertlehre Nietzsches die logische und abschlieſsende Spitze — der Ausschluſs der Majorität, die Geschlossenheit des Wesens gegenüber allem »Sich-gemein-machen«, die Ablehnung aller Vergleichung; deshalb kommt es für sie, wie für das Nietzschesche Bild der Menschheitswerte, nicht auf das Wieviel an, sondern nur, daſs die Entwicklung des Daseins es überhaupt zu ihr gebracht hat; für sich allein der vollgültige Repräsentant dieser Bedeutung zu sein, verleiht dem vornehmen Wesen seine spezifische Natur. Aber ihren sozusagen biologischen Charakter streift sie damit nicht ab, sie bleibt wie die Aristokratie im historisch-sozialen Sinne, ein Produkt der Züchtung, die rein im Gebiet der Realität verbleibt. Daſs die Nietzschesche Moral sich gerade zu ihr zuspitzt, entspricht genau der von ihm so leidenschaftlich ersehnten Befreiung der Moral von aller Transszendenz. Die grenzenlose Erhöhung über alle gegebene empirisch-irdische Wertqualitäten, die er fordert, findet ihr Gegengewicht darin, daſs diese Erhöhung dennoch allein aus dem empirisch-historischen Boden erwachsen und ihre Unendlichkeit die Sphäre dieses Bodens nicht verlassen darf.

Es ist oft hervorgehoben worden, daſs die Lehre Nietzsches den Gegensatz seiner Persönlichkeit bildete: dieser rauhe, kriegerische und dann wieder bacchantisch weittönende Ruf quoll aus einer höchst sensitiven, still in sich gekehrten, liebenswürdig milden Natur. Gewiſs ist dies kein Gegenbeweis gegen ihre Ernsthaftigkeit; denn der Philosoph gibt in seiner Lehre unzählige Male sein Gegenspiel, seine Ergänzung zum vollen Menschen, sein Anders-als-er und seine unerreichte Sehnsucht. Die Vornehmheit aber ist der Punkt, in dem das Ideal, das Nietzsche lehrt, und die Wirklichkeit seiner Natur sich getroffen haben, gleichsam der Gipfel seines persönlichen Seins, von dem aus er den Flug nahm in das Reich der Wünsche für die Menschheit.

Dies absolut Irdische der Idealsetzung — in dessen Übersehen sehr viele Miſsverständnisse des »Übermenschen« wurzeln — ruht auf einem sehr tiefen Grunde, an dem die Lehre Nietzsches ihre ganze gegensätzliche Beziehung zu der Schopenhauerschen gewinnt: auf der letztinstanzlichen, indiskutabeln, dogmatischen Wertung des »Lebens«. Die Tatsache des Lebensprozesses überhaupt, diese geheimnisvolle Form, die die Weltelemente angenommen haben, hat offenbar auf Nietzsche eine berauschende, überwältigende Wirkung geübt. Daſs ein Imperativ, eine Wertsetzung sich gegen das Leben richten sollte, erscheint ihm als absurd und in sich widersprechend, weil eine Verurteilung des Lebens selbst immer nur das Symptom einer bestimmten Art von Leben sei und das Recht zu ihr nur aus einer Stellung jenseits des Lebens kommen könnte. Das Leben aber ist sozusagen das empirische, das historische Phänomen schlechthin. Die rätselhafte Blüte, die es treibt: die Seele und ihre einzelnen Inhalte — mögen ihre Bedeutung über die irdischen Schranken hinüberstrecken, aber das Leben als solches bleibt absolut in diesen befangen, es bleibt das Kind der Erde, und das Ideal der Vornehmheit ist nur die feinste Sublimierung, zu der es der Lebensprozefs in seiner Form als Entwicklung, Auslese, Züchtung bringen kann. Mit dem sichersten Instinkt hat Nietzsche, für den das Leben der Wert schlechthin ist, seine Liebe dem Vornehmheitsideal zugewendet, das allein, von allen idealen Elementen der Seele, das Leben nicht zwingt, über sich hinaus in das Reich des Transscendenten zu gehen oder wenigstens zu schauen. So ruht seine ganze Lehre auf dem dogmatischen Imperativ: das Leben soll sein! Darum sieht Nietzsche schliefslich in Schopenhauer seinen eigentlichen philosophischen Gegner, der ihm in der Tat unüberwindlich ist, weil er jene Voraussetzung gerade leugnet, weil ihm gerade die umgekehrte: das Leben soll nicht sein! an ihre Stelle tritt. Indem er immer von der ihm selbstverständlichen Basis, dafs das Leben wertvoll ist und sein soll, gegen Schopenhauer operiert und ihn dadurch, dafs der Pessimismus das Leben zerstört, für widerlegt hält — kann man vielleicht sagen, dafs er Schopenhauer in dessen ganzer metaphysischen Tiefe nicht verstanden hat. Denn gerade die lebenvernichtende Bedeutung und Konsequenz der Lehre, auf die hin Nietzsche sie für verurteilt erklärt, ist für Schopenhauer der Erweis ihrer Wahrheit.

Dafs aber hier das logische Verständnis aufhörte, dafs Nietzsche gar nicht sah, wie er Schopenhauer auf Grund einer dogmatischen Wertvoraussetzung, die dieser ja gerade leugnete, widerlegen wollte — das beweist einen Gegensatz des Seins der beiden Denker, über den der Intellekt so wenig eine Brücke schlagen konnte, wie man innerhalb einer Ebene, und wenn man noch so weit in ihr fortschreitet, zu einem Punkte gelangen kann, der in einer ihr parallelen Ebene liegt. Nach einem Frieden zwischen diesen Gegnern zu suchen, ist deshalb wie jedes nutzlose Unternehmen, schlimmer als nutzlos, weil es den Sinn ihrer Gegensätzlichkeiten, und damit den Sinn eines jeden an und für sich fälscht. Die Überzeugung vom Unwert des Lebens, die aus dessen Vieldeutigkeit und Unübersehlichkeit gerade nur die Monotonie, das Übergewicht des Leidens, die Unzulänglichkeit unsrer Bestrebungen heraussieht, und die Überzeugung vom Werte des Lebens, für die jeder Mangel die Vorstufe eines Besitzes ist, jede Eintönigkeit ein Spiel unendlicher Lebendigkeiten, jedes Leiden gleichgültig gegenüber den aufsteigenden Werten des Seins und Tuns, die sich darüber hinweg verwirklichen — diese Überzeugungen sind nicht theoretisches Wissen, sondern der Ausdruck fundamentaler Beschaffenheiten der Seelen und so wenig in eine »höhere Einheit« zu versöhnen, wie überhaupt ein Sein mit dem andern identisch sein kann. Denn der Wert dessen, was man ihre Synthese nennen mag, besteht gerade darin, daſs die Menschheit es zu dieser Spannungsgröſse ihrer Lebensgefühle gebracht hat. Darum kann eine Einheit ihrer nur nach einer ganz andern Dimension als nach der ihres objektiven Inhaltes hin liegen: in dem Subjekt, das sie beide zusammenschaut. Indem wir die Schwingung des geistigen Daseins durch den ganzen Abstand dieser Gegnerschaften hin empfinden, dehnt sich die Seele — auch wenn und gerade wenn sie für keine der Parteien dogmatisch verpflichtet ist — bis sie die Verzweiflung über das Leben und den Jubel über das Leben als die Pole ihrer eigenen Weite, ihrer eigenen Kraft, ihrer eigenen Formenfülle umfassen und genieſsen darf.

Altenburg.
Pierersche Hofbuchdruckerei
Stephan Geibel & Co.

DIE GESELLSCHAFT

| Preis pro Band biegsam kartoniert M. 1.50 | Sammlung sozialpsychologischer Essays
Herausgegeben von Dr. Martin Buber | Preis pro Band in Leinwd. gebunden M. 2.— |

Band I

Das Proletariat

von

Werner Sombart

Sombart schildert das Seelenleben des modernen Proletariers. Er zeigt, was dieser an Kraft des Heimatsgefühls, an Innigkeit der Familiengemeinschaft, an Sicherheit und Bodenständigkeit des Daseins eingebüßt hat, und vergleicht damit, was er an Verstandesausbildung, an Solidaritätsbewußtsein, an kritischer Fähigkeit gewonnen hat. Er schreibt die erschütternde Tragödie der Arbeiterseele.

Band II

Die Religion

von

Georg Simmel

Die Religion ist nach Simmel keine starre, für sich bestehende, dem übrigen Leben ferne Macht, sondern sie ist ein Grundgefühl, das in dem Verhältnis des Kindes zu den Eltern, des Patrioten zum Vaterland, des Kosmopoliten zur Menschheit, des Arbeiters zu seiner Klasse, des Soldaten zur Armee, des Freundes zum Freunde, des Liebhabers zur Geliebten sich kundgeben kann. Diese These wird in tiefgreifender Analyse an den einzelnen Problemen durchgeführt.

Band III

Die Politik

von

Alexander Ular

Ular zieht die großen Linien, die aller Politik zugrunde liegen: er stellt die Herrschaft des religiösen Motivs der des wirtschaftlichen gegenüber und legt deren Konflikte und Ausgleichungen dar. In farbenreichen, fesselnd erzählten Beispielen, die von Dschingischan und vom Dalailama, von Hammurabi und den Pharaonen, von den tibetischen Klöstern und der französischen Revolution berichten, skizziert er das Walten dieser zwei Urtriebe in der Weltgeschichte.

Band IV

Der Streik

von

Eduard Bernstein

In zugleich gründlicher und interessanter Darstellung gibt Bernstein die Geschichte und die Psychologie des Streiks. Er untersucht seine Ursachen und seine Zwecke, seine Form und Entwicklung, seine Strategie und Taktik, seine Waffen und sein Recht, seine Kosten und seine Wirkungen, wie die Mittel und Organe der Streikverhütung, endlich das Wesen des politischen Streiks.

■ Weitere Bände befinden sich in Vorbereitung ■

Literarische Anstalt Rütten & Loening, Frankfurt a. M.

Verlag von Duncker & Humblot in Leipzig.

Kant.
Sechzehn Vorlesungen
gehalten an der Berliner Universität

von

Georg Simmel.

Zweiter, unveränderter Abdruck.

Preis: geheftet 3 Mark, gebunden 3 Mark 80 Pf.

Die
Probleme der Geschichtsphilosophie.
Eine erkenntnistheoretische Studie

von

Georg Simmel.

Zweite, völlig veränderte Auflage.

Preis: 3 Mark.

Philosophie des Geldes.
Von

Georg Simmel.

Preis: 13 Mark.

Ueber sociale Differenzierung.
Sociologische und psychologische Untersuchungen

von

Georg Simmel.

Zweiter anastatischer Neudruck vom Jahre 1905.

Preis: 3 Mark 60 Pf.

Neuer Verlag
von
Duncker & Humblot
in Leipzig.

Vom Sein und vom Haben der Seele.

Aus einem Tagebuch.

Von

Marie Luise Enckendorff.

Preis: geheftet 2 Mark 40 Pf., gebunden 3 Mark 60 Pf.

Römische Sonntage.

Von

Margarete Marasse.

Preis: 2 Mark 80 Pf.

Radierungen und Momentaufnahmen.

Von

Ernst Zitelmann.

Zweite und dritte, veränderte Auflage.

Preis: geheftet 2 Mark 40 Pf., gebunden 3 Mark 20 Pf.

Neuer Verlag
von
Duncker & Humblot
in Leipzig.

Deutsche Verfassungsgeschichte.

Von

Andreas Heusler.

Preis: geheftet 6 Mark, gebunden 7 Mark.

Geschichtsbilder
aus Leopold von Rankes Werken.

Zusammengestellt
von

Max Hoffmann.

Preis: geheftet 6 Mark, gebunden 7 Mark.

Britischer Imperialismus und englischer Freihandel

zu Beginn des zwanzigsten Jahrhunderts.

Von

G. v. Schulze=Gaevernitz.

Preis: geheftet 10 Mark, gebunden 11 Mark 60 Pf.

0282. 5,20